L'ASSAUT

Roland Môntins
Jean-Michel Caradec'h

L'ASSAUT

récit

Oh! ÉDITIONS

ISBN : 978-2-91505-676-1

Prologue

Algérie. Octobre 1994

La mer immobile comme un bloc de métal scintillait sous la lumière d'acier fondu d'un après-midi d'automne. Le froid, qui à cette altitude donnait une intense visibilité aux passagers du Boeing 737 en provenance d'Hassi Messaoud, ville du désert algérien, permettait d'apercevoir la côte et l'étendue blanche des constructions qui s'étendaient loin à l'intérieur des terres, infiltrant les contreforts montagneux de leurs tentacules. Alger la Blanche resplendissait comme du marbre enchâssé dans la terre africaine alors que l'avion d'Air Algérie poursuivait sa lente descente vers l'aéroport Houari Boumediene.

À l'intérieur de la carlingue, une partie des passagers s'agitaient, anticipant leur débarquement, réunissant leurs affaires et vérifiant une dernière fois leurs documents de voyage. D'autres, le nez collé aux hublots, scrutaient le paysage, un vague sourire aux lèvres à l'idée de retrouver les leurs ; certains, enfin, les yeux plissés par la réverbération, tentaient de chasser l'appréhension qui envahit les esprits à l'idée de bientôt toucher terre.

Les trois hommes assis au premier rang n'avaient pas attendu l'ordre de l'équipage pour boucler leurs ceintures. Leurs légers bagages, rangés dans le coffre au-dessus de leurs têtes, n'avaient pas bougé pendant le vol; les journaux qu'ils avaient parcourus durant le voyage étaient soigneusement repliés dans la pochette devant eux, sous la tablette relevée, comme le dossier de leurs sièges. Le plus âgé, plongé dans ses pensées, n'avait pas dit un mot de tout le trajet, et ses compagnons avaient respecté son silence.

Ses cheveux ras, légèrement grisonnants, ses épaules carrées et ses bras courts et robustes posés sur les accoudoirs, son maintien ramassé et souple, toute son attitude trahissait l'ancien militaire.

Il se tenait droit et immobile, comme ses collègues, mais ses yeux bruns et vifs ne perdaient rien de ce qui se passait autour de lui. Son esprit enregistrait machinalement le moindre événement, triant, gardant ou rejetant les détails avec la précision d'un mécanisme longuement éprouvé.

Il aurait pu, si on le lui avait demandé, décrire précisément la quasi-totalité des passagers – que des hommes –, devinant à leurs vêtements et à leur comportement profession, âge, motifs du voyage, inquiétudes, préoccupations... toute une foule de choses inutiles, classées dans sa mémoire, sans que celle-ci en semble le moins du monde affectée. Elles étaient là simplement, au cas où il en aurait eu besoin, et pour l'heure, rien n'avait alerté sa vigilance instinctive ni même éveillé son intérêt. Raoul S. profitait de ce moment entre ciel et terre pour réfléchir à sa mission et au travail qui l'attendait à son arrivée à Alger.

Et les perspectives ne le réjouissaient pas.

Sa semaine avait été rude, passée à vérifier la mise en place du renforcement des plans de sûreté sur les sites pétroliers et gaziers dont il avait la charge. Par bonheur, tout le personnel expatrié avait conscience du danger et coopérait étroitement avec les officiers de sécurité.

Autant il avait été facile d'établir, avec l'aide de l'armée algérienne, de véritables camps retranchés sur les terminaux pétroliers comme Arziw et Skikda et sur tous les sites pétroliers et gaziers en général, autant Alger restait le point délicat du dispositif. La capitale surpeuplée grouillait de gens misérables, au chômage, mal logés, manquant de tout, entretenus dans la haine des généraux au pouvoir par un islam radical. Un inépuisable vivier pour les islamistes.

Depuis la création de sa société, Raoul s'était fait une place de choix dans le petit monde des agences de sécurité, et les quatre lettres dont il avait choisi de baptiser la sienne : L.E.O.N. – un de ses anciens noms de code – avaient acquis une solide réputation internationale. L'efficacité et le sérieux de son travail, comme ceux de ses collaborateurs, prélevés dans le vivier de jeunes retraités des services spéciaux et des unités de choc de l'armée française, lui avaient permis de conquérir des clients prestigieux parmi le gotha des entreprises pétrolières internationales implantées en Algérie. Elles avaient fait appel à son expertise pour sécuriser leurs installations dans ce pays et surtout protéger leur personnel.

Plusieurs groupes terroristes algériens avaient fait de ces grosses compagnies pétrolières les cibles privilégiées de leurs activités. S'y attaquer, c'était afficher un message clair à destination du gouvernement algérien : le discréditer et dissuader le personnel de travailler pour ces sociétés. C'était aussi frapper l'opinion internationale par le relais d'une médiatisation certaine de leurs attentats.

Depuis 1992, le GIA (Groupe Islamique Armé) en guerre contre le gouvernement et l'armée algériens avait multiplié les règlements de comptes meurtriers, les massacres et les exécutions contre ses propres compatriotes dans l'indifférence générale du reste du monde. Aujourd'hui, le GIA passait au stade supérieur dans l'escalade terroriste, s'en prenant aux étrangers, fustigeant leur présence « impie » sur le territoire. Plus prosaïquement, il s'agissait de saper l'un des fondements de l'économie algérienne, nerf du pouvoir pour le gouvernement et l'armée algériens : le gaz et le pétrole.

Tout cela, Raoul S. en était parfaitement instruit : il avait pendant toute sa carrière lutté clandestinement contre ces groupes sous plusieurs latitudes, quels que fussent le sigle, le régime et les idées, pour y défendre les intérêts de l'État français. Pour l'heure, ses réflexions portaient sur la dérive inquiétante de la situation algérienne où le gouvernement avait bien du mal à contenir la poussée islamiste et les ravages de ses organisations terroristes.

Le GIA venait de mettre à exécution ses menaces contre les compagnies étrangères, en attaquant un chantier mobile de l'entreprise Schlumberger, laissé sans protection par suite d'un manque total de coordination entre deux régions militaires.

L'escorte militaire qui accompagnait les ingénieurs de Schlumberger avait rebroussé chemin, parvenue au bout de sa compétence territoriale. Le relais n'avait pas été passé de l'autre côté de la frontière administrative, et le détachement s'était retrouvé sans protection. Un groupe armé avait profité de l'occasion et attaqué le campement. L'attaque s'était soldée par la capture de trois ingénieurs de l'entreprise : un Français, un Italien et un Soudanais. Ce dernier, de confession musulmane, avait été épargné, tandis que les deux Occidentaux avaient été décapités. Et pour que le message soit bien clair, leurs têtes avaient été jetées dans des bidons de pétrole.

Cet attentat sanglant avait provoqué un mouvement de panique parmi les expatriés occidentaux des compagnies internationales, entravant leurs activités dans tout le pays. En outre, le retentissement médiatique qui suivit laissait présager que les terroristes récidiveraient dans ce type d'opération.

Toutes les sociétés de sécurité, les compagnies d'assurances mais aussi les services secrets avaient aussitôt demandé le renforcement des mesures de sécurité à cause des graves menaces pesant désormais sur le personnel expatrié, devenu la cible privilégiée du GIA. Raoul avait quant à lui demandé à Kamel, le responsable de sa société de sécurité algérienne, et au colonel Khodeir, retraité des services spéciaux algériens et responsable opérationnel de la société, d'évaluer avec précision les risques encourus par les étrangers sur le territoire algérien.

Ces deux hommes bénéficiaient d'excellentes relations avec la Direction du Renseignement et de la Sécurité (la DRS) – en d'autres termes, les services secrets algériens –, l'armée et la police, étaient bien informés de ce qui se passait dans la capitale, ce qui n'était pas le cas de la presse, parfaitement muselée.

Il était clair que le danger le plus important se situait au moment des nécessaires relèves de ces expatriés. Ils effectuaient tous des missions temporaires, et rentraient régulièrement retrouver leurs familles en France et en Europe. Depuis longtemps, les itinéraires et les horaires de leurs trajets étaient changés de façon aléatoire pour éviter les embuscades de terrain, et des escortes armées protégeaient leurs déplacements dans les zones exposées. Mais la fréquence de ces déplacements était connue de tous les employés des aéroports. Le personnel local des sociétés nationales et étrangères était infiltré par les islamistes, tout comme par les agents de la DRS d'ailleurs. Un renforcement de la protection militaire allait de soi, de même que la présence de gardes privés, mais ces dispositions ne pouvaient suffire.

Tous ces employés convergeaient depuis les aéroports domestiques vers l'aéroport international d'Alger. Et quelles que soient les précautions prises pour sécuriser ces trajets, ce point de passage obligé restait le ventre mou du dispositif. En outre, les horaires des vols des compagnies aériennes ne pouvaient être aléatoires. Tout cela, Raoul S. avait pu le vérifier lors de son inspection à Hassi Messaoud, la capitale du pétrole algérien, en plein Sahara.

Les terroristes du GIA avaient certainement fait la même analyse, et des rapports alarmants indiquaient que les activités du groupe s'étaient renforcées dans la région de l'aéroport d'Alger. Une attaque frontale, en force, était peu probable étant donné l'importance du déploiement militaire : véhicules blindés, hélicoptères et plusieurs régiments étaient installés sur le périmètre de l'aéroport civil qui faisait aussi office de base aérienne pour l'armée de l'air algérienne.

En revanche, un détournement d'avion avec prise d'otages, une valise ou une voiture piégée étaient des actions possibles auxquelles on ne pouvait parer qu'en assurant de stricts et multiples contrôles à l'embarquement. Et sur ce plan, les informations que Raoul avait reçues des agents de sa société étaient de plus en plus alarmantes. C'était l'objet de son voyage : diagnostiquer les faiblesses et tenter d'y remédier, ou alors, prendre une décision radicale.

Ses clients le payaient pour ça.

Certaines sociétés se demandaient même si elles ne devraient pas cesser leurs activités en Algérie. Elles semblaient prêtes à s'y résoudre, d'autant que le personnel expatrié volontaire se faisait de plus en plus rare. L'idée d'employer du personnel « compatible », c'est-à-dire étranger et musulman, en provenance du Pakistan, de l'Indonésie, des Émirats ou de l'Égypte, avait beaucoup déplu aux autorités algériennes.

En débarquant sur le tarmac à Alger, les appréhensions de Raoul se confirmèrent une fois de plus. Indifférent au nombre de policiers présents, il s'attacha à observer leur comportement devant les portes qui conduisaient aux pistes. La plupart étaient ouvertes et constamment franchies par des employés qui ne prenaient même plus la peine de montrer leur badge. Les gardes se contentaient d'un petit signe, quand ils ne regardaient pas ailleurs, visiblement passionnés par ce qui se passait sur le tarmac. L'ambiance dans la salle d'arrivée, au contrôle des papiers, était beaucoup plus sévère, une kyrielle de flics examinant à la loupe les nouveaux arrivants, comme si le danger venait principalement de l'extérieur.

Comme d'habitude Raoul et ses compagnons étaient attendus par Kamel et Khodeir. Ils passèrent les contrôles rapidement, aidés par un commissaire de police, responsable de la sécurité de l'aéroport.

L'homme était comme à l'accoutumée affable et souriant.

— *Labess!* Comment ça va? Tu as fait bon voyage?

— *Salam!* Oui, ça va, sans problème!

— Comment ça se passe, là-bas dans le Sahara?

— Tout va bien! Tout se met en place comme il faut. Nous avons une bonne coopération avec la Sonatrach[1] et l'armée. Le commandant de la garnison d'Hassi Messaoud est très compétent, pareil à In Amnas et Rhourde Nouss. Partout, ça marche avec les militaires. C'est moins bien avec les policiers, mon ami! Il y en a trop qui ne pensent qu'à faire du trafic et à profiter du *trabendo*[2]. Du coup, ils ferment les yeux sur beaucoup de choses.

— Ouais, je sais, ce que tu dis sur les policiers est vrai, hélas! Et ici, à Alger, c'est pire car la vie est très chère. Que veux-tu, les fonctionnaires sont très mal payés, et il faut bien qu'ils s'arrangent pour nourrir la famille. Résultat : le boulot est mal fait et il y en a même qui ne

1. Compagnie nationale algérienne d'hydrocarbures.
2. Marché parallèle et clandestin algérien. Modification phonétique du mot français « contrebande ».

viennent pas travailler. Ils sont couverts par leurs collègues. Tu sais qu'il nous est interdit de démissionner. Alors, comment faire ? Certains ont disparu en gardant leur arme de service, leur laissez-passer et leur tenue. Tu sais bien que maintenant, beaucoup bossent dans les sociétés privées ! Personne ne dit rien. On ne sait plus qui est qui à Alger !

— C'est l'avantage au Sahara, le désert offre la meilleure des protections. Difficile d'y rester sans se faire repérer, il n'y a pas de population pour vivre et se cacher. Il n'y a pas de maquis dans le désert ! À part la bande dirigée par cet ancien officier parachutiste qui rayonne au nord de Ghardaïa, il n'y a pas d'autre groupe armé à notre connaissance.

— Et puis, c'est la zone par laquelle transite une grande partie du *trabendo* !

— Oui, tout le monde a intérêt à la préserver ! Au sud, les gens ont un boulot et se tiennent tranquilles. La DRS y est très efficace et présente. Je ne crois pas qu'il y aura une attaque sérieuse là-bas. Ce sera plus facile dans les grandes villes. Les barbus y sont chez eux et bénéficient de complicités partout. Pour moi le danger est au nord, pas au sud !

Le fonctionnaire leur fit franchir rapidement la douane où une queue interminable s'était formée, et, les dispensant d'un geste des tatillonnes formalités de police, il entraîna ses visiteurs dans son bureau pour un café de bienvenue.

— Je suis content de te voir. Khodeir et Kamel vont pouvoir te dire qu'ici aussi, l'aéroport est bien sécurisé. Nous avons renforcé les effectifs et mis en place des portiques de détection. Le gouvernement tient particulièrement à la sûreté de l'aéroport et nous y veillons ! Mais aujourd'hui, tout le monde vient vérifier la sécurité des expatriés en Algérie. On oublie un peu celle des Algériens, ils paient chaque jour un lourd tribut et personne n'en parle. Tiens, j'ai reçu la semaine dernière la visite de l'un des responsables de la sécurité d'Air France, un type très sympa. Il a été satisfait de sa visite.

— On peut voir le dispositif ?

— Si tu veux. Demain ? Mais je dois te prévenir qu'il y a des parties sensibles que nous n'avons pas le droit de montrer. Tu sais qu'ici tout est stratégique. Kamel et Khodeir ont déjà fait le tour et connaissent parfaitement. Ils pourront t'en parler.

L'homme se lança dans une longue tirade, décrivant les régiments installés autour de l'aéroport, ce qui laissa Raoul impassible. Les terroristes n'avaient certainement pas l'intention d'attaquer l'aéroport avec des tanks qu'ils ne possédaient pas ni de se frotter à des unités constituées. La DRS savait qu'ils ne disposaient ni de missiles sol-air, comme certains avaient essayé de le faire croire à une époque, ni d'armes lourdes permettant de tirer sur un avion à longue distance. Le dispositif était massif, trop même, mais n'était pas adapté à la menace d'une action terroriste plus insidieuse. Interrompant son interlocuteur, Raoul préféra enchaîner sur ce qui le préoccupait vraiment.

— À propos, as-tu les résultats de l'enquête concernant le pilote d'Air Algérie qui a été retrouvé assassiné [1] ?

— Eh bien, nous n'avons pas pu retrouver ses agresseurs. Selon les dernières informations, la police s'oriente vers un crime crapuleux. On lui a volé toutes ses affaires.

— Je sais. Y compris son uniforme complet, sa casquette, son badge et ses papiers d'identité et professionnels ! À ton avis, ça peut servir à quoi ?

1. Au début de l'année 1994, un pilote de la compagnie algérienne avait été retrouvé mystérieusement assassiné dans le coffre de sa voiture, à proximité de l'aéroport.

L'homme parut se ratatiner sur son siège, dans un silence gêné. Raoul poursuivit son raisonnement.

— Il a été retrouvé dans le coffre de sa voiture. On l'a égorgé, *après* l'avoir fait se déshabiller ! Qui aurait besoin d'un uniforme de pilote intact ?

— Je crois que les services spéciaux aussi ont enquêté, mais je ne suis pas au courant, ils ne communiquent pas...

— J'ai également appris qu'on avait volé des équipements dans les vestiaires des employés de l'aéroport, ainsi que des badges. Cela te concerne directement, non ?

— Oui, j'ai ouvert une enquête, nous recherchons l'employé qui a commis ces vols.

— Si c'est un employé, pourquoi aurait-il volé des badges ?

Le chef de la sécurité se gratta la tête, levant les yeux au ciel.

— Tu dois comprendre qu'ici, ce n'est pas facile. Des islamistes, il y en a partout. Ce ne sont pas tous des terroristes. Même moi je suis en danger. Même dans ma famille, il y a des gens du FIS [1]. Alors que veux-tu faire ? Et dans l'armée c'est la même chose, y compris chez les officiers.

— Allez, santé ! dit-il en buvant son thé. On se voit demain quand tu veux. Mais sois rassuré, ça va pas si mal. Tu vas voir.

En sortant de l'aérogare, Raoul releva plusieurs éléments inquiétants. Le premier c'est que l'un des deux scanners à bagages était *mal réglé*. Cette panne avait déjà été signalée plusieurs semaines auparavant. Depuis, rien n'avait été fait pour y remédier. Il suffisait de se servir de l'autre scanner. Et pour accélérer le passage, certains voyageurs, dont les femmes et les personnes âgées, passaient à côté sans que leurs bagages soient vérifiés. Un

1. Front Islamique du Salut.

contrôle à la tête du client ! Il suffisait de ne pas porter de barbe et de ne pas être habillé à l'afghane pour y échapper.

À l'extérieur, aucun mur de béton pour empêcher qu'un véhicule suicide n'aille exploser dans l'aérogare. Tout juste des barrières anti-foule. Plus loin sur la route d'accès, Raoul aperçut de ridicules petits tas de pierres, censés ralentir un véhicule qui aurait forcé le contrôle policier.

Dans la voiture qui les conduisait au siège de la société où devait avoir lieu leur réunion de travail, Kamel lui résuma ses observations, ce qui ne rassura pas Raoul. Si le terminal international de l'aéroport bénéficiait quand même d'une relative sécurité, il n'en était pas de même à l'aérogare des vols domestiques. Le pire est que les deux zones communiquaient et que l'on pouvait circuler facilement entre tous les bâtiments de cet aéroport construit en 1950. Il n'était plus conforme aux contraintes modernes. Alors que toutes les aérogares du monde s'organisaient pour limiter le nombre d'accès entre les différentes zones, afin de mieux les contrôler, l'aéroport Houari-Boumediene était une passoire.

On avait – pour des raisons de commodité – supprimé les verrous condamnant certaines portes, qui pouvaient donc être franchies sans contrôle par toute personne munie d'un semblant de badge : bagagistes, hommes de piste, employés de compagnies aériennes et de l'aéroport. Même les policiers utilisaient ces accès, plus faciles, pour se rendre à leur poste !

En arrivant à Dar el-Beïda, au siège de la société de sécurité à proximité de l'aéroport, la conviction de Raoul était faite. Sur le papier, l'aéroport d'Alger était aux normes de sécurité. Dans les faits, il n'était que très imparfaitement sécurisé, ce qui dans le contexte présent le plaçait à la portée d'une action terroriste. De surcroît, tous les avertisseurs clignotaient en rouge : le terrorisme islamiste préparait certainement quelque chose contre cette cible de choix. À leur place, il aurait visé un avion d'une compagnie étrangère assurant des vols réguliers sur Alger. Quel retentissement international !

De retour à Paris, la première chose que fit Raoul fut de consigner toutes ses observations dans un rapport à destination de ses clients. Sa conclusion était brutale : la probabilité d'une action terroriste en préparation contre l'aéroport étant très élevée, et les mesures de sécurité totalement insuffisantes, il préconisait que « les personnels évitent dorénavant l'aérogare d'Alger ainsi que les avions de la compagnie Air France et de ses filiales, et que des recherches d'autres solutions de transport soient étudiées immédiatement ».

Ce rapport hautement confidentiel fit beaucoup de bruit au sein des directions des entreprises françaises du fait de ses implications politico-commerciales. Il n'était pas question pour ces sociétés d'arrêter leurs activités en suspendant la rotation de leur personnel expatrié. La solution alternative d'engager du personnel de confession musulmane ne constituait qu'un pis-aller. Par ailleurs, les autres accès envisagés, à travers les pays voisins, posaient des problèmes logistiques lourds et se heurtaient à l'interdiction des autorités algériennes qui voyaient d'un mauvais œil ce manque de confiance manifeste. Enfin, l'urgence commandait de trouver une solution rapide, personne ne pouvant prévoir exactement quand cet attentat pourrait avoir lieu. Déjà, de nombreuses sociétés étrangères, les américaines au premier chef, dont la prestigieuse Bechtel, envisageaient sérieusement de quitter l'Algérie.

Quelques jours plus tard, les clients de Raoul S. lui demandaient d'apporter d'urgence des solutions pour sécuriser totalement l'acheminement de leur personnel.

Le plan général de Raoul S. était de détourner l'essentiel des flux de transport d'expatriés vers la Tunisie. Il fit affréter les avions d'une société de charters suisse pour assurer les liaisons entre l'aéroport international de Tunis et les sites menacés. Cela se faisant au détriment de la compagnie Euralair, une filiale d'Air France, qui assurait jusqu'ici ces vols. En ce qui concernait le personnel basé sur la côte algérienne dans les terminaux de Skikda, il fut d'abord conduit jusqu'en Tunisie par bateau, en attendant la création d'une liaison d'hélicoptères plus rapide.

En deux semaines, le système était mis en place et les employés des différentes entreprises clientes de Raoul étaient acheminés à Tunis d'où ils pouvaient embarquer, selon leur pays d'origine, vers différentes destinations en Europe.

Quelques semaines plus tard, le dispositif fonctionnait parfaitement ; la quasi-totalité des expatriés de ces entreprises évitaient l'aéroport d'Alger et ceux qui ne pouvaient faire autrement embarquaient sur Air Algérie : les probabilités d'un attentat y étaient estimées plus faibles, en raison de la présence de nombreux passagers algériens.

La compagnie Air France ne pouvait rester insensible à cette défiance qualifiée d'« alarmiste », à la grande fureur des personnels navigants, commercial et technique, qui se rendaient bien compte, par eux-mêmes, de la dégradation de la situation. Malgré la pression des syndicats, l'escale ne fut pas classée « à risque », pour ne pas entraver le développement commercial de la compagnie, mais plusieurs précautions furent appliquées. Les avions feraient uniquement escale à Alger, effectuant l'aller et le retour dans la journée. Les membres de l'équipage ne descendraient pas de l'appareil pendant les opérations de débarquement et d'embarquement des passagers et de leurs bagages. L'immobilisation de l'avion sur le tarmac serait réduite au temps nécessaire à ces opérations, et l'appareil garé sur une aire de stationnement protégée, suffisamment éloignée de l'aérogare. Aucune opération de maintenance ne serait effectuée à Alger, hormis le nettoyage de la cabine.

Fort de ces mesures, Air France estimait réduire les risques à un niveau acceptable. Pour la compagnie, c'était justifié, mais cela ne changeait rien aux insuffisances inhérentes à la sécurité interne de l'aéroport d'Alger.

Ce fut l'objet du coup de téléphone que Raoul S. passa au début du mois de décembre 1994 au chef de la sécurité d'Air France, un commissaire de la police nationale détaché par le ministère de l'Intérieur. Ses compétences n'étaient pas inconnues de Raoul : l'officier avait commandé la sécurité d'Orly puis du Bourget avant d'être nommé à ce poste très convoité de la compagnie nationale.

— Qu'est-ce que vous pensez des risques d'attentats à l'aéroport d'Alger ?

— Écoutez, moi je n'y suis jamais allé ! C'est un des responsables de la sécurité qui a fait l'audit de sûreté. Il n'a rien décelé d'alarmant. Nous avons pris des mesures pour maximaliser la sécurité de l'avion et de l'équipage pendant l'escale… Voilà. Les syndicats du personnel navigant ne sont pas d'accord, mais il n'y a que les volontaires qui assurent les vols, alors ils n'y peuvent pas grand-chose.

— Pensez-vous que ces mesures réduisent effectivement les risques à l'aéroport ?

— En partie, oui. Mais elles sont insuffisantes. Je connais trop les Algériens pour leur faire confiance : ils sont laxistes et il y a beaucoup de corruption. Mais comme ces mesures semblent convenir…

— Elles vous conviennent à vous ?

— Non, non ! Je vous l'ai dit : elles ne sont pas suffisantes, mais l'argument commercial prime ! Les vols sont pleins. Il est difficile dans ces conditions de ne pas être taxé d'alarmiste quand on veut émettre des réserves !

— Moi aussi, j'en fais partie, des alarmistes !

— Je sais que vous avez pris des décisions draconiennes. Vous avez même déconseillé à vos clients de prendre les vols d'Air France. Ça n'a pas été apprécié ici ! On vous accuse d'exagérer les risques pour vous faire mousser auprès de vos clients.

— Il me semble que les gens du GIA nous menacent tous les jours et qu'ils sont déjà passés à l'acte. Depuis septembre 1993, 24 Français ont été assassinés en Algérie ! Dans Air France il y a *France*, et le drapeau tricolore est peint sur la queue de l'appareil ! Les terroristes adorent les symboles... J'espère simplement que ceux qui me taxent d'alarmiste aujourd'hui auront raison demain.

— Raoul, vous n'avez pas l'habitude de faire preuve de tant d'humilité.

— Sauf quand je suis persuadé d'avoir pris la bonne décision !

— Ah, je vous reconnais mieux comme ça ! À bientôt.

1.

Alger. Cité des Eucalyptus. 15 novembre 1994

Une vieille camionnette Peugeot s'arrête sur le marché de Babezdid, en plein cœur de la cité des Eucalyptus, chargée jusqu'aux ridelles de caisses de légumes. L'homme qui en descend remercie brièvement le conducteur qui vient de le transporter depuis le *bled*, sans même lui proposer de l'aider à décharger. Il ramène sur son visage la grande capuche de son *burnous* tandis qu'il scrute les alentours, s'attardant sur les petits groupes de commerçants qui s'affairent à installer leurs étals.

Puis son regard se porte plus loin vers les grands immeubles blancs qui se dressent autour de lui, adossés aux anciennes fortifications de la ville. Le vent froid qui descend des montagnes fait voler le linge accroché sur les façades, claquant sur les paraboles piquées à chaque balcon et sur les toits plats, comme de grosses punaises. En cette fraîche matinée d'automne, l'horizon est dégagé jusqu'à la mer, où les porte-containers attendent de pouvoir rentrer au port.

Abdallah « Kronfel[1] », rassuré de ne déceler aucune menace dans l'immédiat, se met en marche vers le lieu

1. « Clou de girofle ». Son vrai nom est Yahia Rihane, ainsi surnommé en raison d'un grain de beauté sur sa pommette droite.

de son rendez-vous, le cimetière d'al-Kettar. Il se sait activement recherché par la police secrète algérienne, ce qui l'a obligé à se réfugier dans le maquis depuis plusieurs semaines avec son chef, l'« émir » du GIA pour Alger et sa région, Djamel Zitouni.

Abdallah est aujourd'hui de retour à Alger, seul, porteur de nouvelles importantes pour l'organisation terroriste. Zitouni a été nommé le 27 octobre « émir suprême » du GIA à la suite de la mort de son prédécesseur, Chérif Gousmi, abattu dans un accrochage avec la gendarmerie. L'espérance de vie des « émirs » du GIA est courte, et tous s'appliquent à multiplier les atrocités avant de disparaître. Djamel Zitouni a été choisi justement pour le nombre d'attentats sanglants qu'il a perpétrés à Alger et dans sa région. Il a aussitôt chargé son adjoint, Abdallah Kronfel, de le remplacer à la tête du réseau dans la capitale et d'y poursuivre les opérations.

Le chemin d'al-Kettar qui longe le cimetière est désert à cette heure et Kronfel n'a aucun mal à repérer Yahia, accroupi auprès de sa mobylette qu'il fait semblant de réparer. Les deux hommes se saluent en invoquant la protection d'Allah qui leur a permis de se retrouver, puis enfourchent l'engin et, l'un accroché à l'autre, dévalent la colline.

Abdul Abdallah Yahia, dont l'allure frêle et la paire de lunettes accentuent l'image d'étudiant attardé, n'est pas un novice dans l'organisation. À vingt-cinq ans, cet ancien vendeur de légumes, dont le père est jardinier à l'ambassade de France, a déjà à son actif plusieurs opérations, parmi lesquelles le mitraillage le 3 août 1994 de la résidence française d'Aïn Allah, dans la banlieue d'Alger, qui a coûté la vie à deux diplomates et à trois gendarmes français. C'est à la suite de cette opération, organisée par Zitouni et Kronfel, que les deux hommes ont décidé de quitter la capitale pour se réfugier dans le maquis.

Pour l'heure, Kronfel a convoqué une réunion d'une partie du groupe dans une planque préparée par Yahia. La mobylette s'arrête devant l'un des premiers blocs de la cité des Eucalyptus – construits par les Français à la fin des années 1950, les immeubles HLM n'ont cessé de pousser depuis l'indépendance, formant un imposant quartier dans lequel les islamistes du FIS ont réussi à s'implanter solidement.

Yahia cadenasse son engin devant la boulangerie au bas de l'immeuble, et les deux hommes s'engouffrent dans l'escalier vétuste qui dessert les vingt étages. La réunion clandestine est prévue dans un petit appartement prêté par un sympathisant du GIA. On leur ouvre la porte et on les fait entrer dans un salon traditionnel, avec des banquettes basses en moleskine disposées le long des murs. Trois hommes accroupis autour d'une table où fume la théière boivent le liquide bouillant dans de petits verres colorés.

Les présentations sont rapides et les salamalecs réduits au minimum. Pour des raisons de sécurité, les réunions du GIA ne doivent pas durer plus de vingt minutes. Kronfel annonce sa nomination comme « émir » d'Alger en remplacement de Zitouni, désigne Yahia comme son adjoint, et passe aussitôt à l'ordre du jour. La préparation de la prochaine opération du GIA : le détournement d'un avion avec prise d'otages à l'aéroport Houari-Boumediene.

L'attentat contre l'aéroport d'Alger a été planifié de longue date par Djamel Zitouni lui-même, et bien que sa récente promotion l'empêche de le mener à bien en personne, il a ordonné à Kronfel qu'il se déroule conformément à ses plans.

La date n'a pas été choisie au hasard : le 31 décembre, jour où traditionnellement le monde entier fête la nouvelle année. Même les pays musulmans, dont le calendrier ne correspond pas au calendrier grégorien, ont adopté administrativement cette date pour fixer la fin de l'année et les islamistes du GIA, en lutte contre l'État laïque algérien, le considèrent comme un jour impie. En outre, l'actualité internationale étant, pendant cette période, singulièrement ralentie, l'événement est assuré de rencontrer un retentissement médiatique spectaculaire.

La cible a elle aussi été choisie à dessein. Le GIA, qui s'est surtout illustré par les massacres de civils, les viols dans les campagnes et les attentats aveugles, est fortement contesté au sein même de la mouvance islamiste. En voulant pousser son avantage sur le terrain politique, le GIA a été jusqu'à proclamer un « gouvernement du califat » au début de l'année 1994, et Djamel Zitouni est bien décidé à unifier, de gré ou de force, les différents groupes armés sous un seul commandement. Y compris son principal rival le MIA, le Mouvement Islamique Armé, avec lequel les affrontements armés sont quotidiens. Une partie des troupes du MIA a déjà rejoint le GIA, mais cela ne suffit pas à Zitouni : il a dressé une liste de dirigeants du FIS s'opposant à cette ligne politico-militaire et les a condamnés à mort. Parmi eux figure le chef de l'AIS (l'Armée Islamique du Salut), la branche armée du FIS[1].

Une opération aussi spectaculaire qu'un détournement d'avion permettrait au GIA de s'imposer publiquement comme le principal groupe armé dans le mouvement islamiste face à l'Occident. Il aurait aussi l'avantage d'exporter la guerre hors du territoire national, idée chère à Zitouni qui y voit le moyen d'élargir le champ de la confrontation. Cette stratégie a la faveur d'une partie du FIS, qui espère que cette internationalisation du terrorisme poussera l'Occident à faire pression

1. Dans cette liste figuraient : Abdelbaki Sahraoui, cofondateur du FIS, assassiné à Paris où il était exilé, après avoir protesté contre la formation du « califat » ; Rabah Kébir, représentant du FIS à l'étranger, exilé à Bonn ; Madani Mosrag, chef de l'AIS, et Bâa Azzeddine, ancien du MIA rallié à l'AIS, qui sera fait prisonnier et exécuté par le GIA.

sur le gouvernement algérien et à lever l'interdiction du parti islamique prononcée par la junte militaire.

Le pays occidental géographiquement et historiquement le plus proche de l'Algérie, c'est la France. La cible de Zitouni est l'avion d'Air France qui dessert quotidiennement les deux capitales. Son plan fait l'objet d'une préparation méticuleuse depuis des mois, qui a commencé par l'infiltration de militants du GIA parmi le personnel aéroportuaire.

Plusieurs scénarios ont été envisagés pour renouer avec ce type d'opération terroriste qui avait eu son heure de gloire dans les années 1970, lors des détournements d'avion perpétrés par différentes organisations palestiniennes. Depuis, les contrôles des passagers s'étaient considérablement renforcés dans les aéroports, et rendaient problématique l'irruption de terroristes armés dans un avion de ligne.

Néanmoins, Zitouni a pu observer que le dispositif de sécurité à l'aéroport Boumediene – bien que renforcé depuis l'attentat à la bombe de 1992 qui avait fait neuf morts – présentait de sérieuses failles, que le GIA était persuadé de pouvoir exploiter. Le groupe terroriste était parvenu à recruter un commissaire de la police de l'air et des frontières, acquis aux idées islamistes, et à s'assurer de la complicité de plusieurs membres du personnel de l'aéroport.

L'opération était déjà bien avancée et la dizaine d'hommes qui devaient y participer avaient été soigneusement choisis par Zitouni en raison de leurs compétences. Il ne restait plus qu'à la mettre à exécution, en profitant du relâchement de vigilance qui se produisait immanquablement au moment des fêtes de fin d'année, et de l'afflux de voyageurs entre les deux capitales.

Kronfel, s'adressant aux quatre hommes dans la pièce, leur explique qu'il dirigera lui-même la prise d'otages qui s'effectuera en deux temps pour ne pas alerter les forces de police. Il ne leur dévoile pas l'intégralité du plan, mais expose à chacun de ses adjoints leur mission respective. L'un des hommes s'occupera de la logistique, et veillera au convoi des armes et des explosifs. Il devra les remettre à l'un des employés de l'aéroport, chargé du nettoyage, qui les dissimulera dans l'avion pendant l'escale. Un autre devra s'assurer de la complicité d'un agent de sécurité de l'aéroport, afin que le commando puisse pénétrer en zone protégée. Un troisième enfin organisera, avec un employé d'Air France, la disposition d'un véhicule de piste aux couleurs de la compagnie aérienne et de surveiller les abords de l'aéroport. Il doit signaler tout changement dans le dispositif de sécurité.

Quant à Yahia, c'est lui qui aura la responsabilité de prendre le contrôle de l'avion, Kronfel risquant de se faire repérer par les agents des services secrets responsables de la lutte antiterroriste s'il se montrait trop tôt à visage découvert.

Selon la tradition, la réunion se termine en invoquant l'aide de Dieu et en rappelant la devise du GIA : « Pas de trêve, pas de dialogue, pas de réconciliation avec les impies ! »

Les hommes se séparent rapidement. Kronfel, accompagné de Yahia, rejoint sa planque à Kouba, en proche banlieue d'Alger, dans son fief, la cité des Annassers, tandis que les autres se dispersent dans les cités d'Alger.

Alger. Dely-Brahim.
18 novembre 1994

Les imposants bâtiments blancs, cernés sur plusieurs dizaines d'hectares par un mur d'enceinte électrifié, abritent les bureaux de la DRS. Dirigée par le général-major Mohamed Médiène, dit « Toufik », sous la direction du ministre de la Défense et chef de l'État, Liamine

Zeroual[1], la redoutée Direction pour le renseignement et la sécurité – l'ancienne Sécurité militaire algérienne – a été érigée en machine de guerre contre les islamistes.

Le colonel Saïd, dont le bureau se trouve à proximité de celui de Médiène, est chargé quotidiennement d'éplucher des centaines d'informations et de collecter les renseignements recueillis par les différentes sous-directions du contre-espionnage et de la sécurité militaire. Effectuer une synthèse entre les renseignements des indicateurs, des agents infiltrés, des détenus torturés dans l'un des deux centres d'« interrogatoires » de la DRS, sans compter ceux de l'armée, de la police et de la gendarmerie, relève de l'exploit quotidien que Saïd – qui a fait Saint-Cyr – appelle son « tonneau des Danaïdes ».

Soudain le colonel se penche attentivement sur un rapport émanant d'un des plus fiables indicateurs de la DRS, infiltré au sein du GIA. Il fait état du retour à Alger de Yahia Rihane, *alias* « Abdallah Kronfel », et de sa nomination comme « émir » du GIA pour la région d'Alger. Cette information recoupe les rumeurs collectées les jours précédents sur la promotion de Zitouni qui a pris comme nom de guerre « Abou Abderahmane Amine[2] ». Saïd décroche aussitôt son téléphone pour appeler « Toufik ».

— Mon général, ce salopard de « Clou de girofle » est à Alger ! C'est lui le nouvel « émir » du GIA à Alger !

— Il faut l'avoir, à n'importe quel prix. Mettez-y tous les effectifs disponibles !

Saïd raccroche et rédige aussitôt l'ordre à toutes les unités de police et militaires de traquer Kronfel en mobilisant l'ensemble des moyens à leur disposition, ce qui dans le langage de la DRS signifie : tirer à vue. Il

1. À la suite de la destitution du chef de l'État Chadli par l'armée en janvier 1992, l'interruption des élections et la dissolution du FIS, le pays est dirigé par un Haut Comité d'État qui a placé Liamine Zeroual à sa tête. Il sera élu en novembre 1995 premier président de la République algérienne.

2. « Le Père de la créature du Clément ».

signe l'ordre du nom du général-major, lui donnant ainsi une priorité absolue. Puis il le transmet à ses services pour diffusion immédiate, avant de se pencher de nouveau sur la pile de rapports.

D'un bout à l'autre de la hiérarchie policière, la machine de mort se met en marche.

Kouba. Cité des Annassers.
20 décembre. 7 heures

Depuis plus d'un mois déjà, Kronfel se terre avec sa femme dans cet appartement au 11e étage de l'immeuble situé dans la cité des Annassers. Il est parfaitement au courant que l'ensemble des forces antiterroristes algériennes le recherchent frénétiquement, mais l'homme, âgé de trente ans, a déjà derrière lui plusieurs années de clandestinité. Grâce à une méfiance proche de la paranoïa, Kronfel est toujours parvenu à éviter les pièges tendus par ses adversaires. Sa silhouette longiligne passe-partout n'attire pas l'attention et, si ce n'était la marque caractéristique sur sa pommette, son visage banal n'éveille aucun soupçon.

La férocité de cet enfant de Birkhadem, le quartier au sud d'Alger d'où lui et Djamel Zitouni sont originaires, n'a d'égale que sa fidélité à son ami d'enfance et aux préceptes du GIA.

Le détournement de l'avion prévu pour le 31 décembre occupe toutes ses pensées et il passe de longues heures à peaufiner son plan qui se met peu à peu en place. Seul son adjoint, Yahia, connaît sa planque et lui sert d'agent de liaison avec les autres membres du commando. Un cloisonnage très strict lui a permis d'échapper jusqu'ici aux dénonciations et aux fréquentes tentatives d'infiltration de la DRS.

Pourtant, aujourd'hui, Kronfel s'apprête à quitter sa tanière. Il faut qu'il réceptionne une partie des armes – dont un pistolet-mitrailleur Uzi de fabrication israélienne – et les explosifs et les grenades nécessaires au détournement. Ce matériel doit lui être remis par un artificier du GIA dont, pour des raisons de sécurité, il est le seul parmi ses hommes à connaître les coordonnées. Il ira seul, selon son habitude, puis remettra l'arsenal aux hommes de Yahia, suivant le plan qu'ils ont élaboré ensemble.

Kronfel quitte discrètement les Annassers au petit matin, en empruntant un bus pour se mêler aux employés qui travaillent dans la capitale. Il dissimule sous son manteau un Scorpio, un petit pistolet-mitrailleur redoutable, parfaitement adapté à la guérilla urbaine. Nonchalamment adossé à la paroi brinquebalante, les yeux mi-clos, comme s'il récupérait un reste de sommeil, il détaille les passagers qui montent aux nombreux arrêts, tout en surveillant les véhicules qui roulent à hauteur du bus.

Birkhadem.
20 décembre. 13 heures

Les deux policiers en civil des forces spéciales antiterroristes ont garé leur voiture banalisée dans un terrain vague poussiéreux, où elle passe inaperçue au milieu des autres véhicules. Ils ne quittent pas des yeux une Renault verte, garée à côté d'une baraque foraine qui vend des kebabs et des sodas.

Ils ont pris en filature la Renault depuis le centre d'Alger après avoir remarqué l'attitude suspecte des trois hommes qui l'occupaient. Le passager arrière ne cessait de se retourner pour surveiller la route. Quant aux deux autres, jeunes et constamment sur le qui-vive, leur comportement laissait soupçonner qu'ils préparaient quelque chose. Il n'en fallut pas plus pour que les deux policiers entament une filature, après avoir communiqué par radio le numéro d'immatriculation du véhicule et une description sommaire de ses occupants.

La chaussée à cette heure de la journée était, comme toujours à Alger, totalement engorgée, la circulation s'effectuant à grands coups de Klaxon rageurs et de vertes injures. Néanmoins celle-ci s'écoulait, par on ne sait quel miracle, grâce à des conducteurs sortant spontanément de leurs véhicules à certains carrefours pour dénouer un nœud particulièrement compliqué, et cela recommençait au carrefour suivant. Cette anarchie rendait la filature plus difficile, mais avait l'avantage de la rendre plus discrète : les voitures avançant en groupes compacts, les deux policiers n'avaient qu'à vérifier de temps à autre que la Renault était bien toujours dans le même paquet qu'eux.

Ils stationnaient désormais depuis plus de deux heures sur ce parking à la sortie de Birkhadem, où la Renault s'était soudain engagée. Les suspects s'y étaient arrêtés, puis n'en avaient plus bougé, laissant leur moteur tourner, attendant visiblement quelqu'un ou quelque chose. L'un des hommes était juste sorti quelques instants pour acheter trois sodas et, avant de remonter, avait longuement observé les alentours.

Le soleil commençait à taper fort sur l'habitacle, mais les deux policiers rompus à ce type d'attente avaient éteint leur radio cachée sous le tableau de bord, et s'étaient allongés sur leur siège, le visage dissimulé par un large autocollant vert et blanc de l'équipe de foot nationale apposé en bas du pare-brise.

Soudain, un homme surgi d'on ne sait où s'approcha de la Renault verte. Vêtu d'un long burnous, il portait sur son dos un gros sac de jute, comme un paysan venu vendre ses oignons au marché. L'empressement des occupants de la Renault à sortir du véhicule pour le rejoindre intrigua les policiers.

— On va voir ce qu'ils fabriquent !

Pendant que le premier signalait à la radio qu'ils allaient procéder à un contrôle d'identité sur des suspects, l'autre chargeait son arme. Puis les deux policiers se glissèrent derrière les voitures pour s'approcher de la Renault.

Le « paysan » les aperçut alors qu'il plaçait soigneusement le sac dans le coffre, avec l'aide d'un de ses complices. Sans préavis, il sortit le Scorpio de son manteau et ouvrit le feu en direction des deux policiers. Le premier prit une balle dans l'épaule gauche, ripostant de son bras valide. L'autre, qui s'était mis à l'abri à la première rafale, ouvrit le feu en direction de la Renault avec une arme automatique. Tous avaient sorti des armes et, en quelques secondes, des dizaines de balles filèrent dans toutes les directions. Les rafales claquaient dans le parking, épouvantant les passants, étoilant les pare-brise, trouant les carrosseries. Le vendeur de kebabs se jeta par terre les deux mains sur la tête alors qu'une série de projectiles venaient fracasser son matériel.

Un des deux policiers vit distinctement que l'homme au Scorpio avait été touché alors qu'il se glissait péniblement à l'arrière de la Renault ; celui à ses côtés tomba à terre en criant, touché à l'aine ; le troisième, tout en continuant à tirer, se jeta dans la voiture en hurlant : « *Yalla ! Yalla !* »

La Renault démarra en faisant patiner ses roues dans un nuage de poussière. La porte du coffre était restée ouverte et les policiers la criblèrent de balles, essayant d'atteindre les fugitifs. Le policier blessé, tout en comprimant sa blessure, parvint à brancher la radio pour appeler les secours. Son collègue s'approcha prudemment de l'homme resté au sol, abandonné par ses camarades. Il avait déjà les yeux révulsés, une tache noirâtre sur le côté, et continuait à perdre son sang par saccades, absorbé par la terre. Son arme avait volé à quelques mètres. Le policier donna quelques coups de pied au corps allongé pour évacuer sa peur.

La fusillade n'avait pas duré plus d'une poignée de secondes. Et un silence inhabituel s'était répandu aux alentours. Des gens se levant haut les mains, le visage livide, puis machinalement commençaient à se dépoussiérer.

Dans la Renault qui filait maintenant en direction du village, Kronfel avait relevé son burnous pour examiner sa blessure. Une balle lui avait perforé le flanc de part en part. Pour avoir vu de nombreuses blessures, le moudjahidine estima qu'aucun organe vital n'avait été touché, bien que la plaie saignât beaucoup et qu'il sentît ses forces décliner. Il donna quelques instructions au chauffeur, un jeune qu'il ne connaissait pas, mais qui n'avait pas perdu son sang-froid pendant l'action, pensa-t-il. Il se mit aussitôt à envisager les conséquences de la fusillade.

L'homme qui avait été abandonné faisait partie du commando prévu pour l'attaque de l'aéroport ; ancien mécanicien militaire, il était leur spécialiste en aéronautique, chargé pour l'occasion de la surveillance de l'aéroport. Plus grave, il était au courant d'une bonne partie de l'opération et Kronfel se maudit de ne pas s'être assuré qu'il était mort avant de s'enfuir.

Le sac d'armes et d'explosifs était toujours dans le coffre et n'avait pas, à l'évidence, été touché par les tirs, l'essentiel étant désormais de le faire parvenir à Yahia… s'ils réussissaient à échapper aux barrages de gendarmerie qui devaient être en train de se mettre en place.

La priorité était de se débarrasser de la voiture criblée d'impacts et de trouver une planque où il pourrait se faire soigner et se mettre à l'abri le temps que la pression retombe. Kronfel était né dans la région, il indiqua au chauffeur les petites routes qui leur permettraient de s'échapper.

Il savait où aller se cacher.

Gendarmerie de Aïn Naadja. 20 décembre. 15 heures

L'ambulance militaire pénétra en hurlant dans la cité Aïn Naadja, le siège de l'état-major des forces armées, et pila à la hauteur du bâtiment de la gendarmerie situé devant l'entrée. À l'intérieur, un médecin militaire était parvenu à contenir l'hémorragie qui déchirait l'aine du blessé et avait endommagé la fémorale. Il était parvenu d'extrême justesse à le maintenir en vie, et les multiples tuyaux plantés dans ses veines commençaient à lui redonner des couleurs. Son pouls s'était stabilisé et il reprenait peu à peu connaissance, respirant normalement. L'homme était jeune, il survivrait, pensa le médecin satisfait.

La porte de l'ambulance s'ouvrit sur le brigadier qui commandait le poste. Après avoir jeté un bref regard au blessé, il demanda aussitôt :

— Est-il en mesure de parler ?

— Pas encore, mais il est stabilisé. Allez-y doucement, il a perdu beaucoup de sang.

— Alors on va le garder un peu avec nous !

— Je vais vous laisser un infirmier avec des poches de plasma. Il y a un médecin ?

— On a tout ce qu'il faut ici !

Deux gendarmes firent glisser le brancard et le blessé fut transporté jusque dans les locaux de la brigade de gendarmerie, tristement célèbre pour l'efficacité de son centre de torture. L'ambulance repartit, laissant le blessé entre de bonnes mains.

On fit rouler le brancard dans l'entrée où il fut installé à côté du secrétariat pendant que l'infirmier changeait les perfusions. Le jeune homme, fraîchement sorti de l'école de santé de l'armée, située dans cette même cité d'Aïn Naadja, avait entendu les bruits sinistres qui couraient sur cette brigade de gendarmerie. L'endroit, en raison de sa proximité avec l'état-major et la présence de nombreux officiers de la DRS, avait été érigé en « centre d'interrogatoire » privilégié.

La porte de la salle d'interrogatoire était juste en face de lui, à gauche de l'entrée, et, lorsqu'elle s'ouvrit soudain, l'infirmier vit un homme ensanglanté traverser le hall, soutenu par deux gendarmes revêtus de treillis souillés.

Les militaires le traînèrent vers les cellules de l'autre côté de l'entrée puis revinrent, tenant un autre homme, très jeune, qui sanglotait nerveusement, les mains garrottées dans le dos. Puis ils disparurent de nouveau dans la salle d'interrogatoire.

Malgré la porte fermée, un hurlement suraigu traversa les cloisons et fit trembler la main de l'infirmier. Instinctivement, il se plaça devant son blessé comme pour le protéger. Le brigadier, qui venait de passer quelques coups de téléphone dans son bureau, sortit du secrétariat et s'approcha du brancard.

— Alors, il a repris connaissance ?

— Non, brigadier, pas encore !

— Vous me prévenez ! Compris ?

— À vos ordres !

La nuit commençait à tomber lorsque la porte de la salle d'interrogatoire s'ouvrit de nouveau, et le jeune homme ressortit, porté par ses tortionnaires. Il y avait bien longtemps que ses cris avaient cessé, transformés en grognements étouffés, entrecoupés par le gueulement des interrogateurs. L'infirmier comprit pourquoi en voyant un bout de serpillière immonde sortir de la bouche. La tête baissée, le bout des pieds ballant, le jeune homme suffoquait alors qu'on le traînait vers l'escalier menant au sous-sol.

En changeant une nouvelle fois la perfusion de son patient, l'infirmier vit ses paupières tressauter, signe que le blessé était en train d'émerger. Il se garda bien de lui parler et se pencha sur sa poitrine pour écouter son cœur. Celui-ci avait repris un rythme normal. Il examina le pansement et, ne voyant pas de suintement suspect, recouvrit le blessé avec son drap.

— Alors, il s'en sort ?

La voix le fit sursauter.

— Oui, brigadier ! Mais il est encore très faible.

— Bon ! Un médecin de chez nous va venir l'examiner. Vous pouvez y aller, infirmier !

— Mais... je dois encore...

— C'est bon, je vous dis. Exécution.

Le jeune homme jeta un dernier regard à son patient et constata qu'il avait ouvert les yeux. Il ne pouvait plus rien pour lui. Il sortit de la gendarmerie, partagé entre le soulagement de quitter cet enfer et l'écœurement pour ce qu'il y avait vu et entendu.

Dans le bus qui le ramenait chez lui, il fut pris d'une soudaine inspiration en passant devant un groupe d'immeubles. Un de ses oncles habitait là. Il sauta à l'arrêt, grimpa les escaliers. Sa tante lui ouvrit la porte de l'appartement.

— Oui, dit-elle, ton cousin est à la maison !

Vêtu d'une longue djellabah blanche, le visage orné d'une barbe juvénile, son cousin regardait avec méfiance son visiteur en uniforme, où l'écusson du service de santé faisait une tache pourpre.

— Écoute-moi attentivement, commença l'infirmier. Préviens tes amis que l'homme qui a été blessé ce matin dans une fusillade à Birkhadem est toujours vivant. Il est à la gendarmerie d'Aïn Naadja. Ils vont le torturer dès qu'il sera en état de parler.

Le soir même à la mosquée, le cousin s'entretint brièvement avec un « frère » qui le remercia au nom d'Allah de ce précieux renseignement.

Cité des Eucalyptus. 21 décembre. 1 heure du matin

Abdallah Yahia a entendu à la radio le compte rendu restreint de la fusillade qui a opposé trois des hommes de son commando à la police. Il a attendu en vain leur retour pendant plusieurs heures dans l'arrière-boutique d'une épicerie, incertain de leur sort. Le communiqué de la police faisait état d'un blessé parmi les policiers, qui auraient abattu l'un des terroristes.

Yahia en est réduit aux suppositions sur le sort de son chef et des deux autres membres de son commando : ont-ils été blessés, ont-ils réussi à s'échapper ? Quelle que soit l'issue, l'opération contre l'avion d'Air France semble bien compromise.

Sans armes, sans explosifs et sans hommes, Yahia se sent aussi seul que lorsqu'il cambriolait des appartements, il y a quelques années, avant d'être repéré par l'imam de son quartier et de reprendre le chemin de la mosquée. En retrouvant la foi, il a aussi trouvé une voie, le *djihad,* la lutte armée contre les ennemis d'Allah !

Il a quitté la horde des *hitistes*, ces jeunes déshérités qui errent désœuvrés dans les cités, rêvant d'émigration. Lui aussi a cru, un temps, qu'il pourrait échapper à cet avenir sans espoir, qu'il pourrait comme son père et son frère trouver du travail chez les *francaouis.* Mais il parlait mal le français et finir comme jardinier ou domestique au service des Français le révoltait. Il avait quitté le domicile familial après une violente altercation avec son père, et s'était retrouvé dans la rue, vivant de rapines. Il voyait encore sa mère clandestinement, lorsqu'elle quittait l'appartement pour aller prier. Elle l'avait vu changer, devenir plus fort, plus mûr, mais aussi plus inquiet, plus déterminé. Elle avait deviné qu'il avait rejoint les « barbus » comme disait son mari, et s'était mise à regretter le temps où il n'était qu'un petit voleur.

— Un homme te demande, frère. Je ne le connais pas.

Yahia serra son arme et regarda prudemment par la petite lucarne qui donnait dans l'épicerie. Il reconnut Salim, un jeune qu'il venait de recruter et qu'il avait envoyé la veille en tant que chauffeur du commando chargé de récupérer les armes.

— Fais-le venir !

Le garçon, qu'on lui avait recommandé en raison de ses talents derrière un volant et son adresse aux jeux vidéo, ne semblait pas plus ému que lorsqu'il l'avait rencontré quelques semaines auparavant. Pour assouvir ses deux passions, Salim volait voitures et consoles, sans états d'âme. Yahia s'était promis de l'amener au *djihad* où il pourrait mettre ses dons au service d'une cause plus élevée et comptait l'envoyer rapidement dans un camp d'entraînement dans le maquis.

Le jeune lui raconta sobrement la fusillade. L'« émir » qui avait été blessé pendant l'échange de coups de feu était désormais en sécurité chez des frères où on l'avait soigné. Il pensait avoir été dénoncé, devait quitter son refuge au petit matin et repartir dans le maquis. Un membre du commando avait été blessé et les deux autres, Maklouf et Mustapha, avaient caché les armes et les explosifs.

— L'« émir » a un message pour toi qu'il m'a fait répéter : « La bienveillance du Clément doit s'exercer. Tu dois continuer les préparatifs ! »

— C'est tout ce qu'il a dit ?

— Oui. Qu'est-ce que c'est, « La bienveillance du Clément » ?

Yahia ne répondit pas, mais regarda songeur le jeune homme. Il ne lui restait pas beaucoup de temps pour reconstituer le commando qui se réduisait à présent à huit, lui compris. Il prit conscience qu'en l'absence de Kronfel, il était maintenant l'« émir », et cette perspective le glaça en même temps qu'elle le remplissait de fierté. Il décida tout d'abord qu'il devait rassembler les armes et le matériel nécessaires au détournement, et vérifier que tous les rouages à l'aéroport étaient en place.

— Sais-tu où est Maklouf ?

— Non, il m'a dit qu'il te contacterait directement aujourd'hui.

Centre d'Alger.
21 décembre. 12 heures

L'information était parvenue indirectement jusqu'à Yahia par le canal des mosquées : le blessé de la fusillade de Birkhadem était aux mains des gendarmes. Vivant. Le messager était un vieillard craintif qui avait été chargé de le contacter sur le campus de l'université, et qui ne savait rien de plus. Il le quitta précipitamment, comme si être vu en sa présence recelait une menace imminente.

La nouvelle électrisa Yahia.

Tout en quittant l'université vers la gare de l'Agha, il réfléchit aux conséquences de cette nouvelle donnée. Les consignes de sécurité étaient précises en pareilles circonstances. Tout le réseau était en danger et devait se disperser, éviter les contacts et disparaître dans le maquis en attendant de nouveaux ordres.

Le blessé ne tarderait pas à parler, Yahia en était certain. Une question de jours, d'heures même. Il était en possession de suffisamment d'informations – et sa fausse identité ne résisterait pas aux investigations de la DRS – pour qu'il révèle les noms des autres membres du commando, leurs planques et surtout, leur objectif.

Yahia fut tenté de renoncer, la prudence l'exigeait. Mais il se répéta les dernières consignes de Kronfel : la préparation de l'opération « La bienveillance du Clément », le nom de code donné par Zitouni lui-même, devait être poursuivie.

Il prit sa décision avant même d'arriver à la gare. Avec l'aide de Dieu, il allait détourner cet avion et donner une leçon aux Français, qu'ils n'oublieraient pas de sitôt !

Alors que le train l'emmenait vers la petite ville tranquille de Rouïba, dans la banlieue d'Alger, où il avait fixé la réunion du commando, il conclut qu'il lui faudrait précipiter les choses et avancer la date du détournement.

Il la fixa au 24 décembre.

Il ne pouvait pas matériellement faire mieux. Alors que le train passait devant l'aéroport Houari-Boumcdicnc, il sc mit à prier pour que le blessé périsse rapidement, en martyr, sous les coups des gendarmes d'Aïn Naadja, comme un véritable fedayin.

Inch' Allah !

2.

Hôpital militaire de Versailles. 14 décembre 1994

Roland Môntins, allongé sur son lit, attend avec impatience l'arrivée du médecin qui doit décider s'il peut sortir l'après-midi même. Dans un coin de la chambre, une paire de béquilles le nargue, semblant lui rappeler qu'il lui faudra maintenant compter avec elles. Un petit bout de temps en tout cas... Le chef de groupe du GIGN grommelle contre cette stupide varice apparue depuis plusieurs semaines sur sa jambe droite, et qu'il avait fallu enlever. Le voici maintenant handicapé, alors que, sportif de haut niveau, il s'était toujours joué de tous les obstacles.

— Un peu de repos te fera du bien, lui a susurré Fanfan, sa femme, en l'embrassant la veille au soir.

Elle n'est pas mécontente, au fond, qu'il soit obligé de s'arrêter un peu. Elle va l'avoir à elle quelques jours sans que le maudit *beeper* qui ne le quitte jamais vienne perturber leur intimité. Maman depuis trois mois d'un petit garçon, Fanfan aimerait bien que Roland soit un peu plus présent dans leur foyer.

Ses vœux secrets vont être exaucés.

Le médecin a examiné la cicatrice et, satisfait de son travail, prononce le verdict espéré :

— Tout va bien. Mais pendant douze à quinze jours, vous devrez soulager votre jambe en marchant avec les béquilles. Je vous signe une convalescence de trois semaines. C'est le tarif !

Roland fait un rapide calcul.

— Merci, docteur ! J'en connais une qui va être contente. Je vais pouvoir passer Noël *et* le jour de l'An à la maison ! Cela ne m'est pas arrivé depuis dix-sept ans !

— Eh bien, bonnes fêtes, alors !

Roland ne met que quelques minutes à « faire son paquetage ». Il quitte l'hôpital en béquillant, mais debout sur ses deux jambes, bien décidé tout de même à reprendre l'entraînement dès qu'il le pourra. Titré aux championnats du monde de force athlétique, qu'il a récemment gagnés, Roland a besoin physiquement de remuer de la fonte, autant que de courir, grimper et d'exprimer son surplus de vitalité dans de longues courses sur son vélo.

« Après tout, Fanfan a raison, je peux me permettre de lever le pied quelques jours. » Il se réjouit également à l'idée de faire plus ample connaissance avec Romain, le bébé né de leur union, quelques mois auparavant, après un coup de foudre digne d'un roman-feuilleton.

« Jeune marié et jeune papa, à quarante et un ans ! Il est temps d'en profiter quelques jours ! » La voiture du GIGN qui doit le ramener chez lui fait un détour par la caserne, siège du Groupe d'Intervention de la Gendarmerie Nationale, où Roland doit officialiser son congé au bureau du personnel. En passant la lourde porte grillagée, il ne peut maîtriser la petite pointe d'émotion qui ne le quitte jamais à la vue des bâtiments familiers : le gymnase dominé par la haute tour d'entraînement, l'imposant stand de tir dont on aperçoit uniquement les murs de béton enterrés, l'armurerie et sa collection d'à peu près toutes les sortes d'armes existantes, le parking où attendent, sagement alignées, les voitures du Groupe aux moteurs gonflés... Son univers depuis douze ans.

Roland n'était alors qu'un jeune gendarme à l'escadron de gendarmerie mobile de Dijon où il s'était déjà fait remarquer pour ses qualités athlétiques. Pendant un stage à Fontainebleau, à l'École Interarmées des Sports (EIS) qui le destine à devenir moniteur sportif dans la gendarmerie, il se documente sur l'unité dont les quatre lettres GIGN sont devenues prestigieuses depuis sa formation en mars 1974 par le lieutenant Prouteau. Il n'a plus qu'une ambition, en faire partie, et se porte volontaire pour subir les féroces tests de sélection, physiques et psychologiques, qui président au recrutement de ses membres.

En ce mois de septembre 1982, ils étaient cent vingt candidats au camp militaire de Satory à avoir répondu au message de la direction de la Gendarmerie, diffusé dans toutes les unités de France. Après son stage, à l'école du sport, le gendarme Môntins se sentait en pleine forme pour affronter les épreuves. N'avait-il pas battu à plusieurs reprises les records du parcours du combattant et de marche commando, ce qui lui valait, chaque fois, une précieuse perm de quarante-huit heures ? Il perfectionnait son entraînement en s'imposant de dures séances de course, de boxe anglaise, de natation, et en multipliant les séries de tractions, pompes, abdos et grimpers de corde.

Tout en s'échauffant dans le gymnase, il observait les autres candidats aux tests. Les débardeurs et tee-shirts révèlent leurs physiques, cachés jusque-là par les tenues uniformes dont ils étaient tous revêtus lors de l'accueil, le matin même. La concurrence était sévère, et c'est avec un peu d'appréhension qu'il affrontait les premiers tests de la semaine, consistant à réaliser un maximum de tractions à une barre fixe, à enchaîner pompes et abdominaux, avant un grimper de corde chronométré, à la force des bras.

L'ambiance un peu tendue au début se réchauffe au fur et à mesure du déroulement des essais : les candidats s'encouragent mutuellement, sans aucune rivalité. Après avoir réalisé vingt-cinq tractions, un peu plus de cent pompes, deux cents abdos et un temps de cinq secondes pour le grimper de corde, Roland note avec satisfaction que seul un concurrent de la section gymnastique de la Garde républicaine a fait mieux que lui. Sa confiance en lui est intacte avant l'épreuve de la marche commando.

Un peu trop même, et il prend le départ très vite, sur un rythme élevé. En fait de marche, il s'agit d'une épreuve où l'on court de bout en bout avec un sac de onze kilos sur le dos. Le premier kilomètre est très rapidement avalé. Il en reste sept. À mi-parcours, il est en tête, son gabarit lui permet de bien supporter le sac, mais il sent déjà ses jambes se durcir. Son souffle saccadé lui brûle la poitrine. Mais des années de compétition cycliste et les ascensions de grands cols lors d'entraînements et de courses dans ses Alpes natales lui ont appris à souffrir ! Il s'accroche et franchit la ligne, épuisé. Il est en seconde position de son groupe ! Lorsque les deux autres groupes ont terminé, il se retrouve avec le cinquième temps, à une minute seulement du premier.

Suivent les épreuves de tir au fusil et au pistolet automatique. Il a la sensation d'avoir réalisé des tirs relativement moyens et n'est pas très satisfait de ses résultats. Mais les jours se succèdent et les épreuves se multiplient. La résistance à la fatigue et au stress fait aussi partie du test ! Les visages commencent à en porter les stigmates.

Trois épreuves de natation sont prévues dans un bassin de cinquante mètres. La première, classique, est chronométrée. La deuxième, particulièrement éprouvante, teste efficacement les réactions face à la panique. Elle s'effectue pieds entravés, les mains liées dans le dos. Les maîtres nageurs sauveteurs du GIGN sont obligés d'intervenir fréquemment pour assister des candidats qui, incapables de se maîtriser, se noient au bout de quelques mètres. Sur cent vingt concurrents, seuls douze parviennent à réussir l'épreuve jusqu'au bout. Roland en fait partie.

La troisième manche en natation consiste à parcourir les cinquante mètres sous l'eau en apnée. Roland termine deuxième aux tests de piscine, ce qui fait renaître sa confiance en lui. D'autant que la dernière épreuve athlétique est un parcours du combattant, une épreuve qu'il maîtrise depuis l'École de gendarmerie. Il arrache la meilleure performance, ce qui lui vaut les félicitations des contrôleurs; des sous-officiers déjà affectés au GIGN viennent le féliciter et l'encourager.

De quoi renforcer un moral de vainqueur, juste avant d'aborder les tests d'agressivité. Il est assez confiant pour avoir pratiqué, durant plusieurs années, la boxe anglaise et avoir même combattu en compétition.

Un candidat s'approche de lui gauchement.

— J'ai remarqué depuis le début que tu étais très fort.

— Mmmm...

— On va combattre l'un contre l'autre tout à l'heure. Je voudrais te demander de ne pas y aller trop fort, j'ai une dent à pivot!

— Ce n'est pas mon problème! Moi, je suis là pour entrer au GIGN, pas pour faire de la danse classique!

Le gendarme blêmit, fait demi-tour sans rien ajouter et s'isole pour s'échauffer. Roland n'éprouve aucune animosité à l'égard de ce garçon qui a, du reste, l'air plutôt sympathique. Mais il n'a pas le choix. Il doit gagner ce combat. Et c'est pourquoi, en le voyant s'éloigner, il sait qu'il a déjà gagné : psychologiquement, l'autre part battu. En enjambant les cordes pour monter sur le ring, il a une pensée fugitive pour Roger Ménétrey [1], son idole lorsqu'il avait dix-sept ans. Il se concentre pendant qu'on lui enfile les équipements de protection, gants, casque, protège-tibias et protège-pieds. Puis, il cherche le regard

1. Champion d'Europe de boxe, formidable puncheur, il a pratiquement gagné tous ses combats par K.-O.

de son adversaire qui baisse les yeux. Il a peur. Dring... Premier round.

La sonnerie du téléphone ramène Roland à la réalité. L'officier de permanence dans le bureau du personnel vient de tamponner son certificat de trois semaines de convalescence.

– Bonnes fêtes, Roland!

– Merci! Eh bien, à l'année prochaine, alors...

Alger. Ambassade de France. 22 décembre

Les portes d'acier de l'ambassade s'ouvrent lentement pour laisser passer le convoi de plusieurs voitures blindées aux vitres fumées. Les 4×4 d'escorte occupés par des gendarmes de l'escadron parachutiste, lourdement armés, se placent à l'avant et à l'arrière du convoi, fenêtres ouvertes. Dans une limousine noire du corps diplomatique sont installés des employés de l'ambassade. Parmi eux, la comptable, Catherine Beugnet, accompagnée de ses deux enfants. L'ambiance est joyeuse, personne n'est mécontent de quitter l'atmosphère pesante d'Alger et les contraintes que font peser les attentats, pour aller passer librement les fêtes de fin d'année en France. Pourtant, Catherine est un peu contrariée que son mari, Yannick, chef cuisinier de l'ambassade, n'ait pu accompagner sa famille comme prévu. L'ambassadeur lui a demandé de rester jusqu'au 24 décembre pour préparer le repas de Noël du personnel en service pendant les vacances.

Elle cache sa déception pour ne pas attrister ses deux petites filles, Émilie et Sophie, qui s'interrogent déjà sur les cadeaux qu'elles vont recevoir à Noël.

Le convoi emprunte la rue Abdelkader-Gaddouche et quitte le quartier Hydra, prenant rapidement la route de l'aéroport. Les plaques diplomatiques permettent aux voitures d'éviter les contrôles tatillons de l'armée et de la police à l'entrée de la zone aéroportuaire, Catherine et ses deux fillettes débarquent sans encombre devant la zone d'enregistrement d'Air France.

Pilotant leur chariot au milieu de la cohue des voyageurs et des bagages, elles se faufilent jusqu'au comptoir de la compagnie pour s'enregistrer. L'agent qui officie derrière le pupitre n'est pas un inconnu pour Catherine : elle l'a déjà vu plusieurs fois lors de ses voyages en France. L'homme, un employé algérien d'Air France, la reconnaît aussi, et lui sourit cordialement en prenant les passeports et les billets.

— Votre mari ne voyage pas avec vous, cette fois-ci ?

— Non. Je pars seule avec les filles. Yannick nous rejoindra dans deux jours. Il a réservé pour le 24.

Tout sourire disparaît du visage de l'homme. Et c'est avec une expression grave qu'il se penche vers Catherine, lui parlant à voix basse mais ferme :

— Il ne faut pas qu'il parte ce jour-là ! Prévenez-le. Qu'il m'appelle tout de suite, je le ferai voyager demain ! En cockpit s'il le faut !

— Mais pourquoi ? Que se passe-t-il ?

— Faites ce que je vous dis.

Puis, à voix haute, l'agent rend son passeport à Catherine, en lui souhaitant un bon voyage. L'éclat d'inquiétude dans son regard tranche avec son sourire commercial.

Cet incident trouble Catherine[1]. Elle se rappelle soudain cette note de service qui a circulé à l'ambassade quelque temps auparavant, déconseillant au personnel de voyager pendant les fêtes de fin d'année. Avant d'embarquer, elle parvient à joindre son mari et lui fait part de l'étrange avertissement de l'agent d'Air France.

— Avance ton voyage d'une journée. Si tu téléphones tout de suite, ils te trouveront une place.

1. Incident relaté dans le livre de Zahida Kakachi et Christophe Morin, *Le Vol Alger-Marseille. Journal d'otages*, Plon, 2006.

— Non, je ne peux pas. C'est l'ambassadeur qui m'a demandé de rester. Je ne veux pas bouleverser l'emploi du temps de tout le monde. Il faut que j'assure le service.

— Mais l'ambassadeur est parti.

— Je sais, mais ce n'est pas une raison. Il faut prévenir l'escorte, et puis aussi ma brigade… je n'aurai jamais fini de préparer le réveillon. Allez, je vous retrouve le 24 à Chemillé. Ne t'inquiète pas. Des alertes, il y en a tous les jours, tu le sais bien !

— Je sais, oui. Mais j'ai un mauvais pressentiment. Le type n'avait pas l'air de parler sans savoir.

— Bon. Écoute, fais un bon voyage et appelle-moi lorsque tu seras arrivée. Et embrasse les filles !

Paris. Rue Doudeauville. 22 décembre

Richard Cleret raccroche son téléphone, peu satisfait de la conversation qu'il vient d'avoir avec le centre de dispatching du Personnel Navigant Commercial (PNC) d'Air France. Le jeune étudiant en ostéopathologie vérifie que son uniforme de steward, lavé et repassé, est bien accroché dans la penderie de son studio. Il fait partie de la petite cohorte d'étudiants qui, pour payer leurs études, ont suivi le stage de PNC, ce qui l'autorise à voler comme « stagiaire » pendant les vacances, suppléant ainsi au déficit de personnel dans les compagnies aériennes pendant ces jours de rush. Il a déjà effectué plusieurs vols pendant l'été et son travail a été suffisamment apprécié pour qu'on fasse de nouveau appel à lui pour les fêtes de fin d'année. Le salaire qu'il touche à cette occasion est le bienvenu et Richard en serait satisfait, s'il n'y avait ce contretemps dont on vient de l'informer.

— Vous ne partez pas sur Francfort le 24 comme prévu. On a changé votre affectation : vous partez sur le Paris-Alger.

— Je passerai la nuit à Alger ?

— Non. Aller-retour dans la journée. Vous décollez à 8 heures et vous serez de retour à Paris en début d'après-midi. C'est cool !

Mais ce changement de destination et d'horaires contrarie Richard.

Alger ne le tente pas, alors qu'il a pris ses dispositions pour passer la soirée de réveillon à Francfort. Au cours de sa formation, il a réussi tous les tests nécessaires à l'emploi de steward et d'hôtesse de l'air, à l'exception du CSS, le Certificat de Sécurité et de Sauvegarde, qui n'est pas requis pour les stagiaires. Mais ses instructeurs ont bien précisé que les avantages qu'ils retireraient de ce job d'étudiant dépendaient de leur disponibilité ! En d'autres termes, qu'il était plutôt mal vu par la compagnie de refuser un vol, et qu'on saurait s'en souvenir pour d'éventuelles convocations ultérieures.

Devinant son hésitation, son interlocuteur lui précise :

— Alger n'est pas une destination classée « à risques ». Est-ce qu'on peut compter sur vous ?

Richard se résigne à contrecœur.

— D'accord. Je suis volontaire.

— Parfait. Rendez-vous à Orly comme d'habitude, deux heures et demie avant le décollage.

— J'y serai. Merci.

Richard, après avoir vérifié que toutes ses affaires sont prêtes, commence à changer ses plans pour le réveillon.

Dans le centre de dispatching d'Air France, l'agent repose son appareil avec un soupir. Les volontaires ne se bousculent pas pour cette destination… un 24 décembre en plus. Il a déjà inscrit sur son planning les titulaires : le chef de cabine principal Gilles Dunis; un steward, Christophe Morin; une chef de cabine, Christiane Adenot, et trois hôtesses : Nicole Chauvin, Sylviane Bidault et Claude Bertaud. Il a déplacé un premier stagiaire du « Francfort », Richard Cleret. Il doit encore trouver deux autres stagiaires pour compléter l'équipage commercial du vol 8969. Il reprend son téléphone pour appeler les deux prochains sur sa liste : Anne Dufrène et Ludovic Ulmer.

Azazga. Kabylie.
22 décembre

Le chanteur et dirigeant politique kabyle Ferhat Mehenni vient d'embrasser et de féliciter son fils, Ameziane, lycéen en terminale au lycée d'Azazga. Il doit retourner à Tizi Ouzou pour y présider une réunion du MCB, le Mouvement Culturel Berbère qu'il a créé, un an auparavant. Fortement impliqué dans le mouvement autonomiste kabyle, cet ancien étudiant de sciences politiques milite depuis des années pour la reconnaissance et l'enseignement du *tamazight*, la langue berbère. Sa notoriété lui est venue par la chanson, qu'il utilise comme une arme culturelle pour promouvoir ses idées. Chanteur engagé, connu dans toute l'Algérie et en France, il poursuit inlassablement depuis 1973 son combat pour la défense de l'identité kabyle.

Son action lui a déjà valu plusieurs arrestations et la vindicte à la fois du gouvernement, foncièrement hostile à toute idée autonomiste, et des islamistes, fermés à tous les particularismes.

Depuis la rentrée 1994, un singulier mouvement agite toute la Kabylie : la « grève des cartables », qui touche plus d'un million de lycéens et d'étudiants. Ils se sont mis en grève contre l'interdiction de l'enseignement de la langue berbère en classe, et revendiquent le droit d'utiliser la langue de leur peuple. Le MCB a été l'instigateur de ce mouvement qui a rencontré un succès foudroyant et c'est Ameziane[1], son propre fils, qui, depuis son lycée, a donné le coup d'envoi de ce formi-

1. Ameziane Mehenni sera assassiné le 19 juin 2004 à Paris dans des circonstances étranges. L'enquête pour retrouver son assassin n'a jamais abouti.

dable boycott scolaire. Cela fait maintenant plusieurs mois que la coordination lycéenne tamazight qu'il anime gère ce conflit, à la grande fierté de son père.

Ferhat Mehenni se prépare à prendre l'avion pour Paris où il doit retrouver une partie de sa famille. Comme chaque fois qu'il quitte la Kabylie où il se sent en sécurité parmi les siens, une crainte l'assaille à l'idée de s'envoler. Il est toujours à la merci d'une arrestation par la police au moment des contrôles d'identité à l'aéroport. L'agitation qui règne en Kabylie depuis le mois d'avril, et dont il est l'instigateur, le place en ligne de mire du gouvernement algérien. « Et quand ce ne sont pas les militaires, ce sont les "islamistes" et leurs faux barrages meurtriers sur les routes ! Vivement que je me retrouve boulevard Saint-Michel ! » pense-t-il en vérifiant sa réservation – le 24 décembre – sur l'avion d'Air France.

Paris. Palais de l'Élysée.
22 décembre

Le président François Mitterrand a convoqué en fin d'après-midi le Premier ministre Édouard Balladur et le garde des Sceaux Pierre Méhaignerie.

La France vit sous le régime de la cohabitation depuis mars 1993, où la droite a remporté une victoire écrasante aux élections législatives. La campagne pour l'élection présidentielle, fixée en mars 1995 et qui doit désigner le successeur du président socialiste au terme de son deuxième septennat, est déjà largement entamée. La droite est divisée entre deux candidats déclarés, Édouard Balladur et le maire de Paris, Jacques Chirac. Le Premier ministre a le vent en poupe dans les sondages et a reçu le soutien de Charles Pasqua, ministre de l'Intérieur, et de Nicolas Sarkozy, ministre du Budget et porte-parole du gouvernement. Jacques Chirac, trahi par une partie des siens, conserve le soutien d'Alain Juppé, ministre des Affaires étrangères.

Mais ce qui vaut aujourd'hui à Édouard Balladur d'être convoqué solennellement à l'Élysée n'a apparemment rien à voir avec la guerre des clans qui se déroule à l'intérieur du gouvernement et de la majorité.

Une affaire ténébreuse remue le petit monde médiatico-politico-judiciaire, le « microcosme », selon le mot d'Édouard Balladur : l'affaire Maréchal[1] !

L'affaire empoisonne la majorité et le gouvernement, au sein duquel le ministre de l'Intérieur est fortement soupçonné d'être à l'origine de cette manipulation.

C'est un Mitterrand affaibli par un cancer de la prostate, mais toujours dangereusement lucide, qui reçoit son Premier ministre dans son bureau de l'Élysée. Le président ne mâche pas ses mots. La ficelle est un peu grosse et la manœuvre a des relents de basse police, il annonce donc qu'en tant que « garant de l'indépendance de l'autorité judiciaire », il a décidé de saisir le Conseil supérieur de la magistrature, dont il est le président.

En sortant de l'Élysée, Édouard Balladur est furieux. Le président, en se saisissant de l'affaire Maréchal-Halphen, en fait une affaire d'État, ce qui place le gouvernement dans une situation délicate. Le Premier ministre et candidat déclaré à la présidence de la République sait parfaitement que quelques-uns de ses amis politiques, nouveaux ou anciens, ont trempé dans ce

---

1. Du nom du beau-père du juge Halphen, qui enquête sur une affaire de fausses factures entre de hauts responsables RPR et l'Office des HLM de la Ville de Paris. Les investigations du juge s'orientent, depuis peu, vers l'Office des HLM des Hauts-de-Seine, fief de Charles Pasqua, en direction d'un de ses proches, le sulfureux maire de Clichy, Didier Schuller. Le juge Halphen, qui a déjà mis en examen Michel Roussin, ministre de la Coopération, provoquant sa démission du gouvernement, est sur le point de faire de même avec le maire de Clichy, lorsque éclate opportunément l'« affaire Maréchal ». Ce psychiatre, père de l'épouse du juge Halphen, s'est fait remettre par Schuller une valise contenant un million de francs lors d'un rocambolesque rendez-vous à l'aéroport de Roissy. Mais Schuller a prévenu la police, prétendant que Maréchal s'était targué d'influencer son gendre contre le paiement de cette somme. Maréchal est tombé dans un traquenard dont la véritable cible était le juge Halphen, menacé de destitution, et qui, au mieux, sera dessaisi par le procureur du dossier des fausses factures.

marécage, et que leurs ébrouements risquent de maculer son costume de futur chef d'État. C'est dans cet état d'esprit qu'il retourne à Matignon où l'attendent, depuis deux heures, les enfants du personnel, réunis autour de l'arbre de Noël.

Alger. Casbah.
23 décembre

Farid finit de boucler sa valise dans le petit hôtel où il a ses habitudes lorsqu'il vient à Alger. Carré, massif, Farid a émigré en France dans les années 1960. Après plusieurs petits boulots, il a trouvé une place de bagagiste puis de conducteur de passerelles à Orly. Titulaire d'une carte de résident, il s'est lancé dans le commerce avant de se marier et de s'installer à La Courneuve où il élève ses sept enfants.

Depuis, ses affaires ont bien progressé.

La pénurie de nombreux biens de consommation en Algérie et la pression étatique et fiscale ont favorisé l'émergence du *trabendo*, ce marché noir qui, au fil des années, s'est développé pour devenir un marché parallèle prospère, se substituant peu à peu au réseau commercial traditionnel.

Farid est l'un de ces centaines de commerçants installés en France qui exportent vers l'Algérie, *via* la Tunisie et autres pays limitrophes, des tonnes de marchandises. Après avoir passé la frontière frauduleusement – moyennant une « taxe » remise à des Gendarmes-Gardes-Frontières (GGF) corrompus –, elles sont distribuées dans l'ensemble de l'Algérie. Le *trabendo* pervertit toute la société, sans distinction de couleur politique, générant d'énormes profits, se développant à l'ombre de la corruption qui touche les hiérarchies militaire et administrative, du subalterne aux plus hauts gradés. Le gouvernement, même s'il en avait la volonté, ne peut s'y attaquer, sous peine d'augmenter la pénurie générale et de provoquer des émeutes.

Farid est venu à Alger pour se faire régler ses précédentes livraisons et prendre les commandes. Il est aussi venu flairer, sur place, les besoins d'une population démunie, qui se transformeront pour lui en bonnes affaires. « Il nous faudrait plus de vêtements. Surtout pour les enfants, filles et garçons. C'est un bon marché ! » lui a expliqué l'un de ses correspondants.

Farid, qui exporte des ballots entiers de vêtements de seconde main, achetés au kilo sur les marchés de fripes de la banlieue parisienne, note scrupuleusement ce qu'ajoute son interlocuteur, un grossiste d'Alger :

– Et on a toujours besoin de pâtes alimentaires ! Celles qui sont fabriquées ici ne valent rien, les gens n'en veulent plus !

– Je vais voir ce que je peux faire ! Combien t'en faut-il ?

– Tout ce que tu peux avoir. Je prends.

– Je repars demain à Paris par l'avion d'Air France. Je te tiendrai au courant. Bon, maintenant, je ferais bien un bon dîner... Ce soir, j'ai envie de m'amuser un peu. C'est toujours possible ici ?

– Pas de problème. Les « barbus » ne font pas encore la loi. Je t'emmène dans une boîte super. Elle appartient à un général !

Rouïba.
23 décembre

Abdallah Yahia contemple ses troupes, réunies dans la cave d'une petite villa décrépite, construite à l'époque coloniale. De son ancien propriétaire, un pied-noir amateur de bons vins, ne restent dans un coin que de vieilles bouteilles vides et un tonneau défoncé. Le mur est tapissé de porte-bouteilles rouillés, d'une vieille affiche publicitaire presque effacée où l'on peut encore lire : « *Lou Cigaloun*. Grand vin blanc d'Algérie ». Yahia la déchire rageusement et la jette par terre. Puis il se tourne vers les deux hommes qui le regardent avec un air interrogateur.

— Mustapha, montre-moi les armes.

Mustapha Chekienne ouvre le gros sac de jute posé à ses pieds. Il en extrait deux AK 47 à crosse repliable, munis de leurs chargeurs caractéristiques en demi-lune. Plusieurs pistolets automatiques, des grenades d'origine soviétique ; une dizaine de bâtons de dynamite qu'il pose sur le sol, un petit rouleau de cordeau détonant et enfin une Uzi israélienne.

— C'est tout ?

— C'est ce que m'a donné l'« émir ». Le commando apportera le reste des armes.

« Il n'y a plus de commando », songe Yahia qui a vainement tenté de joindre les autres membres du GIA. Ils se sont tous dispersés dans le maquis dès qu'ils ont appris que Kronfel était blessé et que l'un des leurs était tombé vivant aux mains de la DRS.

Yahia se retrouve seul avec deux hommes. Mustapha, l'égorgeur de poulets et de moutons qui, il le savait, tuait sans émotion. Il l'avait vu saigner à la file une dizaine d'hommes sur le pare-chocs d'un 4 × 4, lors d'une opération de représailles dans un village, sans manifester plus de trouble que s'il s'agissait des moutons de l'*Aïd el-Kébir*[1]. L'autre, Maklouf, le visage ravagé de tics, se mettait à marmotter des prières dès qu'on lui adressait la parole, et cherchait à se faire tuer dans tous les affrontements pour accéder plus vite au Paradis promis aux combattants du *djihad*.

Yahia prend la parole :

— Nous allons accomplir la volonté d'Allah et attaquer l'avion français comme l'a ordonné l'« émir ». Nous ne pouvons plus attendre la fin du mois. Nous frapperons demain selon le plan qui a été décidé. Tout est prêt à l'aéroport où j'ai prévenu les frères que l'opération était avancée.

---

1. Jour de fête célébrant le sacrifice consenti par Ibrahim de son fils Ismaël.

Mustapha attend posément que Maklouf ait fini de lancer ses « *Allah akbar!* » en brandissant son automatique, pour faire une remarque.

— Comment allons-nous pouvoir réaliser l'opération à trois, alors qu'il était prévu que nous soyons dix pour attaquer l'avion ?

Yahia avait anticipé cette objection. Elle l'obsédait même depuis deux jours.

— Nous serons quatre ! Salim, le chauffeur, viendra nous rejoindre tout à l'heure. Dans le plan de l'« émir », c'est moi qui devais conduire le premier assaut pour prendre le contrôle de l'avion avant que Kronfel et les cinq autres ne nous rejoignent. Nous allons le faire, puis nous nous débarrasserons d'une partie des passagers avant de décoller pour Paris. Ensuite, avec la bienveillance de Dieu, nous porterons le *djihad* jusqu'en France où nous mourrons en martyrs ! Les Français paieront le prix de leur aide à ce gouvernement *tabout* (infidèle). « Pas de trêve, pas de dialogue, pas de réconciliation avec les impies ! »

En prononçant ces derniers mots, Yahia s'empare d'une AK47, et la brandit au-dessus de sa tête, comme il l'a fait des centaines de fois pendant son entraînement dans les maquis du GIA. Les deux autres s'empressent de faire de même en hurlant « *Allah akbar! Allah akbar!* » et les cris, rebondissant sur les voûtes, leur font croire un moment qu'ils sont une légion. Puis, avant que Maklouf ne recommence à débiter les sourates, Yahia reprend la parole :

— Nous allons partir ce soir pour l'aéroport, où nous attendent les frères qui nous cacheront pour y passer la nuit. Demain est un grand jour pour la gloire d'Allah ! Que la « bienveillance du Clément » nous accompagne ! *Inch'Allah !*

Pendant que les hommes vérifient les armes et les munitions, Yahia sort quelques instants par la véranda au toit défoncé qui cerne la villa. Dans le jardin abandonné, encombré par les détritus et les vieilles tôles rouillées, une famille a dressé un campement de fortune, et un petit feu troue l'obscurité. Un homme sort de l'ombre, lui adressant un geste apaisant pour lui signaler que tout est tranquille. La lune presque à son dernier quartier dessine un mince croissant dans le ciel.

Yahia y voit un bon présage. Il entend, avant de la distinguer, la camionnette de service de l'aéroport qui arrive dans la rue. Salim a tenu sa promesse. Il vient les chercher, comme prévu.

« *Inch'Allah !* » articula-t-il silencieusement.

Maquis à l'est d'Alger. QG du GIA. 23 décembre

Le nouvel « émir suprême » du GIA, Djamel Zitouni, enfermé dans une grotte fortifiée, écoute le rapport d'un de ses hommes arrivé d'Alger cette nuit même. La plupart des hommes de son ancien groupe dans la capitale se sont dispersés et se cachent. Leur chef, Kronfel, soigne sa blessure, légère, dans une planque, et l'un des hommes du commando est tombé aux mains de la DRS. Autant dire que l'opération de détournement de l'avion d'Air France, prévue pour la fin de l'année, est définitivement compromise.

Zitouni, en l'écoutant, réfléchit déjà à un autre moyen de frapper spectaculairement la France. Le soutien que le gouvernement français apporte subrepticement à l'État algérien se traduit maintenant de manière concrète dans les maquis. Sur le plan de l'approvisionnement d'abord. Les réseaux islamistes implantés sur le territoire français et qui collectaient l'argent frais auprès de la « riche » communauté algérienne émigrée ont été en partie démantelés par l'opération « Chrysanthème » menée depuis un an par le ministre de l'Intérieur Charles Pasqua. Plus d'une centaine d'islamistes ont été soit expulsés soit assignés à résidence sur le territoire français, désorganisant les réseaux logistiques du GIA. En outre – et Zitouni est bien placé pour le savoir –, l'armée algérienne dispose depuis peu d'un nouveau matériel de lutte antiguérilla fourni par les Français[1]. Du matériel individuel de vision nocturne dont se servent maintenant les unités spéciales de l'armée algérienne engagées dans les combats rapprochés. Ce qui annule une grande partie de la supériorité des maquisards dans les combats de nuit. Dispositifs également ajoutés sur les nouveaux hélicoptères Écureuil, livrés à l'Algérie en version « civil[2] », qui sont ensuite équipés, sur place, d'un canon de 20 mm, de mitrailleuses et de roquettes Thomson-Brandt prévus pour leur version militaire. Ce matériel a déjà coûté cher aux maquisards repérés dans leurs déplacements, ou dénichés dans leurs camps dissimulés dans les grottes des montagnes de Lakhdaria, au sud-est d'Alger, et dans le *bled*. Zitouni est persuadé que pour stopper ce soutien, il faut donner un sérieux avertissement aux Français et à la communauté internationale. Le détournement d'un avion d'Air France aurait été un message explicite !

La solution alternative serait maintenant d'exporter le terrorisme sur le territoire français, elle exigerait de mettre en place de nouveaux réseaux, et aussi du temps.

Mais Zitouni savait être patient.

---

1. Ce contrat a été conclu lors d'une rencontre entre le chef d'état-major algérien Mohamed Lamari et Charles Pasqua à Paris, à la fin de l'année 1993.

2. Construit par Eurocopter, l'AS 350 Écureuil est baptisé « AS 555 Fennec » lorsqu'il est militarisé. Son exportation exige alors une autorisation de la commission intergouvernementale, ce qui n'est pas le cas pour sa version civile.

3.

24 décembre

Orly.
7 heures du matin

La décoration de la salle de briefing des équipages, dans les anciens locaux de l'aéroport, n'avait pas été refaite depuis les années 1970. Le bois blond et la moleskine verte ne parvenaient pas à égayer l'endroit. Seule l'odeur du café chaud mit un peu de baume au cœur du steward stagiaire Richard Cleret. Déjà, au petit matin, en se réveillant, il avait dû résister à l'envie de téléphoner pour se faire remplacer sur le Paris-Alger. Et voilà maintenant qu'une hôtesse – d'astreinte ce jour-là – faisait le tour de ses collègues pour proposer un échange de service. La perspective de revenir à Paris en début d'après-midi convenait mieux à cette mère de famille qu'une rotation prévue tard dans la soirée qui l'empêcherait de réveillonner avec ses enfants. Une nouvelle fois, Richard est tenté de changer de place avec elle. De toute façon, sa soirée à Francfort est foutue ! Mais il s'est porté volontaire pour ce vol, et ne veut pas être taxé d'inconstance par la compagnie.

Il tient à son job !

Déjà Gilles Dunis, le chef de cabine principal, réunit l'équipage commercial pour désigner les places de chacun dans l'avion, un Airbus A 300. Richard, comme stagiaire, se voit attribuer la porte avant droite, en soutien du chef de cabine. Il salue son collègue, Christophe Morin, qui, d'ordinaire souriant et avenant, semble contrarié ce matin-là.

— Figure-toi que j'ai oublié ma montre. C'est la première fois depuis le début de ma carrière ! J'espère que tu as la tienne. J'ai l'impression de voyager à poil sur ce vol !

Et Christophe, retrouvant sa bonne humeur, part d'un grand éclat de rire.

— Voilà le commandant !

Bernard Dellhemme a introduit sa haute silhouette dans la salle pour venir saluer l'équipage. Sa lourde mallette de pilote dans une main, il tient encore dans l'autre les papiers d'autorisation de vol et les bulletins de prévision météo qu'il vient de retirer de son casier personnel. Suivi par le copilote Jean-Paul Borderie et le mécanicien Alain Bossua, il s'adresse à l'équipage avec un sourire : « La météo est bonne, pas de perturbations prévues sur l'itinéraire. Bon vol à tous ! »

Et la petite troupe des douze membres de l'équipage de l'AF 8969, impeccablement sanglés dans leurs uniformes bleus, se dirige à travers l'aéroport vers l'Airbus A 300, pour les préparatifs de départ.

Aéroport d'Alger.
Même heure

Zahida Kakachi s'est levée de bon matin pour être à l'heure avant le départ de l'avion d'Air Algérie pour Paris. Bien lui en a pris, le temps a changé et des tonnes d'eau se déversent sur l'autoroute, rendant la circulation un peu plus inextricable. Mais Zahida, chef de cabine pour la compagnie algérienne, connaît bien les raccourcis qu'elle indique à son chauffeur de taxi. Il lui faut être en avance pour avoir une chance d'être prise sur ce vol avec son billet gratuit de navigante. Zahida va tous les ans en France à cette époque pour passer ses vacances d'hiver dans les Alpes où elle doit rejoindre des amis. De plus, cette année, elle emmène son cousin Rafik, à qui elle a offert le voyage pour ses vingt-trois ans. Ce sera son baptême de l'air.

À l'arrivée à l'aéroport, déception! Le Boeing 767 d'Air Algérie a été remplacé par un 737 beaucoup plus petit qui ne comporte que 101 places. Aucune chance pour Zahida d'embarquer dans cet appareil : son billet de GP (Gratuité Partielle) dont bénéficie le personnel des compagnies aériennes ne l'autorise qu'à utiliser les places libres, s'il en reste, après que tous les passagers payants ont été enregistrés. Au comptoir d'Air Algérie, c'est pratiquement l'émeute. L'avion est plein, et l'on a fermé l'enregistrement au nez de la moitié des autres passagers pour Paris. Zahida tente bien de contacter le commandant de bord qui est le seul à pouvoir disposer des deux sièges supplémentaires dans le cockpit. Mais il a déjà embarqué. Il ne lui reste plus qu'à tenter sa chance sur les vols suivants. Dans l'aérogare, l'enregistrement du vol d'Air France 8969 vient de commencer. Un des agents qu'elle connaît bien s'aperçoit de son embarras.

— Je crois qu'il nous reste de la place. Je peux vous inscrire en liste d'attente.

— Mais je voyage en GP.

— Ce n'est pas grave, nous embarquons souvent les collègues des autres compagnies. J'appelle l'agent d'escale pour lui demander l'autorisation.

Aérogare domestique Houari-Boumediene. 8 heures

Yahia et ses hommes ont passé la nuit – sans beaucoup dormir – dans un local technique de l'aérogare domestique. Dès leur arrivée, ils ont été pris en charge par des membres du SIT, le puissant Syndicat Islamiste du Travail, officiellement dissous depuis 1991 mais encore bien implanté parmi le personnel au sol de l'aéroport. La veille au soir, ils ont pu franchir les barrages sans difficulté dans le véhicule d'une société de service, les armes et les explosifs étant transportés séparément dans la voiture d'un commissaire de la police de l'air et des frontières, membre du GIA, en poste au port d'Alger. C'est lui également qui a fourni les badges officiels, rédigés en arabe et en français, certifiant que « les porteurs sont autorisés à circuler dans les zones de livraisons ». Ce sont, en réalité, des badges du personnel du port d'Alger trafiqués pour ressembler à ceux de l'aéroport. Pour compléter l'illusion, un cachet officiel de la police de l'air et des frontières a été apposé sur les photos d'identité. Un employé d'Air Algérie leur a fourni quatre costumes sombres, des chemises blanches, des cravates noires et des coupe-vent en nylon dont est muni, en cas de pluie, le personnel des services de sécurité. Yahia effectue une ultime inspection de ses hommes et explique une dernière fois à Salim, un peu perdu, les détails de l'opération.

— De toute façon, tu resteras avec moi. Je te dirai ce qu'il faut faire. Maintenant, chacun prend son arme. Le reste, les munitions et les explosifs, seront transportés dans l'avion par l'équipe de nettoyage. Nous les retrouverons à bord.

Alger. Centre Ghermoul. Siège de la DCE, la Direction du Contre-Espionnage. 8 heures

Le colonel Smaïn Lamari écoute avec attention le rapport de son collaborateur, un officier du poste de commandement opérationnel, qui a pour mission de coordonner sous sa direction toutes les unités de police, de gendarmerie et des services secrets chargés de la lutte antiterroriste. Ce dernier lui fait le compte rendu des informations extirpées à un homme, blessé quatre jours auparavant lors d'un échange de coups de feu à Birkhadem.

— On a dû attendre quelques jours parce qu'il était incapable de supporter un interrogatoire. Il a quand même donné le nom de l'homme avec qui il avait rendez-vous : Kronfel. On pense que lui aussi a été blessé. Nous avons été aussitôt alertés par les gendarmes. Des officiers de la DCE ont pris le relais. L'homme a fini par avouer que Kronfel préparait un détournement d'avion prévu pour la fin de l'année et qu'il faisait partie du commando. C'est un ancien mécanicien dans l'aéronautique. Malheureusement, nous n'avons pas pu en savoir plus : son cœur a lâché et on n'a pas pu le ranimer.

— Il a donné d'autres précisions ?

— Oui, les noms des deux autres qui étaient avec lui. Ils sont fichés chez nous : GIA. Il y en avait un troisième qu'il ne connaissait pas.

— Et sur le détournement ?

— Peut-être Paris. Mais on n'en est pas certains. Il commençait déjà à délirer. Après, il est tombé dans le coma. Voilà le rapport avec les noms.

Smaïn Lamari retire machinalement les lunettes fumées qu'il porte en permanence, signe que l'information l'a troublé. Le patron du contre-espionnage est un expert en manipulation et en coups tordus, et déjà son cerveau tente d'évaluer les différentes possibilités qui s'offrent à lui. Dans la lutte antiterroriste, il prône la politique du pire, persuadé que les moyens les plus monstrueux se révèlent parfois les plus efficaces. En témoignent les attentats dans les villes et les massacres dans les campagnes, qu'il a manipulés ou organisés pour ensuite les attribuer aux groupes islamistes.

Selon lui, cette politique de la terreur justifie les arrestations arbitraires, la torture généralisée, les déportations massives, provoquant la mort de milliers de civils innocents.

La première pensée de Lamari est d'avertir aussitôt ses excellents amis français de la Direction de la Surveillance et du Territoire, la DST. Il est probable que la cible soit française et ses correspondants du contre-espionnage français lui seront reconnaissants de cette information. Pourtant, son esprit retors ne peut s'empêcher de calculer l'impact qu'un détournement d'avion aurait sur le gouvernement français. Il sait que l'État français est partagé quant à la condamnation des islamistes et frileux dans son soutien à l'État algérien. Un tel acte pousserait définitivement le gouvernement à ne plus tolérer que le territoire français serve de base arrière au FIS, comme c'est le cas depuis sa dissolution ; ni de sanctuaire aux différents groupes militaires qui s'y sont organisés.

En outre, les méthodes de lutte antiterroriste, validées par l'État algérien, et que Lamari applique sans états d'âme, suscitent des répugnances dans les chancelleries, et même des campagnes de presse en France et à l'étranger. Le détournement d'un avion français ferait basculer l'opinion occidentale... surtout si, *par malheur*, il se terminait tragiquement ! Smaïn Lamari en conclut qu'il ne préviendra pas les Français avant d'en savoir un peu plus sur l'avancement de ce projet. Il donne aussitôt des instructions pour que ses services se focalisent dorénavant sur l'aéroport, à toutes fins utiles.

Alger. Piste de l'aéroport international. 10 heures

Le commandant Dellhemme, en pilote expérimenté, touche le sol en douceur et pose son avion sans à-coups sur la piste mouillée par les averses. Les applaudissements éclatent dans la cabine et un joyeux brouhaha emplit l'habitacle, brisant le moment de silence tendu qui a précédé l'atterrissage. L'avion va se garer docilement sur le parking qui lui est réservé et les navettes qui doivent transporter les passagers viennent se ranger à ses côtés tandis qu'un homme de piste engage les cales sous les roues de l'avion.

Le commandant Dellhemme éteint les réacteurs : l'escale est de courte durée – une heure – et, pendant ce temps, l'APU [1] fournira l'électricité et le chauffage. Dans la cabine, les derniers passagers ont quitté l'appareil, et l'équipage ouvre tous les *racks* à bagages, effectuant une dernière inspection pour vérifier que rien n'a été oublié à bord. Puis, hôtesses et stewards se réunissent à l'avant pour boire un petit café et croquer un morceau, avant que les premiers passagers pour le vol de retour ne montent à bord. L'atmosphère est joyeuse et la perspective de passer le réveillon en famille nourrit toutes les conversations de l'équipage.

Pourtant, une fausse note vient gâter ce moment privilégié. Le chef de cabine feuillette distraitement les documents trouvés dans une pochette oubliée par un passager de la classe Club, un officier supérieur en poste à l'ambassade de France !

Visiblement, des documents officiels, dont un rapport classé « confidentiel » qui fait état des mauvaises conditions de sécurité à l'aéroport d'Alger. Quelques phrases qu'il lit tout haut à ses collègues jettent un froid.

Il s'interrompt soudain.

— Bon. Ce sont des documents confidentiels, je vais les remettre au commandant.

Le malaise est vite dissipé par l'annonce de l'arrivée du premier bus de passagers. Les neuf membres du personnel navigant rejoignent leurs postes, à l'avant et au niveau de chaque porte, après avoir vérifié – comme c'est l'usage – que l'équipe de nettoyage a correctement fait son travail.

Celle-ci s'apprête d'ailleurs à quitter l'avion et le steward Christophe Morin, qui a l'habitude de cette ligne, remarque que l'équipe de femmes et d'hommes de ménage a changé car, d'ordinaire, elle ne manque jamais de bavarder quelques instants avec lui. Christophe leur

1. Abréviation de « Auxiliary Power Unit », un groupe turbogénérateur alimenté par le carburant de l'avion.

offre en général les quelques sachets de thé, café et sucre qui restent du petit déjeuner servi à l'aller. Intrigué, il note que ce sont, cette fois, six barbus, le visage fermé, dont l'un porte sous sa blouse la longue tunique grise des islamistes. À peine leur travail terminé, les six hommes quittent rapidement l'avion, emmenant aspirateurs et sacs de détritus, avant qu'il ait pu leur adresser un mot.

Tour de contrôle de l'aéroport Houari-Boumediene. 10 h 45

L'agent de sécurité, derrière les vitres de la tour, domine toutes les installations aéroportuaires. Une paire de jumelles à la main, il balaie d'un œil distrait les allées et venues des véhicules qui s'agitent autour des avions des compagnies internationales. L'avion d'Air France placé à l'écart est beaucoup trop loin pour qu'il puisse distinguer à l'œil nu ce qui se passe autour. La citerne de fuel vient de s'éloigner, il ne reste à proximité que la plate-forme qui livre, à la porte arrière, les chariots de plateaux-repas, et le tapis roulant pour les valises. Le train de wagons à bagages s'approche, en respectant les stops à chaque croisement de pistes. L'homme aperçoit la navette, chargée de passagers, qui s'arrête au pied de l'avion et, machinalement, prend ses jumelles pour inspecter les visages de ses occupants.

Un policier installé au bas de la passerelle contrôle les coupons d'enregistrement avant que les passagers ne montent à bord. Soudain, une camionnette blanche Volkswagen freine devant le policier. Deux hommes, habillés en civil, en sortent, rejoignent l'homme en uniforme et l'entraînent en le prenant sous les bras jusque dans leur véhicule qui démarre aussitôt. Alerté, l'agent de sécurité examine attentivement les abords de l'appareil, et remarque une Peugeot 305 blanche aux couleurs d'Air France qui vient de s'arrêter à côté de la passerelle. Il ne parvient pas à distinguer le visage de ses occupants.

Les portes de la 305 s'ouvrent brutalement, quatre hommes en descendent, et il aperçoit nettement l'AK 47 que l'un d'eux dissimule sous son coupe-vent. « Un contrôle de police ? Mais que feraient des policiers algériens armés dans une voiture d'Air France ? » Alors que les quatre hommes grimpent sur la passerelle, l'agent se précipite sur son téléphone pour appeler son chef.

— Il se passe quelque chose d'anormal autour de l'avion d'Air France : des hommes armés sont montés à bord et le planton de garde a été éloigné.

— Tous les passagers ont embarqué ?

— Non. La dernière navette est en route.

— Faites-lui faire demi-tour immédiatement !

Le chauffeur de la navette reçoit l'ordre par radio de revenir à l'aérogare et l'agent de sécurité qui a repris ses jumelles demande à l'opérateur de la tour de contrôle de contacter le commandant de bord.

Plus rien ne bouge autour de l'avion. La Peugeot 305 est toujours là, vide.

— Demande-lui si tout va bien à bord !

Cockpit de l'Airbus.
11 heures

Le commandant Dellhemme termine sa *check list* avec son copilote. Le décollage est imminent, il n'attend plus que la fermeture des portes et l'autorisation de la tour de contrôle pour rouler. Ses voyants lui indiquent que toutes les issues sont bouclées, à l'exception de la porte avant gauche où se trouve la passerelle, et de celle de la soute arrière où l'on finit de charger les bagages. La porte dans son dos s'ouvre soudain, et un homme en uniforme armé d'un pistolet-mitrailleur en bandoulière pénètre dans le cockpit. D'une voix assurée, il lance :

— Contrôle de police de la présidence. Nous allons vérifier les passeports. Prévenez les passagers.

Bernard Dellhemme est habitué à ces contrôles de dernière minute qui ne sont pas rares sur le continent africain et dans les pays arabes. Il branche le micro qui lui permet de s'adresser aux passagers.

– Mesdames et messieurs, ici votre commandant de bord. Ne vous inquiétez pas, la police algérienne va effectuer un contrôle des passeports. Nous décollerons dès qu'il sera terminé.

Yahia ressort du cockpit satisfait et arbore même un large sourire à l'intention de Gilles, le chef de cabine, et de Richard, le steward stagiaire. Accompagné de ses hommes, il se dirige vers le fond de l'avion, contrôlant par-ci par-là les passeports que les passagers lui tendent obligeamment. Yahia parle fort, plaisante même avec certains passagers, tandis que le grand et flegmatique Mustapha, son pistolet à la main, les toise d'un œil méprisant. Salim, le nez en l'air et les yeux écarquillés, semble être en visite. Quant à Maklouf, il garde un air sévère lorsqu'il s'abîme pendant de longues secondes sur les documents comme s'il avait du mal à les déchiffrer. Il mâchonne un petit bâton entre ses dents.

C'est ce détail qui inquiète Zahida. La chef de cabine d'Air Algérie et son cousin ont pu s'installer à deux places vides, et la jeune femme attend impatiemment l'arrivée des derniers passagers pour être sûre de pouvoir partir. Le comportement des policiers qu'elle voit s'approcher lui paraît étrange : elle connaît bien les différents services de sécurité de l'aéroport et son esprit enregistre machinalement des anomalies sans que sa raison se résolve à en tirer des conclusions. Jamais les policiers ne pénètrent dans les avions l'arme à la main, ni ne se curent les dents pendant une inspection. La distorsion entre leur désinvolture et l'armement qu'ils arborent est flagrante et la fait frissonner.

Richard Cleret lui aussi est intrigué par ces policiers. Novice, mais l'esprit vif, il a regardé les badges des policiers lorsqu'ils ont pénétré dans l'avion. « On dirait qu'ils sont bidons », a-t-il pensé en les comparant mentalement aux badges électroniques habituels dans les aéroports. Et puis, la manière dont ces hommes vérifient les passeports le choque. Ils semblent ne pas y attacher vraiment d'importance, les contrôlant sans système ni rigueur.

Lorsque Mustapha s'approche de Farid le commerçant et lui réclame son passeport, celui-ci, de mauvaise humeur, rechigne.

— Pourquoi tu me demandes mon passeport avec un pistolet ?

Mustapha braque alors son arme sur l'homme et, sans se départir de son calme, lui répond simplement :

— Si tu ne me donnes pas ton passeport, je te tue !

À l'éclat de ses yeux, Farid comprend qu'il est capable de le faire sur-le-champ. Son visage se couvre de sueur. Il tend le document, se rendant compte qu'il ne s'agit pas d'un vrai policier. Mustapha ne prend même pas la peine de l'attraper et se contente d'y jeter un regard dédaigneux.

L'annonce du contrôle de police inopiné a replongé Ferhat Mehenni dans l'angoisse. Le leader kabyle, qui a passé avec appréhension les contrôles à l'aéroport, commençait à peine à se détendre dans son fauteuil. Il imagine aussitôt que la police, s'étant rendu compte de sa présence dans l'avion, a décidé de l'arrêter *in extremis*. Il reste immobile, se tassant dans son siège, s'imaginant à tout moment être reconnu et arrêté. Pourtant, il observe bientôt que les quatre hommes ne semblent pas rechercher quelqu'un en particulier. Ils vont et viennent dans les allées comme s'ils attendaient quelqu'un ou quelque chose. Loin de le rassurer, ce comportement étrange lui étreint le cœur. Celui qui semble être le chef, un petit jeune avec des lunettes, est aussi surexcité que s'il venait de réussir un bon coup !

Abdallah Yahia est euphorique. La première partie du plan programmé par Zitouni a parfaitement réussi. Lui et ses hommes sont parvenus à pénétrer dans l'avion sans encombre et il savoure le plaisir de poursuivre cette mascarade policière, s'amusant de la surprise qu'il réserve à tous ces gens qui, le voyant sourire, tentent de s'attirer la sympathie du « policier ».

Il a, jusqu'ici, suivi scrupuleusement le scénario de départ : le pseudo-contrôle devait laisser le temps à son chef, Abdallah Kronfel, de venir les rejoindre dans l'avion avec le reste du commando. La suite du plan prévoyait que l'« émir » prendrait le commandement et déclencherait ouvertement la prise d'otages.

Allah n'avait pas voulu qu'il en soit ainsi !

Désormais, Yahia va devoir improviser.

Centre de sécurité de l'aéroport. 11 heures

Les informations qui parviennent au chef de la sécurité de l'aéroport ne laissent plus maintenant aucun doute. Au moins quatre hommes ont réussi à déjouer le système de protection et à pénétrer avec des armes dans l'avion d'Air France. La preuve en a été apportée par le commandant de bord qui a signalé à la tour un « contrôle de police de dernière minute ». Et il n'a pas fallu longtemps pour vérifier qu'aucune opération officielle n'était en cours. Personne ne prononce encore le mot de « détournement » mais il est clair que tous les officiers présents dans la salle y pensent.

— Je vais alerter le ministère de l'Intérieur. Faites évacuer l'aéroport et prévenez le GIS.

Le Groupement d'Intervention Spécial a été créé en 1987 en Algérie sur le modèle du GIGN. Plusieurs de ses officiers ont d'ailleurs suivi l'entraînement des gendarmes français au camp de Satory au titre de la coopération militaire. L'unité, composée à l'origine de trois cents hommes, a été renforcée depuis 1992 par des éléments des para-commandos. Unité d'élite de la DRS, elle est placée sous le commandement du lieutenant-colonel Abdelkader Khemene et participe activement à la lutte antiterroriste, y compris en utilisant les moyens les plus répugnants. Revêtus de treillis noirs, le visage dissimulé par une cagoule, les commandos du GIS se sont taillé – au contraire de leurs inspirateurs du GIGN – une sinistre réputation de férocité. Leurs opérations, menées sans se soucier des dommages collatéraux, se sont souvent traduites par la mort de civils et d'innocents, et l'évocation de leur surnom, les « ninjas », provoque dans la population algérienne une terreur soigneusement entretenue.

Un détachement du GIS est cantonné à proximité de l'aéroport Boumediene et, quelques instants plus tard, une dizaine d'hommes cagoulés s'installent à distance de l'avion, qu'ils observent aux jumelles.

Dans le bâtiment de l'aéroport, c'est la confusion la plus totale : tous les vols ont été suspendus et les policiers évacuent, sans ménagement, passagers, accompagnateurs et personnel des compagnies aériennes. À l'extérieur, les véhicules blindés de l'armée prennent position, tandis que les unités militaires bouclent la zone.

En quelques minutes, l'aéroport est transformé en camp retranché.

Le patron de la DRS, le général Mohamed Médiène, a contacté son adjoint Smaïn Lamari à la DCE. À la fin de leur conversation, il décide aussitôt de prévenir le chef de l'État, le général Liamine Zeroual, et le Premier ministre Mokdad Sifi que l'affaire est grave : les informations obtenues par ses services laissent penser que c'est la fraction la plus dure du mouvement islamiste, le GIA, qui est à l'origine du détournement, et que celui-ci a été préparé de longue date. À l'issue d'une rapide réunion, le ministre de l'Intérieur Abderahmane Meziane-Cherif est chargé de se rendre sur place.

Cabine de l'Airbus.
11 heures

La comédie se poursuit à l'intérieur de la cabine : les faux policiers continuent à jouer leur rôle, et même si quelques passagers sont troublés par leur comportement, la quasi-totalité ne se doute de rien et s'impatiente du retard occasionné.

Maklouf, très nerveux, interpelle une jeune femme, Kenza Bachir-Cherif, qui voyage avec sa nièce, et lui demande son passeport. Son visage déformé par les tics se contracte lorsqu'elle lui tend son passeport à couverture verte.

— T'es algérienne ?

— Oui ?

— Alors pourquoi tu parles français ?

— Parce que j'ai plus l'habitude de parler français qu'arabe.

— Ah, c'est ça ! Et pourquoi tu mets pas le voile ?

— Je ne mets pas de voile parce que c'est le dernier de mes soucis !

Maklouf faillit en avaler le petit bâton qui lui sert de cure-dents. Il lui rend brusquement le passeport en grommelant des injures.

Assis à l'arrière, un homme d'une trentaine d'années interpelle Mustapha.

— Vous recherchez quelqu'un ? Je suis commissaire de police. Voulez-vous que je vous donne un coup de main ?

Mustapha lui demande alors ses papiers et l'homme exhibe une carte officielle de la Sûreté algérienne. Mustapha s'empare du document.

— Ne bouge pas ! Je vais demander à mon chef !

Mustapha remonte l'allée et prévient Yahia qu'il y a un flic à bord.

— On s'en occupera plus tard !

Puis, le chef du commando se tourne vers Richard Cleret.

— Toi ! Ferme la porte !

Et pendant que le jeune steward s'exécute, Yahia s'avance au milieu de l'allée et se met à hurler, moitié en arabe, moitié en français : « Nous sommes des moudjahidines ! Nous sommes les soldats d'Allah ! Nous sommes les messagers de Dieu ! Restez assis, ne bougez pas ! Nous avons une opération en cours à l'aéroport. Vous serez libérés dans deux heures ! Ne bougez pas, ou vous mourrez ! »

À ces cris, les trois autres terroristes se débarrassent de leurs coupe-vent et, pointant leurs armes dans toutes les directions, arpentent les allées en répétant les paroles de leur chef. La rumeur, comme une vague, parcourt les rangées jusqu'au fond de l'appareil : « Moudjahidines ! Moudjahidines ! » Pour la quasi-totalité des passagers de cet avion, la plupart de nationalité algérienne ou franco-algérienne, pas besoin de plus de précision.

La guerre qu'ils pensaient fuir en montant dans l'appareil d'Air France vient de les rattraper.

Un silence sépulcral s'installe dans la cabine.

Beaucoup n'envisagent pas immédiatement les conséquences, mais les plus lucides jettent par terre le verre de champagne servi quelques minutes auparavant en classe Club. Tandis que d'autres, bénéficiant de la double nationalité, dissimulent leur passeport français sous les coussins. Quelques femmes réajustent leur voile à la hâte.

Yahia s'est précipité dans le cockpit où il intime à l'équipage de ne pas bouger et de ne toucher à rien puis, s'adressant à Bernard Dellhemme, il lui demande de couper la radio.

— Tu n'appelles personne, tu ne réponds pas ! Tu fais ce que je te dis ! Compris ?

Le commandant de bord, avec calme, et conformément aux consignes de la compagnie en pareil cas, l'assure qu'il ne fera rien qui pourrait mettre en péril la sécurité de ses passagers et de son avion.

— On part pour Paris ! Démarre !

— On ne peut pas décoller comme ça, c'est impossible !

Yahia s'énerve en brandissant son arme. Il faut que le commandant fasse appel à tout son sang-froid pour lui expliquer que ce n'est pas de la mauvaise volonté, mais qu'il s'agit d'une impossibilité matérielle. Il lui désigne les voyants qui indiquent que la porte de soute arrière est restée ouverte. Le personnel de piste a abandonné le train de chariots à bagages à demi vidé et le tapis roulant qui permet de les hisser à côté de l'avion.

— On ne peut pas décoller avec la porte de soute ouverte ! Et elle se ferme de l'extérieur.

Yahia s'emporte devant cet obstacle qui le dépasse. Il se tourne vers Alain Bossua, le mécanicien navigant qui est assis derrière le copilote face à ses instruments de contrôle.

— Toi ! Descends fermer la porte !

— C'est impossible de la fermer seul !

— Je m'en fous. Démerde-toi !

Bossua jette un regard au commandant qui, d'un discret clignement des yeux, lui conseille d'obéir. Le mécanicien s'empare de sa veste d'uniforme, qu'il enfile pour que les observateurs extérieurs l'identifient clairement. Au passage, Yahia lui arrache son badge. Un geste inutile mais qui s'explique par l'état d'énervement dans lequel il se trouve. Quelques minutes plus tard, le mécanicien remonte dans l'avion.

— C'est impossible. Il n'y a plus personne.

Yahia exhibe alors ses grenades et, faisant mine de les dégoupiller, il se met à hurler.

— Retournes-y ! Si tu ne fermes pas cette porte, je te promets : je fais sauter l'avion ! Je suis un moudjahidine, je n'ai pas peur de mourir !

Et, pour faire bonne mesure, il tire une rafale au-dessus de la tête du mécanicien qui s'empresse de dévaler les marches.

Alain Bossua jauge la situation d'un coup d'œil. Pour atteindre la soute, il doit rapprocher le tapis roulant. Il réussit à force d'efforts à faire rouler celui-ci à proximité de l'avion, puis il escalade cette passerelle improvisée et parvient à fermer la porte et à la verrouiller. Enfin, il remonte dans l'avion et referme la porte avant gauche.

— La soute est verrouillée !

Pendant ce temps, Maklouf, que les passagers ont baptisé spontanément « le Maboul », s'avise que les deux sexes sont mélangés dans les rangées et, citant le Coran à tout-va, décide d'« islamiser » la cabine. Il s'en prend d'abord aux femmes qui ne portent pas le foulard et leur impose de se couvrir la tête. Kenza, qui lui a répondu effrontément – lorsqu'il se faisait encore passer pour un policier –, compte parmi ses premières victimes.

Rapidement, toutes couvrent leurs cheveux, y compris Zahida qui, sur les supplications de son cousin, pose sur sa tête le foulard noué autour de son cou. En ce qui concerne les hôtesses, alors que Maklouf ne leur demande rien, l'une d'entre elles, Claude Bertaud, se couvre la tête avec la lavallière de son uniforme. Ce geste de soumission, qu'elle justifie auprès de ses collègues comme une façon de ne pas se singulariser pour ne pas énerver les terroristes, est diversement apprécié des autres hôtesses, obligées d'en faire autant pour ne pas se distinguer.

Maklouf, tout à ses obsessions islamistes, tente de séparer les hommes et les femmes qui ne sont pas de la même famille. Mais l'opération déclenche une telle pagaille dans la cabine bondée que Yahia y met fin.

Il répartit ses hommes à l'arrière et à l'avant de l'avion, et va dans le vestiaire du personnel navigant récupérer le sac déposé par l'équipe de nettoyage. Au milieu des armes et des munitions, quelques provisions de bouche, des grenades et une vingtaine de bâtons de dynamite. Voyant que Claude, l'hôtesse, est intriguée par ce sac de sport, Yahia lui demande poliment si cela ne gêne pas qu'il l'entrepose parmi les affaires de l'équipage. Elle lui répond que cela ne pose pas de problème... alors même que le chef des terroristes en extrait des bâtons, qui s'avèrent être des bâtons de dynamite.

Yahia interroge l'hôtesse pour savoir si, par hasard, elle n'a pas de papier adhésif à bord. Elle n'en a pas ! « Mais j'ai du sparadrap », ajoute-t-elle. Et elle ouvre la boîte à pharmacie pour en extraire un rouleau. Yahia le juge trop étroit.

Elle sait où en trouver du plus large et s'empresse d'aller en chercher dans une armoire de bord, revenant avec un autre rouleau.

Claude Bertaud, selon un processus baptisé « syndrome de Stockholm[1] », semble être passée d'une soumission forcée à une collaboration active avec les terroristes.

Tour de contrôle de l'aéroport d'Alger. 12 h 30

Le directeur de la communication du ministère de l'Intérieur Aïssa Kasmi a attendu l'arrivée du ministre de l'Intérieur Abderahmane Meziane-Cherif pour tenter de contacter l'Airbus. Les médias algériens sous haute surveillance et les quelques journalistes étrangers accourus à l'aéroport sont maintenus à bonne distance

1. Comportement paradoxal décrit en 1978 par le psychiatre américain Ochberg à la suite d'une prise d'otages dans une banque de Stockholm. Il touche principalement certaines femmes otages qui développent une empathie, voire une sympathie pour un ou plusieurs ravisseurs. Cette manifestation de l'inconscient, qui les pousse à un comportement de soumission, voire de compromission, vise à se protéger du stress et de la mort en tissant des liens émotionnels avec les agresseurs.

par le service de sécurité. Aucun bulletin officiel n'a été divulgué par l'APS, l'agence de presse algérienne placée sous la direction du ministère de l'Intérieur. La seule agence étrangère est l'agence France-Presse dont les informations sont soumises à la censure du gouvernement. Néanmoins, le blocage de l'aéroport et son évacuation sont des événements qui ne peuvent rester longtemps secrets. La rumeur publique a fait son œuvre et l'AFP diffuse un premier bulletin, faisant état de la fermeture de l'aéroport où un avion d'Air France serait « retenu ».

À Paris, les autorités ont été alertées par Air France grâce aux informations fournies par Daniel Albisser, le chef d'escale à Alger. C'est un vétéran des situations périlleuses : il a été en poste à Téhéran pendant et après la chute du Chah ! Une cellule de crise est immédiatement installée au Quai d'Orsay. Elle ne dispose que d'informations partielles fournies par la compagnie, suffisantes néanmoins pour ne plus avoir de doutes : l'AF 8969 a été pris en otage et il est immobilisé sur le tarmac de l'aéroport d'Alger depuis une heure, avec – selon les listes d'enregistrement – 271 passagers à bord et 12 membres d'équipage.

4.

24 décembre

Caserne Pasquier. Camp de Satory. 11 h 30

Roland Môntins n'a pas pu résister.

En cette veille de Noël, il se sent désœuvré et inutile avec sa paire de béquilles et brûle d'envie de reprendre l'entraînement. Son corps réclame sa dose quotidienne d'effort musculaire et le gymnase du Groupe n'est pas très loin : il peut en apercevoir le toit depuis la fenêtre de son appartement.

La salle d'entraînement est déserte, ce qui n'est pas pour lui déplaire, il n'a pas trop envie que ses collègues le voient trainer la jambe. Il installe soigneusement auprès du banc de « développé-couché » une serviette et une bouteille d'eau minérale, et commence par des exercices d'échauffement. D'ordinaire, la vaste salle résonne des bruits, des essoufflements et des cris des hommes du GIGN, mais aujourd'hui les appareils de musculation sont délaissés, les sacs de sable et les punching-balls pendent, immobiles. Convenablement échauffé, Roland s'allonge sur le banc de force et, empoignant la barre qui repose sur son support, entame une série de développés. Rapidement, ses muscles retrouvent leur entraînement et il accélère le rythme, ajoutant régulièrement des poids cylindriques aux deux extrémités de la barre.

Soudain, un fracas interrompt la série à cent quarante-cinq kilos qu'il vient d'entamer : ses béquilles se sont écroulées, balayées par la porte du gymnase qui s'ouvre à toute volée.

— Ah, Roland. Vous êtes là ! Vous êtes tout seul ?

Le capitaine Olivier B., commandant adjoint du GIGN, s'encadre dans la porte et hésite devant l'espace désert.

— Oui, je suis venu remuer un peu de fonte.

— Je suis bien content de vous trouver !

À son attitude, Roland comprend qu'Olivier B. n'est pas là pour lui faire la conversation. Il replace la barre sur ses crochets et se dirige vers l'officier pour le saluer.

— Venez avec moi. Vite, il se passe un événement grave à Alger. Un avion d'Air France…

Roland se penche pour récupérer ses béquilles. « Et puis merde ! » Laissant ses instruments par terre, il se hâte de rejoindre l'officier, constatant avec soulagement qu'il parvient à marcher normalement.

— Vous disiez, un avion d'Air France…

— Oui, un Airbus a été pris en otage ce matin sur l'aéroport d'Alger. Il y aurait 240 passagers à bord. La direction de la Gendarmerie nous a placés en pré-alerte !

Aussitôt, Roland Môntins retrouve ses réflexes de chef de groupe que son ancienneté place parmi les opérationnels les plus expérimentés. Ses questions fusent :

— Combien de preneurs d'otages ?

— Quatre ou cinq. Quatre hommes, sûr. Il y aurait peut-être une femme avec eux.

— Ont-ils tué des otages ?

— Je n'ai pas eu d'informations dans ce sens.

— Qu'est-ce qu'ils veulent ?

— Pour l'instant, on n'a aucun élément. Je vais tâcher d'en savoir plus.

— Quel est le modèle de l'avion ?

— Un Airbus A 300.

— Il existe plusieurs modèles, il faudrait le type précis de l'appareil.

— Je vais me renseigner et je vous dis ça… Qu'est-ce que vous en pensez, Roland ?

— La priorité, c'est de battre le rappel ! Et de connaître précisément le type d'Airbus. Je file au secrétariat pour faire le point de tous ceux qui sont en permission dans un rayon de cent cinquante kilomètres.

Des trois groupes opérationnels du GIGN, celui de première alerte est d'astreinte à Satory et doit pouvoir rejoindre la caserne dans les cinq minutes. Les membres du groupe de deuxième alerte peuvent être au camp dans les deux heures. Le troisième groupe est en permission. Pour les fêtes, les hommes du GIGN se sont dispersés dans leurs familles, mais les hommes des deux premiers groupes ont un *beeper* qu'ils portent constamment sur eux.

Patrick, un des administratifs, se charge de joindre les permissionnaires par téléphone, de les informer de la situation et de connaître le délai nécessaire pour qu'ils regagnent la caserne. À cette période, une bonne partie de l'effectif est en effet en vacances, mais, si les circonstances l'exigent, la totalité du groupe peut être rassemblée en une poignée d'heures.

Roland se charge d'appeler Philippe L., le chef du groupe de deuxième alerte aujourd'hui. Les deux hommes se connaissent bien, depuis leurs débuts au GIGN qu'ils ont intégré à un an d'intervalle. Ils ont l'habitude de travailler ensemble et, au fil du temps, une estime mutuelle s'est forgée.

Cela fait quelques minutes que la grille d'entrée de la caserne Pasquier – « le Groupe », comme disent communément les hommes du GIGN –, commandée depuis la permanence, a entamé sa valse d'ouvertures et de fermetures pour laisser passer les hommes qui se présentent, à pied ou à vélo. D'autres se sont fait déposer par leurs femmes ou leurs amies dont ils prennent congé d'un court baiser. Très vite, les locaux sont envahis et la nouvelle de la prise d'otages de l'avion d'Air France devient le sujet de toutes les conversations.

Dans une petite pièce où se sont isolés les deux chefs de groupe, une grande table est couverte de plans. Le GIGN est juridiquement compétent pour intervenir dans les aéroports et une bonne partie de son entraînement consiste à se familiariser avec tous les types d'avions. Pour chaque appareil, la configuration est différente, et le Groupe, depuis sa formation, possède une collection complète de plans, mise à jour régulièrement. En outre, un accord avec Air France permet aux hommes du GIGN de s'entraîner, grandeur nature, sur divers appareils que la compagnie met à leur disposition. Par chance, le dernier entraînement date d'à peine un mois et s'est effectué justement sur un Airbus.

Le commandant adjoint pénètre dans la pièce, des dépêches à la main.

— J'ai les renseignements que vous avez demandés : il s'agit d'un Airbus A 300B2-1C.

Les deux hommes feuillettent rapidement les plans.

— On l'a !

Ils déroulent l'imposant schéma de l'appareil où apparaît sous leurs yeux soucieux l'alignement impressionnant des fauteuils répartis le long de deux allées : 40 places dans la première cabine, puis une grande cabine de 173 sièges et enfin la cabine arrière de 79 places. Huit portes sont réparties sur l'avant et sur l'arrière du fuselage.

— Ça fait du monde !

Les trois hommes se taisent, laissant remonter de leur mémoire les scénarios d'intervention qu'ils ont répétés maintes fois, jusqu'ici sans avoir à les mettre à exécution.

Olivier B. rompt le premier le silence.

— On n'est toujours pas sûrs du nombre de terroristes : peut-être cinq. En revanche ce sont des

« méchants ». Ils appartiennent au GIA, les plus extrémistes : ils ont, depuis deux ans, multiplié les actes de barbarie contre des civils, sur l'ensemble du territoire algérien. Ne nous y trompons pas : ils n'hésiteront pas une seconde à faire sauter l'Airbus avec les otages ! Ils sont en guerre !

Les deux chefs de groupe se sont déjà projetés dans l'action. Le schéma d'intervention a été élaboré de longue date, peaufiné par des années d'exercices et de simulations. Ils en expliquent à l'officier les grandes lignes.

— Bien entendu, on l'adaptera en fonction des circonstances !

Il est 12 h 30, ils doivent maintenant aller voir les hommes qui trépignent dans la salle de briefing.

— J'ai réussi à joindre le commandant. Il était en permission dans les Pyrénées avec sa famille. Il sera là dans l'après-midi.

Le commandant, c'est Denis Favier, le jeune patron du GIGN.

Roland se souvient alors qu'il a deux coups de fil importants à passer : le premier à Fanfan, sa femme, qui prépare tranquillement le dîner de réveillon, persuadée que son convalescent de mari sera auprès d'elle ce soir.

— Je ne pourrai pas rentrer pour le déjeuner. Nous sommes en pré-alerte !

— Mais tu es en congé de maladie. Qu'est-ce que tu fais à la caserne ?

— Euh ! C'est délicat à t'expliquer par téléphone. Je te rappelle tout à l'heure, j'ai une réunion, les gars m'attendent.

— Mais...

Roland a déjà raccroché. Le deuxième coup de téléphone est pour le docteur Dominique D., le médecin du Groupe.

— Toubib, c'est Roland Môntins...

— Oui, comment ça va ?

— Moi, très bien justement. J'ai repris le sport... Tout est OK, je pense que...

— Allez, ne te fatigue pas : je suis au courant ! Le capitaine Olivier B. m'a demandé d'activer l'équipe médicale. Il y a un détournement d'avion.

— Oui ! Alors, comme tout va bien, peux-tu me remettre en position opérationnelle ? C'est mon groupe qui est d'alerte, je ne peux pas les laisser partir sans moi.

— Tu es sûr que tu es OK ? Bon, je te fais confiance ! Tu es remis en activité à partir de maintenant.

En raccrochant, Roland ne peut pas s'empêcher de lancer un « Yes ! » de satisfaction. Puis il court rejoindre les quarante hommes qui l'attendent dans la salle de briefing. Il arrive, salué par les applaudissements.

— OK les gars ! Merci ! Maintenant, Philippe va vous faire le topo !

Le brouhaha cesse immédiatement.

Cockpit de l'Airbus. 13 heures

— Maintenant on peut décoller ! Toutes les portes sont fermées. Allons-y !

Yahia est revenu dans le cockpit, très satisfait que le dernier obstacle soit levé. Sans hausser la voix, le commandant Dellhemme lui répond que l'avion ne peut toujours pas bouger : la passerelle plaquée sur la porte avant endommagera immanquablement l'aile et le réacteur si l'appareil avance. Yahia, qui n'a aucune connaissance en aéronautique, rétorque aussitôt en agitant son arme.

— Tu n'as qu'à partir en marche arrière ! Allez, vas-y !

— Monsieur, il n'y a pas de marche arrière sur un avion !

Le visage de Yahia se crispe de colère. Le commandant Dellhemme continue aussitôt.

— Attendez, je vais vous expliquer.

Et patiemment, Bernard Dellhemme, désignant les commandes de l'appareil, lui indique les manœuvres qu'elles autorisent.

— Et lorsqu'on veut faire reculer un avion, on est obligé d'atteler un tracteur sur le nez de l'appareil qui pousse l'appareil en arrière.

Bernard Dellhemme sait qu'il ne doit pas laisser le terroriste sans solution et l'oriente subtilement.

— Il faut appeler la tour de contrôle et demander que quelqu'un vienne retirer la passerelle.

Yahia opine.

— Montre-moi comment marche la radio.

Le commandant lui explique et branche l'appareil sur la fréquence de service. Puis il se tourne vers le terroriste d'un air interrogateur.

— Vas-y !

— Ici AF 8969, commandant Dellhemme à tour de contrôle. Comment me recevez-vous ?

La voix impersonnelle d'un aiguilleur du ciel lui répond aussitôt et sa voix résonne dans le haut-parleur du cockpit.

— Bonjour monsieur. Tour de contrôle à AF 8969, je vous entends fort et clair. À vous !

Yahia s'empare alors du micro et se lance dans une longue tirade en arabe où il invoque le Tout-Puissant et Miséricordieux, annonce qu'il est un combattant du *djihad*, qu'avec l'aide de Dieu il s'est emparé de l'avion et qu'il tient tous ses passagers en otages. Il assure qu'il n'hésitera pas à faire sauter l'avion avec des explosifs si les apostats tentent quelque chose contre lui. Enfin, à l'issue d'une bordée d'invectives contre les gouvernement et l'armée algériens, il annonce son intention de décoller, exigeant qu'on retire immédiatement la passerelle.

— Tour de contrôle pour AF 8969, veuillez changer de fréquence et émettre sur…

Yahia reste coi et interroge du regard le commandant de bord.

— Il veut que nous utilisions une fréquence protégée. Il suffit d'afficher le numéro qu'il vient d'indiquer.

Tout en parlant, le commandant manipule le cadran et affiche une nouvelle fréquence.

— Merci AF 8969. Je vous laisse avec un autre interlocuteur.

— Ici Aïssa Kasmi[1], je vous écoute. Qui êtes-vous, vous ? Qu'est-ce que vous voulez ?

— Je suis un soldat de Dieu ! Retire la passerelle tout de suite ou je fais exécuter un passager !

Paris. Quai d'Orsay. 13 heures

Alain Juppé, le ministre des Affaires étrangères, vient d'installer la cellule de crise dans une salle *ad hoc* des bâtiments du Quai d'Orsay. Elle est dirigée par son chef de cabinet qui a été rejoint par les représentants des différents corps de l'État concernés : Direction Générale du Renseignement Extérieur (DGSE), Direction de la Surveillance du Territoire (DST), ministère de l'Intérieur, ministère de la Défense, présidence de la République, Premier ministre… En tout, une douzaine de spécialistes dont l'une des premières décisions est d'avoir placé en pré-alerte le GIGN. Pour le reste, la cellule de crise est en relation permanente avec la direction d'Air France dont le P-DG, Christian Blanc, a rejoint les bureaux de la compagnie à Montparnasse et a constitué sa propre cellule, qui récolte des informations par le truchement du chef d'escale, Daniel Albisser[2], qui a réussi – difficilement – à s'imposer dans la tour de

1. Directeur de la communication du ministère de l'Intérieur.

2. À la suite des menaces proférées par le GIA contre les Français, Air France n'avait maintenu en Algérie que deux employés expatriés. Depuis le mois de septembre 1993, 24 ressortissants français avaient été assassinés. Alain Juppé, ministre des Affaires étrangères, avait alors demandé à tous les Français dont la présence en Algérie n'était pas nécessaire de quitter le pays.

contrôle où les autorités algériennes le cantonnent dans un rôle d'observateur.

La cellule de crise du Quai d'Orsay est en contact avec l'ambassade de France en Algérie, où, en l'absence de l'ambassadeur, un chargé d'affaires tente péniblement d'obtenir des informations. Une seule certitude : parmi les otages se trouvent deux employés de l'ambassade de France, munis de passeports de service qui les identifient comme tels. Il s'agit de la secrétaire personnelle de l'ambassadeur, Nicole V., et du jeune cuisinier de l'ambassade, Yannick Beugnet.

Le représentant de la DGSE a planché sur une synthèse concernant le GIA mais, sans précisions sur l'identité des terroristes, en est réduit aux hypothèses. Le représentant de la Défense indique que des écoutes sont actuellement activées pour tenter d'intercepter les communications sur cette affaire. Il ne précise pas les moyens mis en œuvre pour ces interceptions clandestines qui sont couvertes par le secret-défense. Il s'agit d'un navire de la marine française équipé d'appareils sophistiqués qui patrouille au large des côtes algériennes et écoute en permanence les rapports des officiers algériens en poste dans le *bled*. En outre, des avions, dotés d'un équipement spécial, survolent la côte algérienne pour intercepter les communications radio. Enfin, depuis plusieurs mois, le poste de la DGSE a été renforcé à l'ambassade de France, transformée en blockhaus et hérissée d'antennes qui permettent de capter les transmissions civiles et militaires. Quant aux analystes diplomatiques et militaires, ils s'accordent sur un point : tant que l'avion est sur le territoire algérien, les Français ont les mains liées. La susceptibilité de l'État algérien concernant ses prérogatives nationales – surtout à l'égard de l'ancienne puissance coloniale – risque de compliquer considérablement les choses.

Alger. Cabine de l'Airbus.
13 h 30

Yahia est dans une colère froide. Ses discussions avec la tour de contrôle ont tourné court. Lorsque Aïssa Kasmi lui a demandé d'un ton ferme et solennel de relâcher immédiatement les otages, il s'est emporté, abreuvant son interlocuteur d'injures entrecoupées de professions de foi.

— Si tu ne retires pas immédiatement la passerelle, je vais tuer un otage ! Je te donne quinze minutes !

— Nous ne retirerons pas la passerelle tant que vous n'aurez pas libéré tous les passagers !

— Écoute-moi bien : tu as quinze minutes !

Puis se tournant vers le commandant :

— Éteins la radio !

— Peut-être qu'il vaudrait mieux la laisser allumée s'ils veulent nous contacter. Ils ne pourront pas le faire si la radio est éteinte !

— D'accord. Mais tu ne parles pas avec eux ! Compris ?

Yahia sort du cockpit, s'approche de la porte qu'il entrebâille, et jette un coup d'œil à l'extérieur. Il constate que les « ninjas », allongés dans l'herbe mais bien visibles avec leurs uniformes noirs, se sont rapprochés en rampant.

Il les désigne du doigt à Mustapha.

— Va chercher le flic. On va l'envoyer rejoindre les « impies » !

Mustapha se dirige vers l'arrière, son pistolet à la main. Le policier passager qui s'est imprudemment dévoilé un peu plus tôt le regarde s'approcher avec terreur.

— Lève-toi et viens avec moi !

L'homme, âgé d'une trentaine d'années, proteste et refuse d'avancer mais Mustapha le presse en agitant son arme.

— Ne me tuez pas ! J'ai une femme et un fils !

— On ne va pas te tuer ! L'« émir » veut juste te parler !

Les deux hommes parviennent devant le cockpit où se tient Yahia.

— Ne me tue pas ! Au nom du Miséricordieux, j'ai un enfant et une femme.

— Tu invoques le nom de Dieu, c'est bien ! Je ne vais pas te tuer !

Il s'approche alors du policier terrifié et lui donne l'accolade.

— Maintenant tu peux sortir : va rejoindre tes collègues !

L'homme sait ce que ce baiser signifie, mais la porte ouverte l'attire comme un aimant. Il fait un pas et pose le pied sur la passerelle. L'impassible Mustapha ne lui laisse pas le temps d'en faire un de plus : il lui tire une balle dans la nuque qui lui fracasse le crâne.

Le policier est déjà mort lorsqu'il s'écroule, inondant de sang la plate-forme de la passerelle.

Assis au premier rang de la classe Affaires, Farid a vu toute la scène. L'image de la balle traversant le crâne de l'homme est imprimée sur sa rétine et il lui faut quelques minutes pour comprendre qu'il vient d'assister en direct à une exécution.

Il prend aussitôt la décision de fuir, par n'importe quel moyen.

Gilles et Richard, tétanisés devant la porte ouverte, restent figés sur le palier. Mustapha fait signe à Richard de manœuvrer la porte. Le jeune stagiaire n'ose pas porter son regard sur le corps allongé et s'exécute dans un état second. Il concentre toute l'énergie de ses vingt ans. « Putain, on y est ! Maintenant, mec, il faut que tu passes en *mode guerrier.* » Cette attitude, dont le vocabulaire est hérité des jeux vidéo, lui permet de ne pas s'effondrer. Sa lucidité s'aiguise : il commence à envisager tous les moyens de s'échapper, tout en ayant conscience que, pour le moment, sa meilleure chance est d'éviter de se faire remarquer. Il décide de s'effacer pour ne pas attirer l'attention des terroristes.

Depuis la tour de contrôle, les autorités algériennes n'ont rien perdu de la scène. Si certains en doutaient encore, il n'y a plus d'incertitudes sur la détermination des preneurs d'otages. Le ministre de l'Intérieur, depuis sa voiture qui se dirige vers l'aéroport, ordonne aussitôt de fermer l'espace aérien à tous les appareils commerciaux. Un avion d'Air Inter est en train d'atterrir et vient s'immobiliser non loin de l'Airbus. Le chef d'escale d'Air France, Daniel Albisser, se précipite dans l'avion pour prévenir le commandant de bord. Celui-ci, après avoir fait descendre précipitamment ses passagers, redécolle tout de suite sans débarquer les bagages.

Paris. Aéroport d'Orly.
14 heures

Dans le hall de l'aéroport, sur le grand panneau d'affichage, le vol AF 8969 est toujours indiqué « retardé », alors que les familles et les proches des passagers se pressent, de plus en plus inquiets, tentant d'obtenir des explications auprès du bureau d'Air France. La version officielle est que le vol est « retenu » à l'aéroport Houari-Boumediene, mais les bulletins radio commencent à faire prudemment état d'une « tentative de détournement » qui se transforme au fil des minutes en détournement. Les journalistes français harcèlent leurs contacts dans les différents ministères et, par recoupements, la réalité d'une prise d'otages dans l'avion d'Air France commence à se dessiner.

Le gouvernement français se refuse à toute déclaration officielle, mais l'information est diffusée par la radio française, avant même qu'elle ne soit annoncée par la radio algérienne. La compagnie Air France, devant l'inquiétude des familles qui affluent de plus en plus nombreuses à l'aéroport, se résigne à publier la liste des passagers en milieu d'après-midi et ouvre un salon d'attente à leur intention.

Le personnel politique en cette veille de Noël a déserté la capitale comme bon nombre de Parisiens. Le président de la République s'est envolé pour l'Italie où il s'octroie quelques jours de vacances à Venise avec sa deuxième famille. Le Premier ministre Édouard Balladur a pris, la veille au soir, un avion pour passer les fêtes dans son chalet de Chamonix. Il s'est accordé quelques jours de réflexion avant de se lancer officiellement dans la campagne présidentielle. Le ministre de la Défense, François Léotard, est parti pour Sarajevo où il va passer le réveillon avec les forces militaires françaises engagées en ex-Yougoslavie, sous la bannière de l'ONU. Le maire de Paris, candidat à la présidence, Jacques Chirac fait campagne dans l'île de la Réunion.

Ne sont présents à Paris parmi les poids lourds politiques qu'Alain Juppé et Charles Pasqua. Les deux hommes, de caractère diamétralement opposé, ont des analyses différentes du problème, doublées d'arrière-pensées politiciennes.

Alain Juppé, comme les membres de la cellule de crise, est rapidement convaincu qu'il faut obtenir des autorités algériennes qu'elles laissent décoller l'avion, de façon à ce que le problème soit « traité » en France, selon les méthodes françaises. Il prend contact avec son homologue algérien pour lui exprimer les souhaits de la diplomatie française.

Charles Pasqua, lui, est partisan de laisser les autorités algériennes se débrouiller et en assumer les conséquences qui, dans le contexte, peuvent être dramatiques. Il s'appuie, pour justifier son analyse, sur le contexte de guerre civile en Algérie, et le risque d'exportation du conflit sur le territoire français. Sa bonne connaissance de la situation algérienne et les liens qu'il a tissés avec les généraux au pouvoir – grâce notamment à son conseiller Jean-Charles Marchiani – valident cette analyse, politiquement juste mais moralement contestable. En outre, cette solution aurait à ses yeux le mérite de dédouaner de toute responsabilité son candidat à la présidentielle, Édouard Balladur.

Alger. Cabine de l'Airbus. 15 heures

Yahia a fixé un nouvel ultimatum aux autorités algériennes pour qu'elles fassent retirer l'échelle. Sans succès. Les « négociations » sont au point mort. Il est clair que la consigne est de laisser pourrir la situation, malgré l'exécution d'un premier otage.

Le gouvernement algérien a lui aussi réuni une cellule de crise, et pour l'heure, c'est l'intransigeance qui est à l'ordre du jour. Le général Médiène-Cherif et le patron du contre-espionnage, Smaïn Lamari, ont opté pour la solution militaire et les « ninjas », regroupés à l'aéroport, n'attendent plus que l'ordre d'attaquer. Seul le fait qu'il s'agisse d'un avion français retient encore l'assaut, dont les autorités algériennes s'attendent qu'il soit sanglant.

Les otages redoutent aussi une telle issue et regardent avec inquiétude les silhouettes noires, de plus en plus nombreuses, qui entourent l'avion. Une ambulance du Croissant-Rouge qui s'est approchée de l'appareil pour chercher le corps du policier abattu a essuyé une rafale de kalachnikov et a fait demi-tour. Depuis, aucun véhicule ne circule plus autour de l'appareil. La tension à l'intérieur de la cabine est montée d'un cran. Yahia a fait asseoir tout le personnel navigant sur leurs fauteuils à l'arrière et à l'avant de l'appareil. Il redoute un assaut et les quatre hommes du commando se sont embusqués près des portes.

Le passager Bui Giang To choisit ce moment pour se manifester auprès de Maklouf en agitant son passeport diplomatique. Le conseiller commercial de l'ambassade du Vietnam en Algérie explique dans un français hésitant qu'en tant qu'étranger il n'a rien à voir dans le conflit entre Algériens et Français et demande en conséquence à être libéré. Maklouf, qui déclamait des sourates dans l'allée, interrompt son prêche, indigné. Il lui fait signe de se lever. Le Vietnamien rassemble ses affaires et suit le terroriste.

Christophe, le steward, le voyant s'éloigner, se souvient que le diplomate lui a confié un carton en embarquant. Il se précipite pour le lui remettre et s'aperçoit qu'il s'agit d'une caissette de bouteilles de vin. Quelques passagers, en voyant l'alcool, se mettent à lui faire des signes et à murmurer des avertissements. Christophe comprend trop tard sa bévue et le Vietnamien s'empare de son bien et suit Maklouf qui a observé le manège sans intervenir.

À l'avant, Yahia épluche avec intérêt le passeport diplomatique de Bui Giang To, pendant que Maklouf ricane.

— C'est un ambassadeur du Kung Fu !

Puis Yahia fait signe à Ludovic, l'autre steward stagiaire, d'ouvrir la porte. Le Vietnamien remercie civilement l'« émir », qui lui serre la main en l'invitant d'un geste à sortir. Le Vietnamien se tourne vers les stewards, puis, muni de sa caissette, franchit le seuil. Sa dernière pensée sera pour sa femme, qu'il doit retrouver à Paris où elle vient d'accoucher.

La balle de Mustapha lui traverse le crâne et il s'abat à côté du policier. Leurs deux corps emmêlés forment maintenant, sur le haut de la passerelle, une monstrueuse offrande.

Gilles Dunis, le chef de cabine, qui a assisté aux deux exécutions, est moralement détruit. L'esprit de ce musicien, guitariste amateur, se refuse à accepter ce qu'il vient de voir. Il se raccroche à la routine de son travail pour résister au cauchemar qu'il est en train de vivre. Refoulant toute sa sensibilité derrière des gestes mécaniques, il se cantonne désormais devant les preneurs d'otages à une réserve distante et à une inertie dont il ne se départ que vis-à-vis de ses passagers. La quasi-totalité des membres de l'équipage commercial d'Air France – à l'exception de Claude Bertaud et d'une autre hôtesse – calque son attitude sur celle du chef de bord : se plier aux exigences des terroristes, sans pour autant collaborer avec eux.

Dans la cabine, les passagers ont entendu le coup de feu et les murmures s'arrêtent. Le bruit commence à courir discrètement jusqu'au fond de l'avion qu'un deuxième passager aurait été assassiné.

Cockpit de l'Airbus.
15 h 10

Yahia interpelle le commandant en brandissant la bombe qu'il a confectionnée un peu plus tôt.

— Je veux leur parler !

— Allez-y !

C'est le ministre de l'Intérieur lui-même qui lui répond.

— Nous avons piégé l'avion et nous n'avons pas peur de mourir en martyrs d'Allah ! Si vous attaquez, nous ferons exploser l'avion avec tous les passagers ! Et si vous ne retirez pas l'échelle, nous allons exécuter un autre otage ! Vous avez compris que je ne plaisante pas !

— Oui, nous avons compris. Il y a des enfants et des femmes à bord. Vous pourriez faire un geste en les libérant. Vous ne faites pas la guerre aux femmes !

— Nous faisons le *djihad* contre ton gouvernement impie !

— Alors, libérez les enfants ! Au nom du Miséricordieux !

— Ne prononce pas le nom de Dieu, apostat !

Yahia retourne dans la cabine et convoque ses hommes pour un bref conciliabule dans le *galley*, l'endroit où l'on prépare les repas. Cela fait maintenant plus de trois heures que les passagers de l'Airbus sont bloqués à leurs places et Yahia sent que l'atmosphère se détériore. Si les hommes se gardent bien de bouger, ce n'est pas le cas de quelques femmes en pleurs, au bord de la crise de nerfs, qui n'hésitent pas à interpeller les terroristes, suppliant qu'on les relâche avec leurs enfants. Ceux-ci, inconscients du drame, ont bien du mal à tenir en place et, malgré les efforts de leurs parents pour les garder sur leur siège, se promènent dans les allées, entraînant des incidents qui se multiplient. L'équipage distribue des verres d'eau, ce qui provoque immanquablement des envies pressantes et des demandes pour aller aux toilettes que les hommes du commando accordent au compte-gouttes.

Yahia sent bien que la situation menace de basculer et que les quatre hommes s'exposent à de graves incidents qui risquent de précipiter l'intervention des « ninjas ». Le but de Yahia est de décoller, mais pour une raison qu'il garde précieusement pour lui.

Il indique à ses hommes qu'il va libérer les enfants et leurs mères, afin de simplifier le contrôle des otages restants qu'ils pourront regrouper à l'arrière, dans un espace plus facile à surveiller.

Un premier contingent d'otages est sélectionné et regroupé devant la porte. Il s'agit de femmes avec des enfants, mais aussi de vieillards et de femmes seules choisies au hasard. Dès que la porte s'ouvre, Mustapha tire une rafale au-dehors, puis les premiers otages franchissent le seuil, reculant aussitôt à la vue des deux cadavres qui encombrent la plate-forme.

Yahia les bouscule.

— Ce n'est rien ! Avancez ! Allez, vite !

Les otages libérés enjambent les corps, les mères cachant les yeux des enfants, tous dégringolent l'escalier et se dirigent à pied, par petits groupes, vers les bâtiments de l'aérogare.

Tour de contrôle de l'aéroport Houari-Boumediene. 15 h 15

Les officiels algériens ont assisté stupéfaits aux derniers développements de la prise d'otages. D'abord l'assassinat de deux passagers qui a conforté les tenants d'une intervention musclée immédiate… suivi de la libération inespérée d'une trentaine d'otages. Ce qui a redonné aux partisans d'une négociation des arguments pour repousser le moment de l'assaut. Le ministre de l'Intérieur Abderahmane Meziane-Cherif, qui prend ses ordres auprès du Premier ministre, est dans une position délicate. Cet ancien *wali*, (maire) d'Alger, promu en 1993 – à la surprise générale – ministre de l'Intérieur par le quarteron de généraux qui a pris le pouvoir, craint de devoir supporter les conséquences – qui pourraient se révéler très désagréables – en cas de déclenchement d'une action. Ce haut fonctionnaire s'est jusqu'ici distingué par sa capacité à éviter les responsabilités et a été choisi par les généraux pour ses qualités subalternes. Cette fois-ci, il est placé en première ligne et, suivant ses penchants naturels, décide d'attendre les ordres.

Joint au téléphone par Charles Pasqua, dans l'après-midi, il affiche même un optimisme de bon augure, l'assurant que les autorités algériennes ont la situation bien en main, et – omettant de signaler que deux otages ont déjà été exécutés – il insiste sur la libération de plusieurs passagers qu'il attribue à une négociation efficace.

C'est exactement ce que le ministre de l'Intérieur français désirait entendre.

5.

24 décembre

Camp de Satory. Caserne Pasquier. 15 heures

Roland a déroulé le plan de l'Airbus et l'a fixé au mur, provoquant quelques murmures parmi la quarantaine de gendarmes des groupes d'alerte 1 et 2, renforcés de quelques hommes en permission sur place, qui ont immédiatement rejoint la caserne. Armé d'une baguette, Roland expose à l'assistance attentive les différents points du plan que son collègue Philippe et lui ont élaboré.

Philippe leur explique qu'avec l'effectif réuni – s'il ne vient pas encore s'étoffer avant le départ en intervention –, trois groupes seront constitués. Deux groupes investiront l'avion par les deux portes arrière, commandés par Roland et lui-même. Le troisième groupe sera constitué de tireurs d'élite chargés de l'observation et de l'appui feu, c'est-à-dire de protéger depuis une position fixe la progression d'une unité en mouvement. Il sera commandé par Bouffy, chef de groupe lui aussi, qui était en permission à Satory. Bouffy, en rejoignant ses collègues, a été un peu déçu d'apprendre qu'il ne ferait pas partie des équipes qui pénétreront dans l'avion. Il s'en est ouvert à Roland et à Philippe qui, chargés d'établir le plan tactique, se sont attribué naturellement les missions d'action en mouvement selon la règle au GIGN. Ils ne sont pas étonnés de la déception de leur collègue, ils auraient éprouvé la même à sa place.

— Dis donc, Bouffy, si tu avais été d'alerte qu'est-ce que tu aurais fait ?

Le troisième chef de groupe est bien obligé de reconnaître qu'il aurait pris la même décision.

Ce bref recadrage lui permet d'évacuer sa légère déception et de se plonger dans l'organisation de sa mission. Et elle est primordiale dans le dispositif d'intervention. Les tireurs d'élite sont équipés d'un matériel de vision sophistiqué : lunettes de visée et jumelles très puissantes ont une importance capitale. Ils doivent pouvoir identifier puis indiquer à tout moment les déplacements des terroristes dans la cabine, et, le cas échéant, aider par leurs tirs de précision leurs camarades au contact. Bouffy et les autres le savent parfaitement : il n'y a pas de seconds rôles dans une intervention du GIGN. On n'est pas au cinéma.

Philippe termine l'exposé de ce possible plan d'urgence si la situation nécessitait une intervention, tandis que Roland souligne, sur le croquis, les différentes phases au fur et à mesure de la progression des équipes. En substance, les deux groupes entreront dans l'avion simultanément par les deux portes arrière. Les premiers à y pénétrer se mettront en appui, pendant que les deux trinômes de tête progresseront en même temps vers l'avant, en empruntant les couloirs latéraux. Le reste des groupes se chargera de l'ouverture des autres portes, du déclenchement des toboggans ainsi que de l'évacuation des passagers et du personnel embarqué. En conclusion, Roland informe le personnel que la pré-alerte s'est transformée en alerte depuis une bonne demi-heure.

La situation évolue donc sérieusement.

Puis, chaque groupe se rassemble autour de son chef pour l'organisation interne de l'assaut. Avant d'attribuer les postes, Roland s'enquiert du matériel. Chaque homme a déjà vérifié le sien : les sacs sont prêts et ont rejoint dans les véhicules les cantines chargées de l'équipement et de l'armement collectifs. Rassuré sur ce point, Roland, qui a établi avec son adjoint Marco la répartition des postes, s'accorde quelques secondes pour observer les visages tendus et impatients de ses hommes. Ils attendent tous ses décisions : quel sera l'ordre d'entrée dans l'appareil; qui sera chargé de l'ouverture de la porte; qui sera en appui; qui fera partie du trinôme en flèche; qui prendra en compte les otages et leur évacuation?

Pour tout chef de groupe, attribuer les postes en vue d'un assaut d'une telle ampleur n'est pas une prise de décision aisée. Elle doit se faire sans tergiversations ni hésitations ni doutes. Roland doit montrer une assurance et une confiance en lui qu'il est bien loin de ressentir sur le moment. Mais il ne laisse rien transparaître : ce choix n'appartient qu'à lui, et il est déterminant pour la suite de l'intervention. Chaque homme de son équipe a globalement le même niveau technique, mais l'expérience lui a enseigné que chacun d'entre eux a une spécialité dans laquelle il se trouve plus à l'aise, ou alors un gabarit qui le qualifie – ou le handicape – dans une situation donnée. Il faut aussi qu'il tienne compte de la personnalité et des talents particuliers de chacun. Toutes ces données pesées et soupesées doivent aboutir à un choix dont il portera l'entière responsabilité. Roland place mentalement un nom et un visage sur chaque élément de son dispositif.

— La porte sera ouverte par Karl et Bull.

Tous savent effectuer cette manœuvre, mais en désignant ces deux-là, il se plie à la logique d'une tactique longuement répétée. Ils seront positionnés à l'avant du groupe. Chacun attend maintenant le nom de celui qui entrera le premier. Il pose son regard sur Régis. Au GIGN depuis plus de dix ans, cet ancien rugbyman sait avancer face à des adversaires coriaces. C'est un fonceur réfléchi. Les yeux noirs de ce costaud le fixent en pétillant, sans que le reste de son visage reflète ses sentiments.

— Régis, c'est toi qui entreras en premier. Et tu te mettras aussitôt en appui.

Pas besoin de lui détailler son rôle : il sait parfaitement ce qu'il aura à faire. Le géant hoche doucement la tête de haut en bas, et ses lèvres unies esquissent une légère moue de satisfaction.

— Karl et Bull, vous vous engouffrerez derrière lui dans le couloir et progresserez vers l'avant du zinc. Vous formerez la tête du trinôme et ne ferez qu'un, comme lors des entraînements. Attention, vous l'avez remarqué sur le plan : plus vous avancerez, plus vous serez dans l'axe de la porte du cockpit.

Là encore, Roland a choisi des combattants, champions de judo au plus haut niveau. Soudés l'un à l'autre, ils ne seront qu'un seul corps, avec quatre yeux, deux cerveaux et une puissance de feu redoutable. Ils avanceront quelles que soient les résistances, utilisant toutes les ressources de leur sport de combat favori.

— L'Écureuil, collé derrière Karl et Bull, tu seras le troisième élément du trinôme. Pendant la progression vers l'avant, tu protégeras les flancs du trinôme. Sois très attentif à ce qui se passe dans les rangs des passagers : des terroristes peuvent s'y embusquer.

L'Écureuil doit son surnom à la couleur de ses cheveux et à ses taches de rousseur. Mais aussi aux qualités de cet animal : d'un gabarit plus léger, il est vif, rapide et doué d'un bon coup d'œil.

— Je me placerai juste derrière le trinôme pendant la progression. Marco sera le responsable de l'équipe chargée de l'évacuation des passagers.

C'est une tâche délicate qu'il confie à son adjoint. Pendant un assaut, les otages risquent de paniquer et de faire dégénérer la situation en compliquant la progression du trinôme. En outre, leur protection et leur survie sont l'objectif prioritaire de l'intervention.

— Fred et Aroc, vous monterez aussitôt vers l'avant pour aller vous mettre en appui feu face aux passagers, à hauteur du premier *galley*. Vous vous interposerez entre les passagers et les terroristes.

Fred et Aroc n'ont pas plus d'un an d'ancienneté dans l'unité, ils sont les plus jeunes au sein du Groupe. Tous deux sportifs complets, ils ont beaucoup appris depuis leur intégration et ont adopté, au contact des anciens, l'état d'esprit qui prévaut au sein du GIGN.

— Jarqui, tu t'occuperas d'ouvrir la première porte en remontant vers la gauche – la porte du milieu – et tu déclencheras le toboggan. Ensuite, tu commences aussitôt à évacuer les passagers.

Jarqui est un grand sifflet. Tout en longueur, pas très épais, mais endurant et tenace. Toujours le sourire aux lèvres, sa gentillesse n'est pas exempte d'une fermeté et d'une détermination qui le qualifient pour cette mission.

— Pascal, tu effectueras la même manip que Jarqui, lorsque tu auras atteint la porte avant gauche.

Pascal, au GIGN depuis cinq ans, maîtrise parfaitement toutes les techniques d'intervention. Il est volontaire et appliqué dans tout ce qu'il entreprend.

— J'espère m'être bien fait comprendre : hormis le trinôme avant et les appuis feu qui seront là pour neutraliser les terroristes, tous les autres se concentreront sur les otages. Les faire se coucher, les rassurer, puis les diriger vers les portes pour les évacuer sans panique et au plus vite. Dans l'attente que toutes les issues soient activées, vous commencerez à les faire sortir par la porte que nous aurons utilisée pour investir l'avion. Marco réglera cette phase de l'opération avec Fred, Aroc, Jarqui et Pascal.

Il reste un équipier dans le groupe qui, pour l'instant, ne s'est pas vu attribuer de rôle. Depuis quelques mois, il est au bureau opérations où il s'occupe de la gestion du service. Cette fonction est toujours tenue par un ancien opérationnel qui connaît ainsi parfaitement le fonctionnement de l'unité. Celui-ci est rassuré de constater qu'il n'a pas été oublié.

— Marcel, tu conduiras la passerelle roulante pour mener le groupe d'intervention à la porte arrière gauche. Une fois en place, tu nous rejoindras dans l'avion pour prendre part à l'évacuation des otages.

Tous les hommes connaissent maintenant leur poste et la tension disparaît, laissant place à une certaine effervescence qui se traduit par des soupirs de soulagement, des clins d'œil et des plaisanteries.

— Bon, maintenant les rôles sont définis et répartis. C'est le même mode opératoire que lors des entraînements. Notamment pendant le dernier sur Airbus. J'imagine que c'est clair pour chacun d'entre vous. S'il y a des questions, allez-y !

Pas de questions. Tout était dit : les hommes ont tant de fois répété une telle intervention qu'ils pourraient l'effectuer à l'aveugle.

— Bien ! En attendant qu'on en sache plus sur l'évolution de la situation à Alger, vous pouvez rentrer chez vous. On vous bipera si ça démarre. Régis, attends deux minutes, je voudrais te parler.

Pendant que le reste du groupe s'éloigne, Roland s'approche de l'homme qu'il vient de désigner pour pénétrer en tête dans l'avion. C'est le poste le plus périlleux, il sera une cible toute désignée pour les terroristes en embuscade.

— Régis, lorsqu'il m'a fallu choisir celui qui pénétrerait le premier dans l'avion, ton nom m'est venu immédiatement à l'esprit. Vous êtes tous capables de tenir ce poste : mais il n'en fallait qu'un. J'ai bien pesé ma décision, je pense que tu es l'homme qu'il faut à cette place.

— Ne te casse pas la tête ! Tu ne pouvais pas me faire plus plaisir. C'est un honneur pour moi que tu m'aies choisi, et je suis fier de savoir que tu as confiance en moi. Je te remercie, Roland. À tout à l'heure.

Régis repart tranquillement, sincèrement heureux. Il est bientôt remplacé par Marcel qui s'approche de

Roland, un peu gauchement. Son ancienneté dans le Groupe autorise sa démarche.

— Roland, je ne viens pas discuter tes décisions mais je ne te cache pas que j'aurais préféré être sur la passerelle avec vous, plutôt que de la conduire !

— Je me doutais que tu viendrais me dire ça !

— Ouais, tu m'connais.

— Tu sais, Marcel, on a tous la même maladie : on veut être au cœur de l'action, et même au-devant ! Mais moi, j'ai besoin que celui qui conduise la passerelle soit expérimenté, que je puisse compter sur lui quoi qu'il survienne d'imprévu.

— Oui, mais n'empêche que...

— Attends ! Tu auras ta part. Moi, j'ai besoin de quelqu'un capable de conduire tous mes hommes et de les placer rapidement et dans les meilleures conditions au niveau de la porte. Rassure-toi : tu ne seras pas le moins exposé ! Si les pirates nous détectent alors qu'on s'approche du zinc, tu sais sur qui ils vont rafaler ? À ce moment-là, qui aura la place la plus dangereuse ? Le conducteur de la passerelle !

— Mouais...

— S'il est abattu ou touché, c'est tout le groupe qui s'arrête et la mission qui foire ! Ne crois pas que je t'aie confié un rôle subalterne. En outre, dès que tu auras positionné la passerelle contre la porte, tu nous rejoindras dans l'avion. Tu es d'accord ?

— OK... tu as raison. À tout à l'heure.

C'est pour ça que Roland aime sa fonction de chef de groupe. Prendre ce genre de décisions demande de bien connaître ses hommes. D'avoir su auparavant gagner leur confiance en étant proche d'eux et à leur écoute. Mais cette proximité et cette autorité ne s'établissent pas magiquement. Elles demandent du temps. Huit à dix années de présence au GIGN sont nécessaires avant d'occuper ce poste, et Roland, pour parvenir à une réelle maturité, peut s'enorgueillir d'avoir servi à tous les postes du GIGN depuis douze années.

Il lui a fallu, avant de diriger un groupe, acquérir cette longue expérience dite « des trois T » : Terrain, Technique, Temps.

La science et l'analyse des terrains aussi divers que multiples auxquels il faut s'adapter. Les techniques individuelles et collectives apprises à force de gestes maintes fois répétés. L'expérience et la réflexion acquises au fil du temps. Et enfin, *last but not least*, la valeur d'être, dans le Groupe, un exemple irréprochable.

Roland, qui a déjà participé à plus de deux cent cinquante interventions, peut se targuer d'avoir, à mains nues, désarmé et neutralisé plusieurs individus particulièrement dangereux.

Quai d'Orsay. Cellule d'urgence. 15 heures

Les informations qui parviennent à la cellule d'urgence sont contradictoires. La libération des premiers passagers a été saluée comme une bonne nouvelle. Mais les rumeurs, non confirmées, d'exécution d'otages ont vite tempéré l'optimisme quant à une solution négociée. Peu à peu, par recoupements, les membres de la cellule tentent de reconstituer ce qui se joue exactement, sur le terrain à l'aéroport, mais surtout dans les arcanes du gouvernement. Personne ne se fait d'illusions sur la brutalité de l'État algérien qui, confronté à une guerre civile, pense d'abord en solutions militaires. Ce que veut éviter à tout prix la diplomatie française.

Les demandes pressantes de renseignements par les canaux officiels se heurtent à une mauvaise volonté évidente de la part des autorités algériennes. Elle se manifeste clairement à propos de l'assassinat du premier otage. Alors qu'Alain Juppé en demande confirmation à son homologue algérien, on lui répond que le policier a été tué alors qu'il tentait de s'opposer à l'irruption des terroristes. Qu'il ne s'agit donc pas d'une exécution de sang-froid. Version contestée catégoriquement par le chef d'escale d'Air France qui a fait un rapport à sa compagnie... ainsi qu'à la DGSE avec qui il entretient de bonnes relations. Ce que le représentant des services secrets résume d'une phrase : « Les Algériens sont en train de nous enfumer ! »

Les soupçons français se renforcent lorsqu'ils ont confirmation par des voies détournées de l'exécution du deuxième otage, le diplomate vietnamien. Il ne fait plus aucun doute alors qu'il s'agit d'un commando déterminé et donc qu'une intervention musclée risque de se solder par un massacre. La seule manière de limiter les dégâts serait qu'une ou des unités françaises puissent intervenir *aux côtés* des « ninjas » sur l'aéroport d'Alger. La question est immédiatement posée au représentant de la Défense.

— Est-ce que le GIGN est en mesure d'assumer une telle mission ?

— Il faut le demander à son commandant, le commandant Favier.

— Bien ! Alors, faites-le venir immédiatement.

Cabine de l'Airbus.
16 heures

Après la libération d'un premier groupe d'une trentaine d'otages, le chef du commando en laisse partir, au compte-gouttes, encore une dizaine. Dont une femme malade qu'il a fallu oxygéner. Yahia a fait regrouper les passagers restants dans les cabines Éco et libérer totalement la cabine Club. Dans cette disposition, la surveillance des otages est grandement facilitée et la première cabine déserte sert maintenant de sas avec l'avant de l'appareil, ce qui permet de contrôler tout mouvement suspect. Tandis que deux de ses hommes se relaient à l'arrière, le troisième à l'avant contrôle l'accès à la cabine Club. Yahia partage son temps entre le cockpit et la cabine, interpellant ses hommes sous des pseudonymes : Mobil 3, Mobil 5... ou Mobil 7, leur donnant les numéros attribués par Zitouni lors de la préparation du détournement, plusieurs mois auparavant, alors que le commando devait compter dix hommes.

Dans le cockpit, le commandant Dellhemme est confronté à deux problèmes. Le premier est de déterminer quelle conduite adopter vis-à-vis des revendications des terroristes. Il a pu juger froidement de la situation lorsqu'une hôtesse, en lui apportant un verre d'eau, lui a chuchoté que deux passagers ont été exécutés. La décision s'impose à lui. « Yahia n'a pas fait mystère de son appartenance au GIA, ce groupe a déclaré une guerre sans merci au gouvernement algérien. Qui le lui rend bien. En conséquence, pour préserver la sécurité des passagers et de l'équipage, il n'y a qu'une issue pour éviter l'intervention militaire : quitter au plus vite le territoire algérien, avec le commando à bord ! »

Bernard Dellhemme décide alors de mettre tout en œuvre pour obtenir l'autorisation de décoller. De surcroît, Yahia ayant manifesté l'intention de se rendre à Paris, cette perspective le conforte dans une décision qu'il se prépare à assumer avec ténacité et fermeté.

Le deuxième problème du commandant Dellhemme est beaucoup plus trivial. Les premiers effluves en provenance des toilettes se sont propagés jusque dans le cockpit. C'est un défaut de l'Airbus qu'il connaît bien : le personnel navigant est le premier incommodé lorsque les containers des toilettes, sous-dimensionnés, dépassent la cote d'alerte. Le commandant sait que si les toilettes ne sont pas vidangées, la situation dans le cockpit puis dans la cabine va devenir intenable. Il y voit matière à une tentative pour prendre directement contact avec la tour de contrôle. Ce que Yahia lui a formellement interdit jusqu'ici.

Gilles, le chef de cabine, a proposé à Yahia de servir le déjeuner, prévu pour ce vol. Après plusieurs tergiversations, celui-ci a accepté – en exigeant qu'on ne propose pas d'alcool – et tout le personnel commercial, recouvrant des réflexes familiers, a entrepris de distribuer les plateaux.

La plupart des passagers, affamés, se jettent sur la nourriture et rapidement le personnel peut ramasser les plateaux, non sans essuyer quelques remarques indignées de passagers de la classe Club qui ont reçu un plateau froid de classe Éco ! Rien de tel qu'un repas pour détendre sensiblement l'atmosphère et provoquer dans la foulée une forêt de doigts levés demandant l'autorisation d'aller aux toilettes. Ce qui ne fait pas l'affaire de Maklouf, choqué que les hommes et les femmes utilisent les mêmes commodités.

Mais cela favorise en revanche les desseins du commandant Dellhemme. Profitant d'un incident avec des fumeurs impénitents qui ont déclenché le système d'alarme dans les toilettes – ce qui a obligé le mécanicien à se lever pour aller le débrancher –, Bernard Dellhemme signifie à Yahia qu'il doit faire une inspection de la cabine. Et sans attendre son autorisation, il se lève de son siège.

Yahia ne peut s'empêcher d'être impressionné par le calme, l'autorité et la haute taille du commandant. Il n'ose pas le lui interdire.

Le commandant Dellhemme déambule ainsi tranquillement dans la cabine, prenant le temps de saluer les passagers, adressant quelques mots de réconfort aux femmes, encourageant l'équipage commercial, démontrant par son attitude simple et courtoise qu'il y a toujours un commandant dans son appareil. Au passage, il note que la puanteur commence à y devenir franchement insupportable.

Camp de Satory.
16 heures

Tous les hommes ont quitté la caserne pour se rendre dans leurs appartements, situés dans des immeubles érigés à proximité. Ce sont les quelques minutes qui précèdent chaque départ en mission, traditionnellement consacrées aux adieux. Moment toujours pénible qui revêt ce jour-là pour les familles des hommes du GIGN une intensité particulière. Les pièces, parées des décors de Noël, paraissent encore plus tristes. Les femmes sont – comme chaque fois – tendues et se forcent à faire bonne figure; les enfants ont laissé quelques instants leurs activités pour « venir embrasser papa ».

Roland Môntins lui aussi est atteint par l'ambiance morose en franchissant la porte de son appartement. Il lui faut affronter le reproche muet dans les yeux de Fanfan, d'autant plus inquiète qu'elle sait que son mari a forcé le destin pour partir avec ses hommes. Roland affecte une bonne humeur en découvrant le repas qu'elle a tenu au chaud et s'attable avec elle.

— Ne fais pas trop de bruit : le bébé vient de s'endormir.

Fanfan tente de sourire mais y parvient difficilement. Elle a beau connaître les contraintes et les angoisses qui saisissent toutes les épouses et les compagnes lorsque leurs hommes partent en opération, elle n'arrive pas à s'y faire. Pourtant, elle prend sur elle pour ne pas laisser Roland sur une image négative. Elle sait que lui aussi est mal, et qu'il fait tout pour le dissimuler.

— Quand je pense aux familles des otages... Elles ne doivent pas être à la fête !

Ce sera la seule allusion de Roland à l'émotion qui les étreint. Il se lève, fourrage dans son sac où il jette quelques affaires, puis se dirige doucement vers la porte de la chambre de son fils. Romain dort dans son berceau et il se penche sur lui pour un baiser papillon, retenant l'émotion qui l'envahit.

— Il faut que j'y aille maintenant.

Roland presse sa femme dans ses bras en une longue étreinte. Fanfan ne peut s'empêcher de lui glisser à l'oreille : « Tu feras attention à toi ! »

— Je te le promets !

Et puis Roland ouvre la porte et sort avec le sentiment de fuir. Négligeant l'ascenseur, il dévale les escaliers sans se retourner. Ce n'est qu'en bas qu'il constate avec satisfaction qu'il a retrouvé toute l'agilité de ses jambes. « C'est bien dans la tête que ça se passe ! Quand je pense que ce matin je marchais avec des béquilles ! »

Tout son esprit est maintenant tendu vers la mission qui l'attend.

Quai d'Orsay. Cellule de crise. 17 heures

Dominique de Villepin, directeur de cabinet du ministre des Affaires étrangères qui dirige la cellule de crise, est prévenu que le commandant du GIGN, Denis Favier, vient d'arriver au Quai d'Orsay. Il le fait entrer immédiatement et le silence s'établit lorsque le jeune commandant pénètre dans la salle.

Le commandant Favier a été nommé à la tête du Groupe deux ans auparavant, à l'issue d'une période déstabilisante pendant laquelle l'unité d'élite a été confrontée à des problèmes de commandement.

La nomination de Denis Favier, à trente-trois ans, à la tête du GIGN fut également le motif d'une fronde : cet officier de gendarmerie, diplômé de Saint-Cyr, n'était pas issu du Groupe comme la tradition le voulait. La personnalité du capitaine Denis Favier le situait pourtant beaucoup plus dans la lignée du fondateur, le légendaire Christian Prouteau, que dans celle de certains de ses successeurs. Il le prouva en s'imposant en douceur et sans élever la voix, avec une intelligence des hommes et des situations qui coupa court à la contestation. Ce fils de militaire, marié à une institutrice et père de quatre enfants, sportif expérimenté, doué d'ouverture d'esprit et d'une empathie naturelle, a montré jusqu'alors dans l'exercice de ses devoirs d'officier et au cours de ses précédents commandements une simplicité et une efficacité qui l'ont fait remarquer de ses supérieurs.

Ce n'est pas un cow-boy qui pénètre dans la salle du Quai d'Orsay, mais un homme attentif, réservé, s'exprimant clairement d'une voix sourde qui force l'attention.

Il lui faut rassurer et convaincre.

Rassurer ses interlocuteurs sur les capacités techniques du GIGN, tout d'abord. Sur ce plan, Denis Favier a des arguments. Il a pu passer un moment à Satory avec ses adjoints et valider le plan d'intervention préparé pendant son absence. Plus de la moitié de son unité est opérationnelle et le reste est en cours de rapatriement.

— Nous avons parfaitement conscience de nous trouver dans une situation extrêmement complexe. La prise d'otages dans un avion est la pire des configurations en raison de l'exiguïté du lieu, de la concentration des otages, des risques d'explosion dus au carburant embarqué et des conditions d'accès extrêmement difficiles et périlleuses. Le GIGN a expérimenté depuis plusieurs années un certain nombre de scénarios d'intervention. Ceux-ci ne peuvent être efficaces que si, auparavant, la crise a été prise en compte globalement. L'intervention est le recours ultime. Elle ne doit avoir lieu que lorsque les négociations et tous les efforts pour minorer les conséquences d'un assaut ont été épuisés. Lorsque le GIGN considère une telle opération, il peut mettre en œuvre toute une palette de compétences et d'expertises avant un éventuel assaut. Nous avons beaucoup travaillé cette année sur tous les aspects de la gestion de crise, y compris par la formation de négociateurs, et sur les aspects techniques de l'intervention, et je pense que l'unité est armée pour affronter cette crise.

— Êtes-vous en mesure d'agir en Algérie ?

— L'unité a été formée techniquement pour n'importe quelle situation, y compris sur un territoire étranger. Nous l'avons fait par le passé. Néanmoins, je suis conscient qu'une opération sur l'aéroport d'Alger pose des problèmes diplomatiques beaucoup plus épineux que d'éventuelles difficultés logistiques.

— Pourriez-vous monter une action en liaison avec les forces d'intervention algériennes ?

— Tout est possible techniquement. Mais c'est, je pense, avant tout une décision politique. Quel est l'état des pourparlers en ce sens ?

— Nous tentons de convaincre le gouvernement algérien d'autoriser une unité française à intervenir sur un avion français. Nous nous heurtons jusqu'ici à un refus des autorités qui affirment qu'elles ont la situation bien en main. L'alternative serait que les Algériens autorisent l'avion à décoller pour la France.

— Je ne vous cache pas que cette hypothèse nous serait plus favorable. Intervenir en Algérie serait ajouter une difficulté supplémentaire.

— Que proposez-vous ?

— Une telle crise est déstructurante pour un État démocratique. Elle met en péril les fondements mêmes de la démocratie. Le plus grave à mon sens serait de laisser pourrir la situation. Pourquoi ne pas adresser au gouvernement algérien un message qui montrerait que l'État français prend en compte ce détournement ? Le GIGN est l'unité qui a été constituée pour répondre à de telles situations. Positionner le GIGN à proximité de l'Algérie sur un territoire neutre démontrerait clairement nos intentions. Je pense à une île méditerranéenne.

La proposition du commandant Favier rejoignait plusieurs suggestions émises par des membres de la cellule de crise et provoqua dans l'auditoire plusieurs hochements de tête approbateurs. Dominique de Villepin reprit la parole.

— Nous allons soumettre cette idée à Alain Juppé et au Premier ministre.

« Et au président de la République, bien entendu », ajouta-t-il en direction de son représentant. « À qui d'autre qu'au GIGN pourrait-on confier une telle mission ? Merci, commandant Favier. Je vous tiendrai personnellement au courant des décisions du gouvernement. »

Cabine de l'Airbus.
18 h 30

La nuit est tombée sur l'aéroport d'Alger. Des projecteurs ont été installés autour de l'avion solitaire, éclairé comme sur une scène de théâtre. À l'intérieur, un semblant de vie commune s'est organisé dans l'espace confiné. La promiscuité a établi une sorte de *modus vivendi* entre les otages, le personnel commercial et les terroristes. Les passagers sont contraints à rester assis, et ne peuvent bouger que pour aller aux toilettes, s'ils en reçoivent l'autorisation. Quant aux hôtesses et stewards, après avoir été confinés un temps sur une rangée de sièges à l'avant et à l'arrière, ils sont libres de circuler et de s'occuper des passagers. Salim, qui ne parle pas un mot de français, reste à l'arrière, sa kalachnikov en bandoulière serrée contre lui. Maklouf, son coran à la main, et Mustapha, revêtu de la veste du mécanicien, son Uzi à la taille, déambulent dans les allées, se relayant à l'avant. Quant à Yahia qui s'est approprié la veste à trois galons dorés du copilote, il pérore avec les passagers en arabe, et avec le personnel en français. Il a d'ailleurs deux discours différents, selon qu'il s'exprime dans l'une ou l'autre langue. Zahida, la chef de cabine d'Air Algérie, s'en soucie. Les terroristes ont un discours beaucoup plus inquiétant en arabe, répétant qu'ils vont mourir en martyrs d'Allah, alors qu'ils se comportent plus prudemment en français.

C'est d'ailleurs ce qui autorise Claude et Christiane, les deux hôtesses, à faire la leçon à Maklouf, le Maboul, au grand dam de leur collègue Christophe. Elles en seront pour leurs frais : Maklouf s'avise que leurs jupes d'hôtesses – plutôt sages – sont légèrement fendues sur les côtés. Comme il les accuse d'indécence, Claude y appose des épingles de nourrice, ce qui l'oblige à marcher comme une geisha.

Dans le cockpit, le commandant Dellhemme est parvenu à convaincre Yahia de l'autoriser à communiquer avec la tour de contrôle pour demander la vidange des toilettes et le remplissage des réservoirs d'eau. Il a dû expliquer longuement au terroriste que l'opération s'effectuait depuis l'extérieur et serait réalisée par des employés d'Air Algérie. Bernard Dellhemme a pu ainsi entrer en contact directement avec la tour, ce qui était son objectif. Bien que cette première conversation reste purement technique, cette reprise du dialogue est pour lui un soulagement.

L'opération s'étant déroulée sans encombre, Yahia exige alors qu'on retire l'échelle. Cette position est appuyée par le commandant Dellhemme qui demande à ce que des hommes de piste viennent enlever la passerelle. Il est parfaitement conscient qu'échelle ou pas, l'avion ne peut décoller sans la permission des Algériens. Des obstacles ont été placés sur la bretelle d'accès pour éviter que l'avion ne puisse atteindre la piste d'envol. Mais c'est une manière de faire passer son message aux autorités : il est prêt à décoller en emmenant le commando.

Une certaine animation a repris dans l'aérogare : le gouvernement, pour prouver qu'il maîtrise la situation, a décidé de rouvrir l'espace aérien aux vols commerciaux. Aux injonctions de Yahia, la tour répond désormais par un silence radio méprisant. Un choix délibéré particulièrement dangereux : en acculant les terroristes, ceux-ci risquent d'exécuter un autre otage pour se faire entendre. Ils ont déjà prouvé qu'ils en étaient capables.

Ce silence est de fait le résultat d'un compromis au sein du gouvernement entre les partisans d'une intervention militaire immédiate et ceux qui en redoutent les conséquences.

QG du GIA.
18 h 30

L'« émir suprême » du GIA, Djamel Zitouni, a appris la nouvelle du détournement par la radio. Stupéfait, il contacte immédiatement Kronfel qui, lui, sait que Yahia poursuit la mission et qu'il est trop tard pour l'arrêter. Zitouni est furieux lorsqu'il a confirmation que le commando a été hâtivement réuni par Yahia et ne comporte que quatre hommes dont l'un est totalement inexpérimenté. Il conclut cyniquement :

— Ces jeunes se prennent pour des héros ! Et ils vont finir en martyrs en faisant du tourisme[1] !

— Qu'est-ce qu'on fait alors ?

— On n'a pas le choix. On soutient l'opération jusqu'au bout. Je vais publier un communiqué avec nos revendications. Toi, de ton côté, essaie de voir comment réagissent les Français. Prends contact avec le frère de Yahia, celui qui est chauffeur à l'ambassade.

Djamel Zitouni rédige à la hâte un premier communiqué où le GIA revendique le détournement d'avion et exige avant toute négociation la libération des

---

1. Journal *Al Ansar*, organe du GIA, publié à Londres en juin 1995, juste avant les attentats de Paris : « L'épisode de l'avion n'est qu'un message qui a permis à quelques jeunes d'enfourcher les montures de l'héroïsme. Ce message portait l'empreinte de jeunes désireux de pratiquer un tourisme exhalant le parfum du martyre. Que la France s'attende à recevoir un message plus clair. Que les enfants de l'adultère préparent des chaises devant leurs téléviseurs. »

deux leaders historiques du FIS, Abbassi Madani et Ali Belhadj[1].

Cabine de l'Airbus. 19 heures

Yahia est très énervé par le silence des autorités, mais aussi par la reprise des activités sur l'aéroport. Des voitures, des véhicules de service circulent non loin de l'avion et plusieurs « ninjas » se sont rapprochés, surveillant l'avion avec des jumelles sans même se dissimuler. Il ordonne à Mustapha de tirer dans leur direction.

— Madame Claude, ouvre la porte !

L'hôtesse entrouvre une des portes arrière qui donne dans le vide. Puis Mustapha, se servant de l'hôtesse comme bouclier humain, pose le canon de sa kalachnikov sur son épaule et tire plusieurs rafales dans la direction d'un petit groupe de « ninjas » qui se trouve à une centaine de mètres. Claude Bertaud s'inquiète pour Mustapha, occultant le fait qu'elle est en première ligne.

— Fais attention, ils risquent de te tirer dessus ! Je ne voudrais pas qu'il t'arrive quelque chose !

Victime d'une curieuse distorsion de la réalité, l'hôtesse n'éprouve aucune crainte pour elle-même mais un sincère besoin de protéger le terroriste. Elle rationalise, se défendant devant ses collègues d'être un « objet consentant » ; elle se voit plutôt dans le rôle de « sujet pensant » et justifie son attitude par sa crainte de la réaction des membres du commando si l'un d'entre eux était tué.

C'est dans cette même optique qu'elle va voir Yahia pour lui demander d'éviter de l'appeler « Madame Claude ».

---

1. Fondateurs du FIS en 1989. Ils ont été emprisonnés en 1991, après l'interruption des élections législatives par les militaires alors que le FIS était arrivé largement en tête au premier tour.

— Tu comprends, c'est une dame qui a existé en France… et qui faisait un très vilain métier. Elle faisait travailler des femmes… dans une maison pour les hommes.

Yahia ne comprend pas très bien de quoi il s'agit, mais il s'excuse.

— Tu ne pouvais pas savoir[1] ! conclut-elle.

1. Claude Bertaud, *54 heures d'angoisse. Noël 94, l'Airbus d'Alger : Une hôtesse témoigne*, éditions J.-C. Lattès, 1997.

6.

24 décembre

Camp de Satory.
19 heures

La caserne Pasquier, si calme quelques heures auparavant, s'est transformée en nid de frelons. Le commandant Favier vient de rentrer en hâte, son sourire tranquille aux lèvres, et a rejoint ses adjoints dans le bâtiment administratif. Il a pu constater au passage que la formidable machine s'était mise en marche et tournait rond, dégageant dans l'air cette électricité particulière, faite de gravité et d'enthousiasme, qui précède les grandes missions. Une exclamation collective l'accueille.

— Alors ?

— Je vais me faire un petit café. Vous en voulez aussi ?

D'une seule voix, ils répondent en chœur :

— Non, merci ! On en est déjà à notre cinquième ! Alors ?

— On y va !

— En Algérie ?

— Pas tout de suite. Nous allons nous positionner d'abord aux Baléares, à Palma de Majorque. C'est à moins d'une heure d'Alger. Nous y attendrons le résultat des négociations avec le gouvernement algérien. Dès à présent, le GIGN est en alerte totale.

Les sourires qui ont spontanément éclos sur tous les visages disparaissent derrière une concentration attentive. Le commandant Favier décrit en quelques mots la situation.

— Un détachement précurseur va partir immédiatement pour Palma dans un Mystère 20 du GLAM (le Groupement des Liaisons Aériennes Ministérielles) pour y préparer l'arrivée du groupe. Air France a mis à notre disposition un Airbus A 300, identique à celui qui a été détourné, ainsi qu'un équipage volontaire[1]. Le 1er régiment parachutiste d'infanterie de marine[2] est en état d'alerte à Bayonne. Il sera chargé de sécuriser l'aéroport en cas d'intervention à Alger. Je partirai en précurseur avec le Mystère 20 : Roland, vous m'accompagnerez ! Philippe, vous êtes chargé de faire embarquer les hommes et le matériel dans l'Airbus à Roissy. Vous nous rejoindrez à Palma. Des questions ? Oui, Roland ?

— Mon commandant, pourrions-nous emmener un de nos spécialistes des aéroports dans le détachement précurseur ?

— Bonne idée ! Prévenez aussi les trois négociateurs, Bernard, André et Ladrume, qu'ils viendront avec nous. Maintenant, laissez-moi un peu de temps pour me préparer et passer quelques coups de fil. Roland, nous partons pour Villacoublay dans vingt minutes !

Pendant que Philippe rameute tous les hommes au moyen du *beeper*, Roland appelle l'Écureuil, le spécialiste des pistes et des installations aéroportuaires de son groupe.

— Rapplique immédiatement : nous dégageons dans un quart d'heure avec le patron et un détachement précurseur.

---

1. Le commandant d'Air France Yves Marre et son équipage se sont portés volontaires. Ils piloteront un Airbus A 300 B et serviront de « plastron » lors des entraînements du GIGN à bord.

2. Régiment des Forces spéciales.

– À Alger ?
– T'occupe pas : je t'expliquerai.

Cabine de l'Airbus.
19 h 30

Le steward stagiaire Richard Cleret, comme ses collègues, distribue consciencieusement les plateaux dans la cabine pour un dîner improvisé grâce au déjeuner des passagers qui n'ont pas embarqué et de ceux qui ont été libérés. Un plateau pour deux avec du pain rassis accompagné d'un verre d'eau : c'est le menu pour tous. Son service terminé, Richard s'installe sur un siège et se force à avaler un peu de nourriture. Il n'a pas faim, mais s'oblige à se restaurer pour rester en forme. L'image du diplomate vietnamien qui a été assassiné à un mètre de lui l'obsède. Comme celle du corps du policier sur lequel ce dernier s'est abattu.

« S'ils me demandent à moi aussi de sortir, qu'est-ce que je fais ? » Richard est un sportif, il a une bonne pratique en escalade et en sports de glisse, il sent toute la vigueur de ses vingt ans qui brûle de s'exprimer. « Je saute ! » « À droite ou à gauche ? » « À droite : je serai protégé par la porte ouverte. » « Et après ? » « Je reste sous l'avion, et je cours vers l'arrière ! » À demi rassuré par son plan, Richard avale une gorgée d'eau. Mais son esprit *en mode guerrier* ne le laisse pas en paix. « Et si tu t'évadais ? » « Oui, mais comment ? » « Il y a les portes. Tu bloques le système d'éjection du toboggan, tu ouvres la porte, tu te suspends au seuil et tu te laisses tomber ! Il y a quoi : trois, quatre mètres ! Une cheville cassée : tu rampes sous l'avion ! » « Ouais ! » « Et si tu déclenches le toboggan : cela peut permettre à des otages de s'évader aussi. » « Combien ? Pas des masses, et les terroristes risquent de le leur faire payer cher ! » « Il faut que tu t'évanouisses discrètement sans que personne ne s'en aperçoive ! Ni tes collègues ni les terroristes. » « Pas facile dans un tube surpeuplé ! » « Et la trappe électronique ? »

À cette évocation, Richard ne peut s'empêcher de se tortiller sur son siège. « Putain, la trappe ! »

La trappe électronique est placée à l'entrée du cockpit. Elle donne accès à la soute où sont disposés tous les dispositifs électroniques de l'appareil. En vol, elle sert aussi de berceau au train d'atterrissage avant. Lorsque l'avion se pose, la soute s'ouvre sous le ventre de l'appareil pour laisser passer le train. Il est alors très facile d'emprunter cette large ouverture pour se glisser, le long du train déployé, jusqu'à la piste.

« Si j'arrive à passer la trappe : je suis dehors en deux secondes ! » Richard en tremble d'excitation ! « Il suffit que j'attende le moment favorable, et je me casse ! » Profitant de la liberté de circuler dont bénéficie le personnel navigant, Richard s'avance jusqu'à l'avant, l'air affairé. Mustapha, de garde près de la porte, lui jette à peine un regard. La trappe est bien là, dissimulée sous la moquette fixée par un scratch. Richard évalue le temps qu'il lui faudra pour arracher le bout de moquette, déverrouiller la trappe et s'y glisser en la faisant retomber derrière lui. À peine quelques secondes ! « C'est faisable ! Je peux disparaître sans que personne s'en aperçoive... Merde, j'attends la nuit et je m'évade ! » Le cœur battant, Richard rejoint sa place, tous les sens en éveil, prêt à plonger dès que l'occasion se présentera.

Yahia, devant le refus des autorités de retirer l'échelle, cherche une solution. Elle lui est fournie par trois frères, des Franco-Algériens qui retournent en France après un petit tour dans leur famille au *bled.* Tous les passagers sont au courant du problème du chef du commando. Celui-ci s'est répandu dans les couloirs en les prenant à témoin de la mauvaise volonté des autorités qui les empêchent de décoller pour Paris.

— Si tu veux, on peut aller la retirer, ton échelle ! À nous trois on y arrivera bien ! lui proposent les trois hommes.

Mais Yahia est méfiant. Pas question de laisser les frères descendre ensemble sur le tarmac. Il désigne du doigt le plus jeune.

— Toi, tu as ton permis ?

— Ouais.

— Bon. Viens avec moi.

Il emmène le jeune homme, jusqu'à la porte avant.

— Tu vas reculer la passerelle suffisamment loin pour que l'avion puisse décoller. Ensuite je te laisse partir.

— Et mes frères ?

— On verra ! Fais d'abord bouger la passerelle !

Yahia fait ouvrir la porte et, comme d'habitude, Mustapha en profite pour lancer une rafale en direction des « ninjas » qui se jettent précipitamment à terre. Puis il s'installe en embuscade à sa place favorite, accroupi sur un siège Club, d'où il tient la porte en enfilade tout en restant à couvert.

Le jeune homme a un sursaut lorsqu'il lui faut enjamber les deux corps des otages qui gisent toujours sur la plate-forme. Ébloui par les projecteurs, il descend prudemment les marches jusqu'au sol et s'engouffre dans la cabine de conduite de l'engin. Les clés sont sur le tableau de bord, mais impossible de faire bouger la passerelle. Elle est montée sur quatre vérins qui la stabilisent sur le tarmac. Le jeune homme ne sait pas les faire fonctionner. Dépité, il éteint le moteur et remonte sur la passerelle où l'attend Yahia.

Il lui tend les clés et lui explique son échec.

Yahia lui désigne alors la porte et lui lance, magnanime : « Je n'ai qu'une parole : tu peux t'en aller. » Le jeune homme hésite. « Et mes frères ? »

« Vas-y avant que je ne change d'avis ! » Le jeune homme passe alors la porte, la tête basse, s'attendant à recevoir une balle dans la tête. Puis il dévale les escaliers et s'avance en direction des lumières de l'aéroport. À peine a-t-il franchi les projecteurs que deux hommes en noir cagoulés lui tombent dessus et le remettent à des policiers en civil.

Farid, le commerçant, a suivi toute l'affaire. Il a compris pourquoi le jeune homme n'avait pas pu déplacer l'échelle. Il décide de saisir sa chance et interpelle Yahia.

— J'ai été conducteur de passerelles à Orly pendant des années. Moi, je sais comment fonctionnent les vérins. Je peux y aller !

Yahia regarde l'homme, aperçoit sa grosse chevalière, son bracelet en or et sa montre clinquante. Pas besoin de lui faire un dessin, il connaît ce genre de personnage : un *trabendo.* Mais l'homme donne des détails et argumente pour le convaincre de ses compétences.

— Je te promets ! En débarquant en France dans les années 1960, j'ai commencé par faire les bagages, ensuite j'ai appris à conduire les passerelles !

Yahia, malgré sa suspicion, décide de tenter le coup. Farid se lève alors et, saisissant sa mallette dans le *rack*, le suit jusqu'à la porte d'entrée.

— Laisse ta mallette ici ! Et puis donne-moi ta bague, la montre aussi et le passeport.

— Mais comment je vais les récupérer ?

— Dès que tu as enlevé la passerelle, je te les balancerai par la porte !

Yahia sourit méchamment et ajoute : « T'as pas confiance, mon frère ? »

L'homme n'hésite plus. Il laisse toutes ses affaires et dévale les escaliers. Yahia referme aussitôt la porte.

Farid ne fait qu'un bond jusqu'en bas de l'échelle et pique un sprint droit devant lui ! Il est intercepté par les « ninjas » quelques dizaines de mètres plus loin, jeté par terre et fouillé sans ménagement, malgré ses protestations.

— Je suis un otage ! Ils voulaient que je déplace la passerelle ! Lâchez-moi !

Farid est aussitôt transféré dans les locaux de la police de l'aéroport. Une vingtaine de policiers de la DRS l'attendent. Il est, comme tous les otages avant lui, interrogé sur les terroristes, leur nombre, leur armement et leurs intentions.

Farid balance tout ce qu'il sait. Puis les policiers lui présentent des séries de photos où celles de Yahia, Mustapha et Maklouf ont été glissées parmi des dizaines d'autrcs. Farid n'hésite pas : il désigne les portraits des trois hommes, mais ne parvient pas malgré ses efforts à mettre un visage sur le mystérieux quatrième membre du commando.

— On va recommencer, dit l'un des flics.

Farid va ainsi passer cinq heures à répéter son histoire avant d'être libéré.

Pour les autorités algériennes, plus de doute. Elles ont confirmation que c'est bien le commando, dont elles ont eu les noms après les aveux extorqués au blessé de la fusillade de Birkhadem. Mais ce n'est pas Kronfel qui dirige l'opération, c'est Yahia ! L'information est aussitôt transmise à Smaïn Lamari qui coordonne les opérations.

Chamonix.
19 heures

Le Premier ministre Édouard Balladur, en vacances dans son chalet des Alpes, a été prévenu par le directeur de la DGSE, dans l'après-midi, que l'avion avait été « retenu » à Alger, et depuis, mis au courant des événements au fur et à mesure de leur déroulement. Homme de froide réflexion, détestant la précipitation et les décisions à chaud, Balladur analyse d'abord la situation en politique. Et sa préoccupation du moment, ce sont la prochaine présidentielle et l'annonce – qu'il prépare pour la rentrée – de sa candidature officielle contre le candidat « naturel » de la droite et son ami de trente ans, Jacques Chirac. C'est à l'aune de cette future bataille qu'il mesure les conséquences de cet événement dramatique dont le dénouement peut gravement influer sur son image dans l'opinion.

Charles Pasqua, avec un cynique bon sens, lui a conseillé de laisser le problème en Algérie, assurant qu'il valait mieux que les militaires se dépatouillent de la situation. Le ministre de l'Intérieur avait d'ailleurs ajouté qu'il avait de bonnes raisons de croire que le problème allait être réglé rapidement. Son conseiller Marchiani et lui sont en contact avec leurs amis algériens au plus haut niveau et un assaut imminent ne fait pas de doute dans leur esprit.

– La cellule de crise du Quai d'Orsay veut envoyer le GIGN à Alger. Qu'en pensez-vous ? lui demande Balladur.

– Je peux vous dire, monsieur le Premier ministre, que jamais le gouvernement algérien n'acceptera qu'une unité française, fût-elle aussi prestigieuse que le GIGN, intervienne sur son territoire ! C'est une con-ne-rie !

– Certes ! Mais j'ai autorisé qu'il se positionne à Majorque et je vais faire une déclaration à la télévision pour calmer toute cette ardeur brouillonne !

– Si vous voulez, monsieur le Premier ministre. Mais je vous conseille de ne pas bouger de vos montagnes en ce moment !

Avenue Montaigne. Journal télévisé. 20 heures

Bruno Masure a revêtu en cette soirée de Noël son smoking pour présenter le journal de 20 heures. Col cassé, cravate noire et l'insigne du Sidaction à la boutonnière, Masure a fière allure et un air grave de circonstance pour annoncer qu'un avion d'Air France est toujours retenu sur l'aéroport d'Alger par quatre terroristes lourdement armés. Peu d'informations sur cet événement hormis quelques images d'archives diffusées par la télé algérienne et commentées par la journaliste Patricia Coste qui, de Paris, fait du remplissage audio. Un journaliste expédié devant la tour Montparnasse, où se trouve le siège d'Air France, explique que rien ne filtre du bureau de son P-DG, sinon des explications détaillées sur les mesures de sécurité prises par la compagnie pour, justement, éviter ce genre d'événement ! L'autre envoyé spécial est devant le Quai d'Orsay où siège la cellule d'urgence qui refuse de confirmer s'il y a eu des morts parmi les otages. Mais, remarque le journaliste, le fait que la cellule de crise soit située au ministère des Affaires étrangères prouve bien qu'il s'agit d'un événement entièrement géré par un gouvernement étranger. Si ce n'était pas assez clair, la courte intervention d'Édouard Balladur enregistrée à Chamonix en tout début de soirée est encore plus explicite.

Balladur, en manteau de sport, une large écharpe autour du cou, est filmé à l'extérieur alors que la nuit est déjà tombée. « Je partage l'émotion de la France entière et de tous les Français devant cette prise d'otages. Le gouvernement est prêt à tout mettre en œuvre pour trouver une solution. *Mais cela se passe dans un pays étranger et sous la responsabilité d'un gouvernement étranger !* » Puis le Premier ministre conclut avec les formules habituelles de compassion : « Je pense aux otages, surtout en cette soirée de Noël, à ce que doit être leur angoisse. Je pense à leurs familles et je peux leur assurer que tout sera mis en œuvre..., etc. » Cette déclaration est tellement minimale que Masure se croit obligé de préciser qu'elle a été recueillie avant que « la mort éventuelle de certains passagers de l'avion ne soit évoquée ». En tout, le sujet sur le détournement a duré exactement sept minutes, sur un journal de plus de vingt-neuf minutes.

Tout en fin d'émission pourtant, les premières images diffusées par la télévision algérienne reviennent sur le détournement. Un commentateur algérien rapporte les déclarations d'une adolescente libérée qui affirme avoir dû enjamber les corps de deux hommes assassinés sur la passerelle. Elle décrit les terroristes comme quatre jeunes gens de vingt à vingt-cinq ans dont l'un est complètement fou, et raconte qu'ils déclament des prêches islamiques et ont forcé les femmes à se voiler. La journaliste d'Antenne 2 assure qu'elle tient de « source sûre » depuis Paris que deux autres passagers ont été blessés par balle et jetés dans la soute à bagages restée ouverte, que l'on peut les apercevoir, bougeant encore, alors que les ambulances qui tentent de les secourir sont tenues à distance par les tirs des terroristes ! C'est sur ce tableau grand-guignolesque que Bruno Masure ferme son journal en souhaitant à tous un joyeux Noël.

Cabine de l'Airbus.
20 h 30

Yahia est fou de rage de s'être laissé berner par le *trabendo*. Il ouvre la mallette que ce dernier a abandonnée et découvre à l'intérieur des liasses de billets de banque français et algériens : 24 000 francs français et l'équivalent de 30 000 francs en dinars. Inexplicablement, Yahia se met alors à distribuer les billets de cent, deux cents et cinq cents francs dans les allées, privilégiant les femmes. Beaucoup tendent la main pour réclamer. Mais cette générosité qui semble extravagante inquiète particulièrement certains passagers. Au premier rang de ceux-ci, Ferhat Mehenni, le leader kabyle, y voit un acte de « purification ». C'est la *zakat*, l'aumône, l'une des cinq obligations que se doit de respecter tout musulman[1] pour être reçu au Paradis d'Allah. Mehenni décèle dans ce geste la preuve que Yahia et ses compagnons se préparent à mourir.

Maklouf, quant à lui, va et vient dans les allées, le visage farouche, en grommelant entre ses dents. Puis, brandissant son coran au-dessus de sa tête, il apostrophe les passagers, en criant assez fort pour être entendu de tout l'avion :

— Et alors ! L'heure de la prière est passée depuis longtemps ! Et je n'ai vu personne faire ses prières !

Plusieurs passagers protestent qu'ils sont de bons musulmans mais qu'ils ne savaient pas qu'ils avaient l'autorisation de bouger. C'est aussitôt la bousculade dans les travées. Les hommes se lèvent et déplient qui un journal, qui un châle ou un carton et se prosternent en direction de La Mecque. Le Maboul, dépassé par la ferveur qui s'est emparée de l'avion, tente d'y mettre bon ordre. Il établit un tour afin que tous puissent se livrer à leurs dévotions et, pendant une heure, la cabine de l'avion se transforme en mosquée tournante sous le regard ébahi du personnel navigant. Maklouf, ayant décelé chez Claude un intérêt, commence à lui enseigner les paroles du Prophète. Et l'hôtesse, qui a des notions d'arabe pour avoir passé deux ans au Maroc, se met à psalmodier, en entraînant avec elle l'une de ses jeunes collègues, répétant après Maklouf les paroles sacrées de la profession de foi : « Je témoigne qu'il n'y a de Dieu que Dieu, et Mahomet est son prophète. »

Aéroport de Palma de Majorque.
22 h 30

Le Mystère 20 du GLAM se pose sur les pistes désertes de l'aéroport de la capitale des Baléares et vient

1. Les cinq piliers de l'islam : la profession de foi, la prière, l'aumône, le jeûne et le pèlerinage à La Mecque. Les islamistes y ajoutent : la guerre sainte.

se garer devant l'aérogare, elle aussi déserte et fermée. Seule lumière, celle de la tour de contrôle où veille le contrôleur de permanence. C'est lui qui vient décadenasser la porte pour faire entrer le détachement du GIGN. Il est accompagné de deux employés, stupéfaits de voir débarquer des étrangers en uniforme bleu nuit, armés, en plein milieu du réveillon. Le contrôleur, qui a reçu des instructions pour faciliter l'accueil des gendarmes français, demande au commandant Favier ce qu'il peut faire pour l'aider.

— Un Airbus A 300 avec une cinquantaine d'hommes à bord va atterrir dans la nuit en provenance de Charles-de-Gaulle. Désolé de gâcher votre réveillon !

— Pas de problème, nos femmes et nos enfants sont venus nous rejoindre dans la tour où je suis de permanence cette nuit pour réveillonner avec nous, explique le contrôleur, traduisant ses paroles à l'intention des deux autres employés qui sourient gentiment. Nous avions prévu de nous coucher tard ! Où voulez-vous vous installer ?

— Il me faut un bureau avec un téléphone et un fax avec l'accès au réseau international. Nous sommes cinq. Pourrions-nous avoir aussi des sièges…

L'un des employés s'empresse d'ouvrir un petit bureau vide à côté du hall où trônent un téléphone et un fax, dont il donne le numéro et les codes d'accès à l'extérieur.

Puis les trois employés disparaissent pour aller rejoindre leurs familles dans la tour. L'Écureuil part en exploration dans les couloirs déserts et trouve les toilettes qui heureusement ne sont pas verrouillées comme les autres salles de l'aérogare. Denis Favier s'installe devant le téléphone pour annoncer son arrivée et communiquer son numéro. Il ne va guère quitter cette place dans les heures qui suivent : l'appareil commence à grelotter et ne va pas cesser de sonner à peine raccroché. Puis c'est le fax qui se met en branle, déversant des torrents de papier en provenance de France, y compris les dépêches de l'AFP. Pendant que le commandant du GIGN répond inlassablement à tous ses correspondants, lâchant laconiquement : c'était l'Élysée... le Quai... l'Intérieur ou la Direction en parlant de celle de la Gendarmerie, Roland fouille dans le petit sac qu'il a pris en partant.

— Ah ! Voilà une bonne surprise !

Il en extrait une Thermos que Fanfan a juste eu le temps de glisser à l'intérieur sans qu'il s'en aperçoive. Une bonne odeur de café chaud se répand dans la pièce, rappelant à tous qu'ils n'ont rien avalé depuis le déjeuner. Il découvre également une plaquette de chocolat, quelques clémentines, qu'il dépose sur le bureau à côté des barres de céréales et d'une bouteille de Perrier qu'il avait mises dans le sac, le matin même, en partant faire du sport. « Si on m'avait dit que ce soir, je me retrouverais à Majorque pour réveillonner dans une aérogare déserte... »

— Qui a quelque chose à rajouter à ce plantureux festin ?

L'Écureuil a une boîte de gâteaux, les deux autres du chocolat et des barres de céréales. Denis Favier n'a rien eu le temps d'emporter.

— Eh bien, à table et joyeux Noël !

Les provisions sont réparties fraternellement en cinq parts et la Thermos de café fait office de bouteille de champagne.

Chacun des cinq hommes se retrouve à cet instant plongé dans ses pensées. On peut imaginer à quoi ils pensent, à leurs familles qu'ils ont laissées en plein préparatifs de fête et dont l'inquiétude vient ternir ces instants privilégiés. Même le téléphone s'est interrompu comme pour respecter leur méditation.

Roland chasse de son esprit l'image de Fanfan et de son bébé, seuls dans l'appartement, et interrompt ce pénible moment de nostalgie.

— Les gars, vous êtes déjà venus à Majorque ?

Pas fâchés d'être distraits par cette question incongrue, tous répondent que non, en essayant de déchiffrer les raisons du visage hilare de Roland.

— Eh bien, imaginez-vous que Romain et moi, nous y sommes déjà venus. Et dans un avion du GLAM encore !

— Ah bon ! Vous preniez vos vacances ensemble !

— On n'était pas du tout en vacances, mais en mission ! C'était à l'époque où le GIGN assurait encore la protection personnelle du ministre de la Défense. Je faisais équipe avec Romain pour accompagner le ministre et sa femme qui prenaient huit jours de vacances dans un hôtel de Palma. Rien à voir avec aujourd'hui : c'était l'été, il faisait chaud et il y avait un monde fou. Bon, on accompagne le ministre partout, quand il fait du tourisme, des courses... et jusque sur la plage. Il faut dire que le ministre en maillot de bain n'avait pas le look surfeur, plutôt bedonnant et plus tout jeune. Il voulait se baigner et je l'accompagnais dans l'eau pendant que Romain surveillait depuis la plage. Le ministre s'est tourné vers moi et m'a avoué : « Vous savez, je ne sais pas nager ! » « Tant que vous restez là, vous ne risquez pas grand-chose, monsieur le Ministre ! » On avait de l'eau jusqu'aux cuisses !

Alors il s'est agenouillé dans l'eau, et a fait semblant de nager en ramant avec les bras tout en avançant sur les genoux. Sa tête au ras des flots. Je le regardais en me retenant de rigoler. Il s'est mis à crier à sa femme, restée sur la plage : « Chérie ! Chérie ! Regarde-moi ! Regarde comme je nage bien ! » Sauf que j'étais à côté de lui et que j'avais toujours de l'eau jusqu'aux genoux ! J'ai vu Romain qui se retournait, pris d'un fou rire ! Moi je n'en pouvais plus non plus, en me demandant si le ministre avait le sens de l'humour.

— Et qui était ce ministre, à l'époque ?

— Ah ! Secret-défense, mon commandant !

Les rires sont interrompus par l'entrée des deux employés de l'aéroport. Ils n'ont pas bu que du café dans la tour de contrôle, et sont un peu éméchés. Voyant que personne ne les comprend, l'un des deux écarte les bras, produisant le bruit d'un avion avec la bouche, il fait mine d'atterrir !

L'Airbus A 300 avec à son bord les hommes du GIGN prépare sa descente sur l'aéroport de Palma.

Cabine de l'Airbus.
23 heures

Le chef de cabine a baissé l'intensité lumineuse de la cabine, qui baigne dans une douce pénombre. Quelques otages se sont installés par terre pour tenter de dormir, les autres restent assis dans leur fauteuil, prostrés. Le silence qui règne dans l'habitacle n'est rompu que par les psalmodies de Maklouf qui, inlassablement, parcourt les allées, son coran à la main, déclamant des versets. La plupart des passagers, hébétés, ne l'entendent même plus, plongés dans leurs pensées. C'est l'heure terrible où chacun se retrouve face à lui-même et s'enfonce dans ses souvenirs, ses réflexions, ses prières… et tente de s'évader par la pensée du piège infernal où ils ont été jetés. L'équipage a distribué un sédatif léger, prévu dans la pharmacie de bord pour calmer les passagers angoissés pendant le vol. Il n'est pas très efficace en cas de stress grave, si ce n'est un effet placebo, qui plonge les passagers dans une prostration psychologique, où la cruauté du réel s'estompe dans un rêve éveillé.

Zahida est restée lucide, mais l'oppression qui pèse sur sa poitrine l'étouffe. Elle se lève pour tourner la manette de l'air conditionné juste au moment où Yahia arrive dans son dos.

— Qu'est-ce que tu as ? Tu es malade ?

— Oui ! Je suis cardiaque. J'ai besoin d'air !

— Viens avec moi devant !

— Mon cousin peut m'accompagner ?

— Oui. Si tu veux.

Yahia les emmène dans la cabine Club. Rafik, son cousin, profitant de la situation, se penche par le hublot qui donne sur la passerelle. Il souffle à Zahida : « Regarde, ils les ont bien tués ! On voit les corps sur la passerelle ! » La jeune femme refuse d'affronter ce spectacle qu'elle a voulu nier jusqu'alors. Lorsque Yahia repasse pour s'enquérir de son ennui cardiaque, elle a bien du mal à réfréner toute sa haine envers les assassins. Elle parvient néanmoins à lui demander d'une voix calme :

– Quand est-ce que vous comptez nous libérer ?

– Bientôt. Demain matin...

C'est alors que depuis la cabine, le mécanicien appelle Yahia.

– Venez ! La tour de contrôle vous demande. Ils veulent vous parler !

Dès que Yahia pénètre dans le cockpit, une voix de femme s'élève dans le haut-parleur, comme une longue plainte suraiguë, entrecoupée de sanglots.

– Yahia, mon fils, qu'as-tu fait ? Qu'as-tu fait ? Yahia, ta mère te supplie au nom de Dieu : libère ces innocents !

Le commandant Dellhemme voit le jeune terroriste frappé de stupeur se figer un court instant. Puis son visage se crispe de fureur. Il s'empare du micro et sa voix déraille.

– Maman, tu m'es très chère, mais va-t-en ! J'aime Dieu plus que toi. Pour moi c'est aujourd'hui le Jour d'Allah ! On se retrouvera au Paradis !

– Yahia, tu vas me faire mourir ! Tu vas me faire mourir !

Yahia coupe la communication, non sans avoir lancé aux autorités : « Si demain à 10 heures les *chouyours* n'ont pas été libérés et si la passerelle n'est pas enlevée, j'exécute un autre otage ! »

Les *chouyours*, ce sont les chefs du FIS dont Yahia demande maintenant la libération, depuis que les autorités algériennes lui ont fait part des deux communiqués de Djamel Zitouni : le premier exigeant l'élargissement d'Abbassi Madani et Ali Belhadj ; le suivant, la libération de l'« émir » historique du GIA, Abdelhak Layada, l'un des fondateurs du mouvement, arrêté au Maroc en 1993.

Yahia a mollement repris à son compte les revendications du GIA. Mais son objectif principal reste le départ de l'avion pour Paris.

Alger. Palais el-Mouradia. 23 heures

Le chef de l'État Liamine Zeroual, qui a gardé depuis sa nomination en janvier 1994 le poste de ministre de la Défense, a convoqué une réunion d'urgence dans son bureau d'el-Mouradia, siège de la présidence algérienne. Le ministre de l'Intérieur Meziane-Cherif vient, au cours d'une conférence de presse à l'aéroport, de reconnaître officiellement la mort de deux passagers, ajoutant que la seule revendication des preneurs d'otages est de « vouloir décoller ». Liamine Zeroual, malgré les pressions des « éradicateurs », les farouches partisans d'un assaut rapide dirigés par le patron de la DRS, Mohamed « Toufik » Médiène, et du directeur du contre-espionnage Smaïn Lamari, s'est refusé jusqu'ici à faire intervenir les « ninjas ». Il suit en cela les recommandations du ministre des Affaires étrangères Salah Dembri, « harcelé » par Alain Juppé depuis le début de la prise d'otages et qui expose son point de vue :

— Le Quai d'Orsay m'a officiellement informé que le gouvernement français avait prépositionné son unité d'intervention spéciale, le GIGN, à Majorque. Les Français demandent que ce soit cette unité, spécialement entraînée à cet effet, qui intervienne sur l'avion français.

Cette proposition déclenche aussitôt des réactions indignées de la part des participants à la réunion. Zeroual lève la main pour les calmer et ordonne :

— Laissez-le terminer !

— Le Premier ministre Balladur est resté à Chamonix d'où il a fait une déclaration estimant que c'était une affaire algérienne sur le territoire algérien. M. Pasqua est sur la même position, ils attendent nos initiatives.

— Pour mieux nous tomber dessus si ça tourne mal ! Où en sont les négociations avec les terroristes ? demande Zeroual.

« Toufik » prend aussitôt la parole.

— Il n'y a pas de négociation possible. C'est un groupe de kamikazes qui n'a aucune revendication. Nous avons de bonnes raisons de penser que le GIA n'était même pas au courant de cette initiative !

— Ils ont quand même réussi à pénétrer dans l'aéroport !

— Nous sommes en train de rechercher leurs complices. Mais pour le moment, il faut stopper cette prise d'otages : les journalistes sont en train de rappliquer et nous ne pouvons plus contrôler l'information. Plus le temps passe, plus il nous sera difficile d'intervenir. Je propose de ne plus différer l'assaut. Nous ne pouvons pas faire preuve de faiblesse : quel que soit le prix à payer, il sera toujours moindre que la démonstration de notre incapacité ou de notre impuissance !

— Les terroristes sont-ils en mesure de faire sauter l'avion ? Qui est leur chef ?

Smaïn Lamari se charge de répondre au chef de l'État.

— Ils ont des explosifs et sont bien armés. Tous les témoignages sont concordants. Nous avons pu en identifier trois. Leur chef s'appelle Yahia, c'est un des responsables du GIA à Alger, il dirige le groupe de la cité des Eucalyptus : il est recherché depuis l'attentat en août contre la résidence française d'Aïn Allah. C'est lui qui conduisait la voiture piégée qui devait exploser à l'intérieur. La bombe a pu être désamorcée à temps mais cinq Français ont été tués dans la fusillade devant la grille. Je pense que de toute façon, Yahia fera sauter l'avion : il l'a dit à sa mère tout à l'heure ! Il veut mourir en martyr. Un assaut pourrait permettre à une partie des otages de s'échapper.

— Nous n'avons aucun accord bilatéral d'intervention avec la France : pourquoi avoir déplacé le GIGN à proximité du pays ?

La réponse de « Toufik » est cinglante.

— C'est une gesticulation des Français à destination de l'opinion publique !

— Je ne pense pas, intervint le ministre des Affaires étrangères. Je crois que le Quai d'Orsay nous envoie un message clair. Si nous intervenons après avoir refusé l'aide qu'il nous propose, nous sommes comptables de la vie des otages, passagers et équipage ! Il y a une quarantaine de Français à bord, en plus des douze membres d'équipage.

Le président Zeroual reprend la parole.

— Peut-on évaluer les risques d'une intervention pour les otages ?

Personne ne veut s'aventurer à faire un pronostic.

— Bien. Nous n'interviendrons pas pour le moment. Essayons de négocier. Peut-être pourrions-nous faire pression sur Layada ! Colonel Lamari, je suis sûr que vous pouvez trouver quelque chose. Ce Yahia doit se sentir isolé : il écoutera peut-être un de ses chefs.

— À vos ordres, mon colonel !

Le chef de la Sûreté le salue, et rien sur son visage ne laisse transparaître qu'il est persuadé du contraire. Le colonel Smaïn Lamari a des informations qu'il ne tient pas à divulguer tout de suite.

7.

25 décembre

Cabine de l'Airbus. 7 heures du matin

Les premiers rayons du soleil apparaissent à l'horizon et viennent baigner la cabine d'une lueur dorée qui éclaire cruellement le théâtre dévasté d'une courte nuit interminable. Certains passagers ont dormi à même le sol, encore jonché des tapis de prière improvisés. D'autres ont somnolé sur leurs fauteuils inconfortables, se retournant les reins brisés dans le maigre espace qui leur est compté. Mais le plus effrayant, ce sont ces visages ravagés où chacun déchiffre sur celui de ses voisins les marques de son propre désespoir.

Yahia et son équipe se sont relayés pour dormir sur la moquette de la classe Club et Maklouf, enfin terrassé par le sommeil, a cessé ses litanies insupportables. L'apathie des corps s'accompagne d'une résignation des esprits qui, pour la plupart, se sont moulés dans la situation, développant une fragile carapace psychologique qui leur permet de survivre. Ce n'est pas le cas de tous. Dans la nuit, vers 4 heures du matin, dans le silence total, un homme s'est mis à hurler. Ce cri a transpercé tout le corps de Ferhat Mehenni. « Un cri de bête blessée, inhumain… » Un vieillard qui venait de perdre la raison.

Richard Cleret, lui, a passé la nuit à guetter une occasion de s'enfuir par la trappe électronique. Plusieurs se sont présentées, mais une pensée lui taraudait la cervelle : « Si je me barre tout seul : je me conduis en salopard ! Quand ils s'apercevront que j'ai disparu, ils vont vouloir se venger sur un passager ou un collègue ! Comment je pourrais vivre avec ça ? » Et Richard a chaque fois renoncé, maudissant cette conscience qui le retient prisonnier plus sûrement que les terroristes.

Claude Bertaud déambule dans les couloirs, attentive, prévenante, veillant sur son petit monde de passagers comme une infirmière romanesque dans *La Chambre des officiers*. Puis au petit matin, allongée en classe Club, elle se récite des poèmes, en regardant le soleil se lever derrière un immense pin parasol.

Depuis son fauteuil, qu'il quitte rarement, Bernard Dellhemme a commandé, avec l'accord de Yahia, des plateaux de petit déjeuner et des bouteilles d'eau. Une camionnette d'Air Algérie s'approche de l'appareil sous la surveillance de Mustapha, assis à sa place favorite, tandis que Yahia surveille les opérations depuis la vitre du cockpit ouverte, se servant du commandant de bord comme bouclier. La tension est forte : les terroristes redoutent un traquenard et ont abaissé leurs cagoules, braquant leurs armes dans toutes les directions. Les agents de piste livrent rapidement leur chargement, en un gros tas qui s'élève au pied de la passerelle. Puis ils s'éloignent aussitôt.

Pour monter la nourriture à bord, Yahia désigne les deux hôtesses en qui il a le plus confiance, Claude et Sylviane. Cette dernière a la tâche la plus pénible, charrier les plateaux ficelés par paquets et surtout les gros packs d'eau minérale. À chaque aller et retour, l'hôtesse doit enjamber les otages assassinés dont les corps se sont rigidifiés pendant la nuit et qui gisent comme de monstrueux mannequins dans une mare de sang caillé et de fluides nauséabonds. Claude Bertaud, à la porte de l'avion, réceptionne les colis qu'elle entasse dans l'habitacle, sermonnant les terroristes embusqués qui l'empêchent de faire son travail correctement. Sylviane, épuisée par l'effort, remonte le dernier pack d'eau, livide et titubante, elle s'écroule sur le premier siège qu'elle peut trouver alors que Gilles, les bras coupés par l'anxiété, s'y prend à deux fois pour refermer la porte.

Soulagé que l'opération se soit déroulée sans incident, Yahia, dans un de ses grands gestes de générosité totalement imprévisibles, décharge le personnel de bord du service, ordonnant aux passagers d'effectuer eux-mêmes la distribution des plateaux. Cet intermède est le bienvenu après l'extrême tension qui a précédé, et plusieurs otages y voient l'occasion de se dégourdir les jambes dans une joyeuse pagaille. Les membres du commando, touchés par ce moment de grâce, plaisantent avec leurs otages, tentant avec bonhomie de mettre un peu d'ordre.

Zahida en profite pour aller aux toilettes. Lorsqu'elle ouvre la porte, l'odeur la fait reculer. La cuvette est bouchée et les excréments ont débordé sur le sol. L'exclamation qu'elle pousse alerte Salim qui, constatant l'ampleur des dégâts, lui dit en arabe : « Je vais m'en occuper, madame ! Retournez à votre place, je vais nettoyer les toilettes, je vous préviendrai lorsque j'aurais terminé. » Zahida, éberluée, assiste alors à ce spectacle incroyable du terroriste, sa kalachnikov en bandoulière, armé d'un cintre déployé, s'activant à déboucher la tinette ! Opération couronnée de succès qu'il termine par le nettoyage du sol avant d'inviter en souriant la jeune femme à juger de son habileté.

Dans ces moments réglés par la contrainte et la terreur, les besoins naturels reprennent une place prépondérante : manger et se soulager. Ce mouvement de cause à effet peut devenir une torture pour les otages. C'est le cas pour Ferhat Mehenni, écartelé entre son souci vital de passer inaperçu et un besoin impérieux qui lui fait lever la main, geste qu'il redoutait par-dessus tout.

Au moment où il quitte son siège, Ferhat voit plusieurs doigts pointer vers lui. Nombreux sont ceux qui parmi les passagers ont reconnu le chanteur engagé. La température a chuté dans l'avion après l'intermède du petit déjeuner. Par un de ces revirements dont il est coutumier, Yahia a brutalement mis fin à la période de relâchement, ordonnant à tout le monde de s'asseoir et de ne plus bouger. Les quatre hommes ont repris leur visage farouche, patrouillant dans les allées enveloppées d'un silence craintif.

Frappé par cette atmosphère pesante, Ferhat retourne le plus discrètement possible à sa place. Mais Salim l'a repéré grâce aux manifestations de ses compagnons de voyage. Intrigué par le personnage, le jeune homme lui demande son passeport. En lisant la première page, il écarquille les yeux en déchiffrant à la ligne profession : *Responsable politique*. Salim court informer Mustapha de sa trouvaille. Le tueur place alors son canon sur la tempe de Mehenni et l'entraîne, suivi de Salim, qui lui braque son arme sur la nuque. Et c'est ainsi qu'ils avancent vers la classe Club.

Ferhat Mehenni comprend qu'il marche vers la mort.

Yahia l'attend à l'avant de la cabine près de la porte, très calme.

— Vide tes poches !

Mehenni s'exécute et dépose sur un siège tous les objets qu'il a sur lui. Une carte de visite illustrée d'une photo s'échappe de son portefeuille : *Ferhat, chanteur*. Yahia est intrigué.

— C'est qui ce Ferhat, chanteur ?

— C'est moi.

— Ah bon. Tu ne sais pas que dans l'islam, c'est péché qu'un homme chante ?

— Non, je ne le savais pas !

— Personne ne te l'a jamais dit ?

— Non, personne.

— Il faut que tu saches que maintenant, chanter t'est interdit.

— Je le saurai. Si je m'en sors !

— Tu as raison ! Parce que, de toute façon, on va te buter !

Ferhat Mehenni a alors cette réflexion désabusée, prononçant sans le savoir les seuls mots qui peuvent lui sauver la vie :

— Si vous me tuez, c'est au gouvernement que vous rendez service !

Yahia hésite un instant, puis lance au chanteur :

— Suis-moi !

Dans le cockpit, le commandant de bord explique à Ferhat comment se servir de la radio. Chapitré par Yahia, celui-ci appelle la tour de contrôle, toujours sous la menace d'un pistolet sur la tempe.

Une voix désincarnée lui répond.

— Je suis Ferhat Mehenni ! Ceux que vous appelez terroristes...

Yahia appuie plus fortement le canon sur sa tête en disant :

— Moudjahidines !

— ... et qui, eux, se dénomment moudjahidines, s'offusquent du fait que vous aviez promis de libérer les *chouyours* avant 10 heures du matin et il est... 10 h 27.

La voix lui répond, toujours aussi lointaine :

— Bien reçu. Nous faisons le maximum mais nous avons besoin d'un peu plus de temps pour les amener jusqu'ici !

Mehenni raccroche le combiné sur l'ordre de Yahia. Il est persuadé qu'il va être exécuté, et s'enferme dans ses dernières pensées. Le chef du commando le considère un moment, puis dit à Salim : « Raccompagne-le à sa place ! »

En retournant à son fauteuil, Ferhat Mehenni, hébété, croise les regards de ses compagnons. Il y lit l'étonnement et le soulagement.

D'autres préfèrent détourner les yeux.

Alger. Ambassade de France. 10 heures

Le message a été transmis par l'un des chauffeurs de l'ambassade. Pas n'importe lequel, le frère de Yahia lui-même, alors que les services français ignorent encore le nom du chef du commando. « Un émissaire du GIA veut parler avec un membre de l'ambassade *fissa* ! Je le conduirai au lieu de rendez-vous. » Une dépêche chiffrée est aussitôt expédiée à Paris à la caserne Mortier, siège de la DGSE. La démarche est inhabituelle[1], mais Paris décide de courir le risque et d'envoyer un agent : le GIA tente peut-être de négocier.

L'officier de la DGSE quitte discrètement l'ambassade à bord d'un véhicule anonyme qui suit un parcours tortueux avant de se garer cité des Eucalyptus, à proximité d'un stade de football. Le coin est désert à cette heure, et l'officier et son chauffeur patientent de longues minutes avant qu'un autre véhicule avec plusieurs hommes à son bord s'arrête à leur hauteur. Trois d'entre eux se dispersent et s'embusquent à proximité pour surveiller les alentours. Le quatrième s'approche de la voiture de l'ambassade, ordonne au chauffeur de sortir, puis il s'installe à côté de l'officier français.

— Je suis Abdallah Kronfel ! Tu as entendu parler de moi ?

Le Français acquiesce : il a reconnu la petite tache noire caractéristique qui orne la pommette de son interlocuteur.

— J'ai un message du frère Abderahmane Amine.

— Zitouni ?

— Oui. Le détournement de l'avion d'Air France est la conséquence de votre refus de quitter le pays et de

1. Elle se reproduira par le même canal, après l'enlèvement des sept moines de Tibhirine en mars 1996.

votre soutien au régime impie. Nos frères sont déterminés à mourir en martyrs et vont faire sauter l'avion avec tous les otages si leurs revendications ne sont pas satisfaites. Si vous voulez que les choses se terminent autrement, vous devez faire pression sur le gouvernement pour qu'il libère les *chouyours.*

— Nous ne pouvons pas obliger l'État algérien à les libérer. Mais nous pouvons payer une rançon pour les otages et l'avion et garantir la vie sauve aux membres du commando, s'ils se rendent.

— Ils ne se rendront pas! Ils veulent faire exploser l'appareil. Et je suis le seul à pouvoir les en empêcher.

— Comment?

— Arrangez-vous pour que je sois autorisé à monter dans l'avion et mandaté pour diriger les négociations. C'est le seul moyen de sauver les otages[1].

Le Français est abasourdi par la proposition. Il se retient néanmoins de laisser paraître sa stupéfaction mais manifeste son scepticisme.

— Je vais transmettre votre message, mais je doute que les autorités algériennes autorisent quiconque à pénétrer dans l'avion.

— Essayez! C'est votre unique chance d'éviter le pire.

Pour les services secrets français, l'analyse de ce contact est beaucoup plus riche de renseignements que les résultats de l'entrevue ne pourraient le laisser croire. Tout d'abord, la démarche du GIA montre que l'organisation ne contrôle pas totalement l'opération ni les membres du commando, et qu'elle tente de reprendre

1. Dans un communiqué du GIA, diffusé dans l'après-midi du 25 décembre, peu après l'entrevue, Djamel Zitouni écrit : « Nous exigeons que le frère Abdallah Kronfel, négociateur mandaté par le GIA, et qui est entré en contact avec l'ambassade de France, monte à bord de l'avion, avec son arme, afin qu'il prenne toutes les dispositions de sécurité susceptibles de permettre le succès des négociations. »

la main en déléguant Kronfel pour en récupérer la direction. Même si cette initiative est, à l'évidence, vouée à l'échec – il est improbable que les autorités algériennes se risquent à renforcer le commando en laissant un terroriste chevronné monter à bord avec son arme –, elle a néanmoins valeur de message. Ce commando est déterminé à faire sauter l'avion avec les otages : soit à Alger s'il ne peut pas décoller, soit à Paris s'il peut y parvenir. Et Kronfel a insisté sur ce point : le commando ne se rendra pas ! C'est un commando suicide qui a pris le contrôle de l'Airbus, sans l'accord du GIA, et pour des desseins qu'il n'approuve pas.

Le patron de la DGSE appelle le Premier ministre à Chamonix pour l'informer de ces nouveaux éléments dont les implications sont particulièrement inquiétantes. Édouard Balladur prend alors conscience que son attentisme risque de lui être reproché plus tard. Alain Juppé le lui a « diplomatiquement » fait remarquer ainsi que certains de ses conseillers, dont Nicolas Sarkozy, porte-parole du gouvernement, qui doit être nommé en janvier porte-parole du candidat à la présidentielle. L'affaire est suffisamment grave pour que le Premier ministre interrompe ses vacances hivernales et rentre à Paris.

Aéroport de Palma de Majorque. 10 heures

Roland Môntins s'est installé à l'avant de l'Airbus A 300 plongé dans le noir, juste devant le cockpit. Il regarde la trotteuse de sa montre qui se rapproche de l'heure pile. Les deux portes arrière de l'Airbus s'ouvrent à la seconde près, éclairant le fond de l'appareil. Dans le même temps, deux silhouettes jaillissent et se positionnent vers la queue de l'appareil, tandis que deux autres se sont déjà mises en appui face à l'avant, les armes braquées. Immédiatement après, sans un à-coup, trois silhouettes collées les unes aux autres si étroitement qu'elles ne forment qu'une entité, s'avancent dans sa direction, pointant leurs armes dont les rayons laser s'entrecroisent dans un ballet de lumières terrifiant. Derrière eux, les autres membres du groupe se positionnent à chaque porte, intimant aux otages virtuels de se coucher, puis ils actionnent fictivement les portes et les toboggans, vidant chaque rangée de ses occupants fantômes. L'impression est saisissante, même pour Roland qui a dirigé plusieurs fois cet exercice : la puissance dégagée par cette lame de fond qui envahit l'habitacle a la grâce et l'implacabilité d'une panthère noire. Déjà le *team* de tête arrive à sa hauteur, tandis que les cris « Passagers évacués ! » retentissent au fur et à mesure. Roland regarde son chronomètre et constate avec satisfaction que l'avion a été totalement investi en moins de quinze secondes.

— Celle-ci, c'est la bonne ! On la garde ! On va quand même s'en refaire une : mais cette fois-ci, je viens avec vous !

Depuis 8 heures du matin, les quarante hommes du GIGN arrivés dans la nuit ont commencé l'entraînement, dans un coin de l'aéroport où est garé leur Airbus A 300. Les deux équipes dirigées par Philippe et Roland en sont à leur quatrième assaut d'entraînement. Jusqu'à parvenir à ce que chaque homme se coule parfaitement dans son rôle et que les gestes acquièrent une telle fluidité que l'ensemble de l'unité fonctionne avec la rigueur d'une mécanique de précision.

Rien n'est laissé au hasard : les conducteurs des passerelles se sont entraînés à placer rapidement leurs engins au centimètre près devant les portes. D'abord à vide, puis avec toute l'équipe accroupie sur les marches. Roland a insisté pour que les médecins qui accompagneront chaque équipe fassent eux aussi partie de l'entraînement.

De son côté, Bouffy étudie l'emplacement de ses tireurs d'élite. Par définition, les pistes d'un aéroport sont plates et dépourvues de bâtiments où se dissimuler. Ses tireurs devront donc disparaître dans le sol sous leurs couvertures de camouflage, sans pouvoir bouger quelle que soit la durée de l'opération. Dans cette perspective, il crée des binômes afin que les tireurs équipés de fusils de précision FRF 2 et de puissantes lunettes Zeiss puissent alterner les moments d'observation et de nécessaire récupération.

Quant au premier entraînement, les deux chefs de groupe ont décidé qu'il se ferait uniquement avec les armes, sans les gilets pare-balles et les casques, et quasiment au ralenti afin que chaque geste soit décomposé. Un procédé qui s'apparente aux répétitions d'un ballet avec une chorégraphie impeccable, d'autant plus nécessaire qu'elle devra s'adapter aux aléas de l'assaut. Personne ne peut savoir comment vont réagir les autres protagonistes d'une telle opération, otages comme terroristes. Et c'est au prix d'un entraînement calibré au millimètre que les hommes du GIGN pourront répondre efficacement aux facteurs inconnus. L'entraînement n'a de valeur que parce qu'il inculque un schéma rigoureux, permettant dans le feu de l'action de limiter les inévitables aléas, tout en évitant des enchaînements hasardeux qui conduiraient à la catastrophe.

Pour le dernier entraînement, le commandant Favier a quitté son petit bureau de l'aéroport et le téléphone où il est enchaîné depuis la veille. Il lui a fallu tenir tête à l'avalanche d'interventions et de demandes émanant de tous les corps de l'État. Placé en sentinelle avancée dans un combat dont personne ne peut mesurer les effets, il doit porter sur ses épaules le poids des inquiétudes et des interrogations que l'incertitude rend plus pressantes. Et tout cela, en préservant son unité des doutes qui pourraient entamer son efficacité. Les ordres succédant aux contre-ordres, il se doit d'afficher une sérénité et un calme que seuls un cœur et un caractère bien trempés peuvent endosser.

Et c'est avec un léger sourire qu'il approuve le déroulement de l'assaut qui vient d'avoir lieu sous ses yeux.

Les hommes qui l'entourent n'ont qu'une seule question aux lèvres. Il prend le temps de leur adresser quelques mots.

— Les heures passent et cela n'augure rien de bon. Les informations qui me parviennent laissent penser que l'issue de cette prise d'otages ne peut être qu'une intervention armée. Nous verrons si elle nous revient. En attendant, tâchez de récupérer ! Moi, je repars aux nouvelles.

Alger. Prison de Serkadji.
11 heures

L'ancienne forteresse Barberousse qui domine la Casbah abrite l'une des plus anciennes prisons d'Alger. Construite par les Turcs, elle a été aménagée pendant la guerre d'Algérie en prison de haute sécurité pour les militants du FLN. Après l'indépendance, ce lieu de détention, rebaptisé Serkadji, a abrité un temps un musée dédié à la lutte pour la libération, avant de retrouver, dans les années 1970, sa fonction première. Derrière ses murs croupissent quelque 1 500 prisonniers, en majorité des détenus islamistes, dirigeants du FIS et du GIA, dont une quarantaine sont condamnés à mort et autant à perpétuité.

Parmi eux, Abdelhak Layada, fondateur et éphémère « émir suprême » du GIA durant quelques mois, arrêté au Maroc en 1993 dans de mystérieuses conditions, puis remis à l'ex-ministre de la Défense, Khaled Nezzar, dépêché spécialement pour le récupérer. Depuis, Layada est enfermé à Serkadji où il dirige le groupe des prisonniers du GIA à l'intérieur de la prison.

Son nom est apparu publiquement un an plus tôt, en octobre 1993, lors du « vrai-faux[1] » enlèvement, attribué au GIA, de trois agents consulaires français : les époux Thévenot et Alain Fressier. Les « ravisseurs » exigeaient la libération de leur leader. Relâchés une semaine plus tard dans des conditions rocambolesques abondamment médiatisées, les trois agents consulaires seront immédiatement mutés... aux îles Fidji !

L'escorte de gendarmes cagoulés qui vient extraire Abdelhak Layada de sa cellule n'a pas un long chemin à faire pour le mener au QG de la gendarmerie, situé à une cinquantaine de mètres de la porte de la prison. Layada est conduit enchaîné dans une pièce où un homme en civil, mince et de haute stature, l'attend le dos tourné, observant par la fenêtre les allées et venues dans la cour intérieure du bâtiment.

— Retirez-lui ses menottes et laissez-nous seuls !

L'ordre a claqué net et péremptoire. Les gendarmes qui tiennent Layada au bout d'une chaîne lancent un regard interrogateur à leur supérieur. D'un hochement de tête celui-ci leur fait signe d'obtempérer. Puis il lance un salut réglementaire et l'escorte fait demi-tour, quittant la pièce pour se poster dans l'antichambre.

En entendant la porte claquer, l'homme se retourne et, derrière ses lunettes fumées, contemple silencieusement Layada qui se frotte méthodiquement les poignets.

— Bonjour, mon colonel[2] !

---

1. Jean-Charles Marchiani le confirmera en 2003 à Jean-Baptiste Rivoire dans sa remarquable enquête pour le document « Services secrets : révélations sur un vrai-faux enlèvement » diffusé sur Canal +. Cet enlèvement était en fait une manipulation d'État, montée par la DRS algérienne, à laquelle Paris avait donné son feu vert « à condition qu'il n'y ait pas de dérapage ». Aussitôt après la libération des agents consulaires, Charles Pasqua déclenchait l'« opération Chrysanthème » contre les réseaux islamistes en France.

2. Abdelhak Layada va encore passer dix ans dans la prison de Serkadji, avant d'être libéré le 13 mars 2006 par le président Bouteflika dans le cadre de la loi sur la réconciliation nationale. Pendant ses douze années de captivité et jusqu'à ce jour, son prestige auprès des combattants islamistes

Cabine de l'Airbus.
13 heures

Le commandant Dellhemme vient de faire servir, à nouveau, un déjeuner et de l'eau pour ses passagers. Il en profite pour s'élever contre le fait qu'il n'a pu communiquer avec un représentant français depuis le début de la prise d'otages. Il presse fermement les autorités algériennes d'autoriser le représentant d'Air France ou un membre de l'ambassade de France à entrer en contact avec lui. « Il s'agit d'un avion français, d'un équipage français, et une bonne partie des passagers sont français », plaide-t-il.

Yahia, qui se trouve à côté de lui dans le cockpit, a repoussé son ultimatum après l'intervention de Mehenni. Il hésite, malgré ses menaces, à exécuter un nouvel otage en plein jour, de peur que le gouvernement algérien ne déclenche aussitôt un assaut. Au contraire, en signe d'apaisement, il a libéré au compte-gouttes quelques otages supplémentaires, dont un malade et deux femmes. L'une d'entre elles est porteuse d'un message rédigé par le commandant de bord, qu'elle doit s'arranger pour remettre directement à un membre de l'ambassade de France.

Quinze minutes plus tard, une voix française résonne dans le cockpit, demandant à parler au commandant de

---

restera intact. Pourtant, son nom rejaillira dans toutes les circonstances où le gouvernement algérien se trouvera en difficulté : révolte de la prison de Serkadji en février 1995 (100 morts), où il prend la tête d'une cellule de négociations ; polémique après l'assassinat des sept moines de Tibhirine où il dédouane l'armée algérienne ; appel à la réconciliation nationale en 2005, etc. Aujourd'hui, Abdelhak Layada, homme d'affaires prospère, continue malgré tout d'intervenir publiquement comme intermédiaire entre la mouvance armée et le gouvernement algérien. La plus « surprenante » manifestation de sa double affiliation fut sa présence le 28 août 2007 aux obsèques du patron du contre-espionnage algérien, Smaïn Lamari, aux côtés des plus hautes autorités algériennes et du chef de la DRS, « Toufik » Médiène.

bord. Il s'agit du chargé d'affaires de l'ambassade de France.

Après quelques échanges convenus où le diplomate s'enquiert du moral de l'équipage et assure le commandant que le gouvernement français met tout en œuvre pour trouver une issue favorable, Yahia intervient sèchement :

– Lis-lui la lettre !

– Monsieur le chargé d'affaires, le chef du commando me demande de vous lire une lettre qu'il m'a fait rédiger tout à l'heure, et qui vous est destinée. Voici cette lettre : *Je demande par votre intermédiaire aux autorités françaises de faire pression sur les autorités algériennes afin que les demandes exprimées par les membres du GIA présents à mon bord soient satisfaites. J'insiste sur le fait que si nous sommes dans la situation actuelle, la première faute en incombe aux autorités algériennes qui ont laissé le commando pénétrer à mon bord. Elles se trouvent donc dans l'obligation de faire des concessions. De plus, nous sommes assurés de quitter le territoire algérien dès que l'escalier sera déplacé pour éviter que la situation ne devienne catastrophique. Signé : Bernard Dellhemme*[1]. Le chef du commando m'a demandé de rajouter un post-scriptum que je vous livre : *Le commando n'hésitera pas à faire sauter l'avion avec tous ses occupants, car ils sont décidés à mourir s'il le faut.*

– Bien, commandant. Je vais transmettre vos souhaits au gouvernement français ! Avez-vous quelque chose à ajouter ?

La communication est brutalement interrompue.

1. Dans la lettre qui sera remise par la passagère aux autorités françaises, le commandant de bord ajoute quelques détails techniques pour que l'avion puisse décoller en toute sécurité.

Paris. Hôtel Matignon.
13 heures

Le Premier ministre Édouard Balladur est arrivé à Paris vers midi et a convoqué aussitôt une réunion d'urgence à l'hôtel Matignon. Y assistent Charles Pasqua, Alain Juppé, le chef d'état-major des armées l'amiral Lanxade, ainsi que deux représentants de l'Élysée : le général Quesnot, chef d'état-major du président, et le secrétaire général, Hubert Védrine.

L'ambiance est toujours tendue entre Pasqua et Juppé. À la lumière des dernières informations reçues d'Alger par le canal de la DGSE et par l'ambassade, Charles Pasqua est renforcé dans son appréciation qu'il ne faut pas laisser l'avion rentrer à Paris où, il en a la conviction, les terroristes ont l'intention de le faire exploser avec ses occupants. Il est persuadé que le gouvernement algérien va intervenir et qu'il vaut mieux que le problème soit résolu à Alger plutôt qu'à Paris. Alain Juppé, de son côté, s'appuyant sur la même analyse, en tire des conclusions différentes : si les terroristes ne peuvent pas décoller, ils feront bien sauter l'avion à Alger. Il faut donc convaincre à tout prix les autorités algériennes de les laisser partir puisqu'elles se refusent à autoriser le GIGN à agir sur leur sol. « Même le commandant de bord demande à décoller : c'est le seul moyen d'essayer de sauver les otages. Nous ne pouvons donner l'impression de nous en laver les mains. »

Dans la matinée, Alain Juppé a fait une déclaration offensive vis-à-vis des autorités algériennes, confirmant publiquement « la mise en alerte des éléments qui permettraient le cas échéant d'intervenir à Alger ». Puis, rappelant que ce drame relève de la responsabilité des autorités algériennes, il les presse de répondre « afin de pouvoir concrétiser notre proposition d'assistance ». Il précise également que le chargé d'affaires français à

Alger qui se trouve à l'aéroport a effectué auprès des autorités algériennes « une démarche officielle afin de leur indiquer notre grave préoccupation, et le souhait de recevoir toutes les informations dont ces autorités disposent ». Il conclut : « J'espère que ces demandes seront acceptées le plus vite possible. » Ce qui peut se traduire en langage non diplomatique par : vous êtes en train de nous balader – nous ne sommes pas dupes – , on va se fâcher.

À l'issue de la réunion, Édouard Balladur se range à l'avis d'Alain Juppé et annonce qu'il va appeler son homologue algérien, le Premier ministre Mokdad Sifi, pour lui demander, soit d'autoriser le départ de l'avion pour Paris, soit d'accepter l'aide proposée par la France.

Il convoque une autre réunion pour la fin de l'après-midi.

Édouard Balladur récolte un refus poli mais ferme de Mokdad Sifi qui écarte l'idée d'une intervention du GIGN au nom de la souveraineté algérienne, et qui exclut de permettre à l'avion de décoller avec les terroristes, ce qui porterait gravement atteinte à l'autorité de son gouvernement. Mais, laisse entendre Sifi, les négociations que mènent les autorités algériennes pourraient aboutir prochainement de façon pacifique, le commando ayant déjà repoussé à plusieurs reprises ses ultimatums et poursuivi la libération des otages, « déjà 63 otages libérés grâce aux négociations », précise-t-il – ce qu'il considère comme un signe encourageant.

Il reste néanmoins à bord de l'avion 174 otages – dont deux employés de l'ambassade et 12 membres d'équipage.

Alger. Cabine de l'Airbus.
17 heures

Les heures s'écoulent dans la cabine avec une lenteur poisseuse, à peine distraites par l'épisode du déjeuner.

Les passagers se sont forcés à avaler la nourriture insipide des plateaux d'Air Algérie, que Christophe et Nicole sont allés chercher sur la piste, devant enjamber les bras chargés, à chaque aller et retour, les deux corps entassés. Mustapha et Salim, encagoulés, se sont installés debout devant la porte, leurs armes braquées pour surveiller l'avitaillement, défiant les « ninjas » qui les tiennent en joue à une centaine de mètres. Christophe, qui redoute une fusillade intempestive, demande aux terroristes d'être un peu plus discrets, assurant que sa collègue et lui n'ont pas l'intention de s'enfuir. Et c'est avec un soupir de soulagement amer qu'il referme la porte sur les « ninjas », les cadavres, les lumières de l'aérogare et l'activité sur l'aéroport, qui, il a pu le constater, a repris comme si de rien n'était. Cette sensation d'abandon rend encore plus pénible le sentiment d'impuissance. Quelques minutes plus tôt, croisant Maklouf le nez dans son coran, le steward a osé lui demander :

— Si vous devez me tuer, je voudrais que vous le fassiez face à moi, les yeux dans les yeux !

Le Maboul l'a regardé avec un doux sourire et des yeux exorbités.

— Pourquoi penses-tu à ça ? Tu n'as pas à avoir peur ! Si tu meurs, tu monteras directement au Paradis.

Dans le cockpit, la voix impersonnelle d'un aiguilleur du ciel retentit dans le haut-parleur. Une autorité dans la tour de contrôle veut parler au chef du commando. Yahia arrive aussitôt. La conversation se déroule en arabe avec un nouvel interlocuteur. Le commandant de bord et le personnel navigant qui écoutent la conversation croient reconnaître les mots de « procureur général » et un nom : Abdelhak Layada. En revanche, la réaction de Yahia ne laisse aucun doute sur la nouvelle. Son visage s'illumine soudain et il tombe à genoux, levant les bras vers le ciel en lançant des remerciements à Dieu. Puis il quitte précipitamment le cockpit en disant : « Nous pourrons partir bientôt : ils vont libérer l'un de nos frères ! » Le reste du commando est rapidement mis au courant et les hommes se congratulent bruyamment tandis que les passagers qui comprennent l'arabe propagent la bonne nouvelle. Le gouvernement algérien libère Abdelhak Layada qui va être conduit au pied de l'avion. Yahia est volubile et son exaltation est contagieuse. Les passagers lui demandent en arabe :

— Est-ce qu'on va être relâchés ?

— Oui ! Tous les passagers seront libérés et nous partirons pour Paris avec l'équipage français !

Zahida dans son fauteuil n'en croit pas ses oreilles lorsqu'un passager lui rétorque :

— Si vous partez pour Paris, alors moi, je pars avec vous !

Un autre, entendant cette réflexion, assure lui aussi qu'il ne veut pas descendre de l'avion et qu'il veut aller à Paris !

De proche en proche, la rumeur enfle et devient bientôt le principal objet de discussion dans la cabine. Les raisonnements extravagants et les réflexions les plus absurdes fusent.

— De toute façon, il n'y aura pas d'avion avant demain, alors autant partir maintenant !

— Ils ne vont pas vouloir nous rembourser nos billets ! Au prix où je l'ai payé, je n'ai pas envie de le perdre !

— Maintenant qu'on est dans l'avion, moi j'y reste ! Surtout si on part !

Yahia écoute en souriant ironiquement à cette irruption d'une telle naïveté qu'elle en devient stupide.

— Ah bon, vous voulez rester avec nous ? Pas de problème, on vous emmène !

Ferhat est anéanti dans son coin mais se garde bien de se manifester. Quelques voix tout de même s'élèvent pour contrarier cette touchante manifestation. Zahida fait partie de celles-ci. Elle interpelle Yahia qui passe en rigolant dans l'allée.

— Moi, je préfère descendre !
— Ah bon ! Tu ne veux plus aller à Paris ?
— Non, je ne veux plus aller à Paris ! Je déteste Paris ! Je veux descendre !
Yahia lui lance alors cyniquement :
— Bon, je vais demander à mon chef !
Puis il continue sa promenade parmi les passagers, distribuant bonnes paroles et signes apaisants.

Peu à peu, la nuit tombe sur l'aéroport d'Alger et, avec elle, le moral des otages. L'avion blanc, violemment éclairé par les projecteurs qui forment une espèce d'îlot de lumière, rend encore plus menaçantes les ténèbres qui le cernent. C'est à la limite des projecteurs qu'un camion blindé de l'administration pénitentiaire algérienne se gare sur le tarmac, à quelques dizaines de mètres du bas de la passerelle. Personne n'en sort ni ne bouge aux alentours. Yahia et son équipe, qui observent l'engin par la porte entrouverte et les hublots, sont partagés entre l'espoir que s'y trouve Abdelhak Layada et la crainte qu'il ne s'agisse d'un piège.

Yahia est soudain appelé dans le cockpit par la tour de contrôle.
— Layada est dans le camion : il veut te parler !
— Je lui parlerai dans l'avion. Laissez-le sortir !
— Ici *Abou Adlane*[1] ! Qui es-tu, frère ?
— Qui me prouve que tu es bien *Abou Adlane* ?
— Pose-moi des questions : je te répondrai !
Yahia commence à poser des questions sur les membres du GIA qui se trouvent avec leur leader en prison à Serkadji, et sur les raisons qui les y ont menés. Layada répond sans hésiter. Lorsque enfin Yahia semble convaincu de l'identité de son interlocuteur, Layada poursuit :
— Tu sais qui je suis maintenant ! Je suis toujours, par la grâce d'Allah le Bienveillant, ton « émir » ! Alors

1. Nom de guerre d'Abdelhak Layada.

écoute-moi bien. *Tu dois libérer les otages et te rendre avec tes hommes tant qu'il en est encore temps! Tu dois obéir : ton action est vouée à l'échec et je t'ordonne, « frère », de m'obéir! Ce sont nos ordres!*

Le sang se retire du visage de Yahia! Puis un rictus de haine lui déforme la figure tandis qu'il crispe ses mains sur son arme.

— Traître! Chien! Maudites soient les entrailles de ta mère! Comment oses-tu me demander de me rendre? Je suis un moudjahidine! Un combattant de Dieu pour qui je vais mourir en martyr!

Les imprécations se bousculent à ses lèvres écumantes. Il retrouve alors les réflexes du petit truand qu'il a été et lance :

— Viens au pied de l'avion, espèce de salaud! On va s'expliquer!

Puis il coupe la communication et fait irruption dans la cabine, hurlant à ses hommes :

— Ce n'est pas *Abou Adlane* qui m'a parlé! C'est... c'est... Ils ont passé un vieil enregistrement de sa voix pour me tromper!

Puis il arrache la kalachnikov des mains de Salim et, entrouvrant la porte, lance une longue rafale en direction du fourgon blanc qui a redémarré. Quand le chargeur est vide, il se met à arroser les alentours avec son propre pistolet automatique, tirant dans toutes les directions. Les balles crépitent sur le tarmac, allumant des étincelles, tandis que, dans la cabine, les otages écoutent terrifiés cette fusillade qui n'en finit pas.

Yahia tremble encore de fureur lorsqu'il referme la porte, posant le pistolet-mitrailleur brûlant à côté de lui. Il s'accoude un instant à la cloison sous l'œil effaré de ses complices. Puis une nouvelle détermination se peint sur son visage. Il retourne dans le cockpit et, s'emparant du micro, il articule d'une voix ferme :

— Écoutez-moi bien là-bas! Si à 21 heures, l'avion n'a pas décollé, *j'exécute un Français!*

8.

25 décembre

Aéroport de Palma de Majorque. 18 heures

Le commandant Denis Favier a réuni son petit état-major dans la salle de l'aéroport qui lui sert de poste de commandement depuis la veille : les deux chefs de groupe Roland et Philippe, son adjoint le capitaine Olivier B., les trois négociateurs et l'Écureuil. Il vient à peine de terminer une énième conversation avec la cellule du Quai d'Orsay. Il semble soucieux, les cernes de fatigue et une barbe de plusieurs heures donnent à son visage une gravité que tous ressentent.

— Bien. J'ai décidé que nous allions repartir. Nous ne sommes plus d'aucune utilité ici ! J'ai maintenant la conviction que les Algériens ne nous laisseront jamais intervenir sur leur territoire. Le gouvernement fait pression pour que l'Airbus soit autorisé à revenir en France. Quelle que soit l'issue des négociations, notre place est là-bas !

Le raisonnement du commandant du GIGN repose sur une analyse claire de la situation. La présence à Majorque du GIGN ne se justifie plus, dès lors que le gouvernement algérien a définitivement rejeté l'aide des services spéciaux français. Pire, elle marginalise le Groupe, isolé dans son île, et prive son commandant d'un contact direct avec le pouvoir politique, les multiples interventions téléphoniques ne faisant qu'alourdir les prises de décision. Denis Favier a fait valoir son analyse à ses « nombreux » interlocuteurs, proposant que son unité abandonne cette phase d'attente stérile pour une option dynamique. Il préconise que le GIGN se repositionne dans le sud du pays, s'attirant des réponses dilatoires qui le renforcent dans sa conviction qu'il faudra qu'il en prenne l'initiative.

C'est ce qu'il fait en choisissant l'aéroport de Marseille-Marignane comme destination. Un choix raisonné, qui anticipe les réactions des terroristes et s'appuie sur des contingences matérielles : un calcul à la louche du rayon d'action de l'Airbus – compte tenu du carburant restant dans l'appareil[1] – lui a permis de sélectionner trois aéroports susceptibles de recevoir l'avion : Montpellier, Nice et Marseille. Les Algériens connaissent tous Marseille et cette destination a toutes les chances d'être retenue par le commando. Quitte à lui forcer insidieusement la main. Denis Favier sait qu'il ne faut pas perdre de temps. S'il attend que l'Airbus reçoive l'autorisation de décoller, il sera une heure plus tard au-dessus de la France, ce qui ne lui laissera que peu de temps pour positionner ses hommes. En revanche, devancer les intentions des terroristes lui donne un coup d'avance dont, en bon tacticien, l'ancien saint-cyrien compte bien profiter.

— Je repars en précurseur dans le Mystère 20 avec Roland et la même équipe qu'à l'aller. Olivier et Philippe, vous emmènerez tout le groupe dans notre Airbus. Je vous communiquerai la destination finale en vol. On y va !

Il est 18 h 40 lorsque le Mystère 20 du GLAM décolle de Palma de Majorque pour l'aéroport de Marignane.

Denis Favier ne le sait pas encore, mais il vient de jouer un coup de maître.

---

1. Depuis son arrivée à Alger, l'avion tire son énergie de l'APU, groupe turbogénérateur qui consomme 150 kg de carburant à l'heure. Soit en trente heures : 4,5 t.

Alger. Cabine de l'Airbus.
21 heures

Yahia affiche de nouveau ses airs affables et ses manières courtoises, dissimulant sa colère rentrée sous un excès d'amabilité. Il se penche vers Zahida pour s'enquérir de son état de santé et lui propose d'aller respirer en classe Club. La jeune femme sent instinctivement la tension qui habite le chef du commando et juge préférable d'accepter cette invitation. Toutefois, ne voulant pas exposer son cousin, elle préfère y aller seule cette fois-ci.

La cabine a recouvré son aspect habituel, les passagers chuchotent entre eux et, si ce n'était ces journaux et ces cartons disposés dans les allées, l'odeur infecte des toilettes à laquelle la plupart se sont habitués et une certaine retenue dans les gestes et les paroles que l'on observe au chevet des grands malades, on pourrait croire que le désordre de l'avion est dû à une mauvaise panne ou à un engorgement du trafic aérien. Bien sûr, il y a ces hommes en armes qui patrouillent dans les couloirs, mais se font-ils plus discrets ou bien se sont-ils fondus dans le paysage ? Dans un coin, un groupe de femmes qui voyagent seules se sont instinctivement regroupées et discutent calmement, leurs voiles strictement noués sur leurs cheveux.

L'équipage commercial continue à assumer son rôle avec courage tout en se ménageant des moments de repos. Une des hôtesses stagiaires s'est plongée dans un bouquin, mais cette tentative d'évasion est surtout destinée à s'isoler de l'atmosphère délétère qui s'est installée dans les rapports entre l'équipe. Claude Bertaud, le nez dans son manuel d'hôtesse, répète comme des mantras les phrases toutes faites qui y figurent : « Bonjour/Bonsoir, mesdames et messieurs ! Le commandant, monsieur… et son équipage, vous souhaitent la bienvenue dans ce... d'Air France, à destination de... Notre vol va durer... Pour des raisons de sécurité, nous vous rappelons qu'il est interdit de fumer dans les toilettes et lors de vos déplacements en cabine... Par ailleurs, nous vous demandons de prendre garde aux chutes éventuelles d'objets... »

Christophe s'est enfermé dans les toilettes. Il aperçoit dans la glace le visage ravagé d'un homme qu'il ne reconnaît pas. Il a pris plusieurs années en quelques heures et éclate en sanglots.

Gilles, le chef de cabine, est au bord de la paranoïa. Il a remarqué la complaisance de deux de ses hôtesses avec les terroristes et les soupçonne de connivence avec eux. Il décide de ne plus leur adresser la parole.

Richard Cleret est exténué, il s'installe dans un coin de la classe Club pour rejouer le scénario qui s'est déroulé quelques minutes plus tôt. Alors qu'il passait dans l'allée, il a aperçu Maklouf allongé sur le dos, terrassé par le sommeil. Son pistolet placé sur le ventre était pratiquement sorti de sa ceinture et menaçait de tomber sur le fauteuil. Un passager installé de l'autre côté de la rangée lui a silencieusement désigné l'arme du doigt, tout en chuchotant : « Prends-lui ! » Richard a hésité un instant puis a passé son chemin.

Les images se heurtent dans son cerveau : Aurait-il dû prendre l'arme ? Et après ? Il ne sait pas s'en servir ! Était-elle chargée ? Et comment défaire le cran de sûreté ? « Et si c'était un piège ? Que l'autre se soit réveillé brusquement ? J'aurais pu essayer quand même... » Sa dernière pensée est de se promettre d'apprendre à se servir d'une arme... s'il s'en sort vivant !

Il s'endort immédiatement d'un sommeil sans rêves.

Yahia consulte sa montre nerveusement. Puis, d'un coup, il se décide et se dirige droit vers les deux employés de l'ambassade, Nicole B., la secrétaire personnelle de l'ambassadeur, et Yannick Beugnet, le chef de cuisine de la représentation française à Alger. Ils ont tous deux été repérés par les terroristes lors du pseudo-contrôle policier la veille. Leurs passeports de service les désignaient immanquablement comme des membres de l'ambassade française.

Yahia s'était beaucoup plus intéressé à Nicole, la questionnant longuement sur son rôle dans l'ambassade. Celle-ci avait minimisé son importance, assurant qu'elle était surtout employée à classer des papiers et à taper à la machine. « Et ton fils, Yannick, qu'est-ce qu'il fait ? » Yahia, trompé par la proximité de leurs deux noms et l'apparence juvénile de Yannick Beugnet, les a pris pour mère et fils. Nicole avait simplement répondu : « Il fait la cuisine, c'est tout ! »

Yahia réveille Maklouf et lui ordonne :

— Va chercher le Français !

Maklouf n'a pas un long chemin à faire : le couple est assis dans les premiers rangs de la classe Éco.

— Toi, lève-toi maintenant et suis-moi !

Yannick Beugnet a vingt-huit ans mais en paraît dix de moins. Grand et mince, son pull beige ajusté le fait paraître encore plus svelte. Sous ses cheveux châtains, son visage pâle et son allure un peu gauche accentuent cette apparente fragilité.

— Qu'est-ce qui se passe ?

— Tu vas parler avec la tour !

— D'accord, je ferai tout ce que vous voulez, mais ne me faites pas de mal !

— Mais non, n'aie pas peur !

Yahia dans la cabine Club s'impatiente et s'approche.

— Tu viens avec moi, et tu te tais !

Zahida, elle aussi en classe Club à côté de deux hôtesses qui somnolent, voit passer les deux hommes qui pénètrent dans le cockpit. Le jeune homme marche derrière Yahia, un peu voûté, et elle est frappée par son extrême pâleur.

— Dis-leur que si l'avion n'a pas décollé à 21 h 30, on va exécuter des otages.

Malgré la terrible menace qui vient d'être prononcée, la voix de Yannick Beugnet ne tremble pas lorsqu'il prend le micro et prononce ces mots[1] :

— *Je m'appelle Yannick Beugnet. Je travaille à l'ambassade de France et notre vie est en danger. Si vous ne faites rien, ils vont nous exécuter. Il faut absolument faire quelque chose, le plus rapidement possible.*

Yahia prend alors le micro et dit en arabe :

— Vous avez bien entendu ! Vous avez jusqu'à 21 h 30 : ce sera lui le premier et j'exécuterai un autre otage chaque demi-heure jusqu'à ce que vous retiriez la passerelle et nous laissiez décoller !

— Bien reçu !

Tour de contrôle.
21 h 10

Le chargé d'affaires de l'ambassade de France, présent dans la tour, réagit aussitôt auprès du ministre de l'Intérieur algérien.

— Il faut que vous preniez une décision : ils vont mettre leurs menaces à exécution ! Laissez partir l'avion : c'est la seule solution !

Abderahmane Meziane-Cherif avance, très sûr de lui.

— C'est du bluff ! Ils menacent de le faire depuis ce matin !

— Ils ont déjà exécuté deux otages : ils ne bluffent pas, cette fois-ci ! Je vais en informer mon gouvernement !

Les autorités algériennes sont dans une impasse.

Elles ont d'abord joué en vain la carte de la mère de Yahia. Ensuite ce qui leur semblait un atout maître,

---

1. Un radio amateur captera la communication au moyen d'un scanner et cet enregistrement poignant sera diffusé par la suite dans les médias.

l'extraction d'Abdelhak Layada pour qu'il ordonne au commando de se rendre. Non seulement l'intervention de l'« émir » historique du GIA n'a pas eu l'effet escompté, mais elle s'est révélée catastrophique, radicalisant brutalement la position de Yahia. En outre, à cette heure, la nuit tombée, un assaut surprise des groupes d'intervention algériens serait désastreux. Les chances de neutraliser les terroristes avant qu'ils ne fassent sauter l'avion sont nulles. Il est vraisemblable qu'ils entraîneraient dans la mort leurs otages, mais aussi le plus grand nombre possible de « ninjas ».

Le gouvernement algérien, en refusant depuis le début de négocier, tout en tentant de forcer le commando à se rendre, a fait une grave erreur d'appréciation.

Est-ce parce que ses services secrets ont appris qu'il ne s'agissait pas d'une opération approuvée par le GIA ? Vraisemblablement.

Néanmoins, ils ont négligé le fait que ce commando est composé de membres du mouvement islamiste, en quête d'un martyre spectaculaire. Même s'il s'agit d'une opération « improvisée » par des militants faisant cavaliers seuls, ils n'en restent pas moins des combattants expérimentés et fanatisés, qui ont déjà réussi l'exploit de s'introduire à bord de cet avion.

Le gouvernement algérien est piégé.

La seule solution serait de manifester leur intention de laisser partir l'avion. Mais ils s'y refusent, misant sur un improbable coup de bluff.

Les minutes s'écoulent dans la tour de contrôle, comme un sinistre compte à rebours dont ils ne peuvent interrompre le cours.

Cabine de l'Airbus.
21 h 30

Yahia est dans le cockpit à côté du commandant de bord. Yannick Beugnet est derrière lui. Tous attendent une réponse de la tour de contrôle. La tension est maintenant étouffante dans l'habitacle. Sur le tableau de bord, l'aiguille lumineuse se rapproche de l'heure fatidique et le haut-parleur reste muet. Yahia attend qu'il soit exactement 30 puis s'empare du micro et prononce calmement ces quelques paroles en français :

– *Écoute, monsieur ! Regarde bien la porte avant de l'avion et tu comprendras notre détermination !*[1]

Alors il pousse le jeune homme hors du cockpit et, prenant conscience qu'il a vidé son arme en tirant à tout-va, demande à Maklouf d'aller lui chercher des munitions. Maklouf revient avec des balles pour une autre arme. Yahia se fâche, l'engueule, puis, ordonnant à Yannick de ne pas bouger, part chercher les bonnes munitions dans le vestiaire de l'équipage.

Yannick Beugnet, qui ne comprend pas l'arabe, attend sans bouger à l'entrée de la classe Club. Zahida est dans son champ de vision, elle a entendu les échanges entre les deux terroristes. Elle a compris.

Pendant ces quelques dernières minutes, elle est le dernier visage humain que verra Yannick.

« Mon Dieu, faites quelque chose ! Lui seul peut nous sortir de là. Je prie, je prie de toutes mes forces, de toute mon âme, jamais je n'ai prié avant tant de ferveur, tandis que Yannick me regarde fixement. Je suis happée par son visage, aimantée à ses yeux. J'ai l'impression qu'en étant ainsi si près de lui, il ne pourra pas mourir. Et Yannick ne dit rien. Il me regarde, impuissant et misérable, mais avec une telle dignité ! Et moi-même, je n'arrive pas à prononcer une parole, tant ma prière me submerge. Mon Dieu, entendez-la[2] ! »

1. Ici et dans la suite du texte, tous les dialogues en italique sont authentiques, retranscrits par le négociateur du GIGN, Bernard Honner.

2. Extrait du livre de Zahida Kakachi et Christophe Morin, *Le Vol Alger-Marseille. Journal d'otages*, Plon, 2006.

Yahia est revenu, son automatique à la main. Yannick en le voyant recule de quelques pas. Puis, comprenant qu'il ne peut pas fuir, fait face à son destin et revient se placer devant son bourreau. Yahia se tourne vers Zahida et les deux hôtesses, qui, elles, n'ont pas conscience du drame.

— Il vaut mieux que vous partiez maintenant !

Les trois femmes se lèvent et s'éloignent vers l'arrière de l'avion. Les pieds de Zahida ne la portent plus et elle s'écroule sur son siège, accrochée à ses prières, tremblante dans l'attente du coup de feu.

Yannick Beugnet est exécuté quelques secondes plus tard, d'une balle dans la nuque.

Sans témoin.

Yahia et Maklouf traînent son corps vers la porte avant droite de l'avion, à l'opposé de celle qui donne sur la passerelle, où gisent toujours les deux autres otages assassinés.

Puis, par la porte entrouverte, ils balancent le cadavre dans le vide.

Il va s'écraser, cinq mètres plus bas, sur le tarmac.

Paris. Hôtel Matignon.
21 h 45

Édouard Balladur apprend par la cellule de crise du Quai d'Orsay qu'un otage vient d'être assassiné et jeté par la porte de l'avion. Tout porte à croire qu'il s'agit d'un Français, employé de l'ambassade de France. En outre, les terroristes menacent d'exécuter dorénavant un passager toutes les demi-heures.

Le Premier ministre serre les mâchoires, découvrant que la colère, émotion que son éducation lui a appris à maîtriser, peut rejaillir intacte, froide et juste. Écartant alors toutes les considérations politiques qui l'ont jusqu'ici incité à la prudence, Édouard Balladur, en dépit des risques qu'encourt le chef du gouvernement, fait un choix d'homme d'État.

— Appelez immédiatement le président Zeroual !

La communication a du mal à passer. Visiblement, le chef de l'État algérien rechigne à parler au Premier ministre français, « pour des raisons protocolaires ». Cette attente ne calme ni la fureur ni l'indignation de Balladur, au contraire. Lorsque le président Zeroual accepte enfin de le prendre au téléphone, c'est un Balladur bien loin de l'image policée qu'il présente d'ordinaire qui s'exprime « en des termes d'une vigueur inhabituelle[1] » !

En substance, Édouard Balladur, sans s'embarrasser de considérations diplomatiques, *met en demeure* le président algérien de laisser décoller l'avion pour la France. En outre, il lui signifie vertement *qu'il le tient dorénavant personnellement responsable de la vie des otages*, et le menace explicitement : si d'autres otages devaient être tués, *la France en prendra à témoin l'opinion internationale et révisera son attitude vis-à-vis du gouvernement algérien.*

Le président Liamine Zeroual est ébranlé par la véhémence de son interlocuteur. Son conseiller personnel et mentor, le général Nezzar, lui souffle qu'il vaut mieux s'incliner : « Tu ne peux pas te permettre de risquer un grave incident avec la France. Les conséquences seraient catastrophiques pour nous. » Puis, reprenant son langage d'ancien sous-officier de l'armée française[2], il ajoute en français : « Tu n'as qu'à leur refiler le bâton merdeux ! »

---

1. Édouard Balladur, *Le pouvoir ne se partage pas,* Fayard, 2009.

2. Khaled Nezzar, ancien élève de l'École des sous-officiers de Saint-Maixent, déserte l'armée française en 1958 et rejoint les rangs de l'ALN, l'Armée de Libération Nationale. Sa carrière militaire après l'indépendance lui permettra d'accéder au poste de ministre de la Défense du gouvernement de Chadli Bendjedid, il sera l'artisan de sa destitution et membre du Haut Comité d'État. Il réchappe d'un attentat en 1993, s'éloigne de l'action politique et pousse son dauphin, Liamine Zeroual, à la présidence.

La colère d'Édouard Balladur n'est pas retombée lorsqu'une demi-heure plus tard, il rappelle le président Zeroual pour connaître sa réponse. On lui passe le bureau de la présidence, mais Zeroual ne prend pas l'appareil et laisse son Premier ministre Mokdad Sifi, qui se trouve à ses côtés, prendre la parole.

— Monsieur le Premier ministre, la décision a été prise de permettre le retour de l'avion en France.

— Quand l'avion sera-t-il autorisé à décoller ?

— Dès que nous aurons convaincu les terroristes de le faire !

Réponse singulière, alors que les terroristes ont avec constance exigé depuis le début qu'on laisse partir l'avion pour Paris ! Mais les Algériens tentent de ménager l'avenir en laissant croire qu'ils sont toujours les ordonnateurs d'une situation qui leur échappe.

Aéroport de Marseille-Marignane. 21 h 50

L'arrivée à Marignane du détachement précurseur du GIGN n'est pas passée inaperçue. Tandis que Denis Favier est accueilli par un petit groupe d'officiels de la préfecture hâtivement prévenus, Roland et son équipe ont débarqué dans la grande salle vitrée de la tour de contrôle qui domine tout l'aéroport. La stupéfaction des aiguilleurs du ciel est totale en découvrant cinq gendarmes, en tenue sombre, armes au ceinturon, le visage mangé par une barbe de deux jours, qui font irruption dans ce sanctuaire dédié à l'exercice délicat des travaux d'aiguillage. « C'est la guerre ? » lance l'un d'entre eux, ce qui fait sourire Roland.

— Bonjour... ou plutôt bonsoir ! Nous sommes du GIGN. Un Airbus d'Air France en provenance d'Alger doit atterrir ici prochainement avec 173 otages retenus par quatre terroristes armés ! J'ai besoin de votre aide.

Le responsable de la tour se met aussitôt à leur disposition.

— De quoi avez-vous besoin ?

— D'un bon café d'abord, si vous avez. Ensuite, pouvez-vous nous fournir un plan détaillé de l'aéroport ?

Sur le plan accroché au mur, Roland, après un moment de réflexion, pose son doigt sur un emplacement. Un parking isolé suffisamment éloigné de l'aérogare, situé dans une zone de hangars.

— Qu'est-ce que tu en penses, l'Écureuil, ça paraît pas mal, non ?

Son collègue approuve.

— Pouvez-vous diriger l'avion, après son atterrissage, à cette place de stationnement ?

— Oui, pas de problème.

— Parfait. Maintenant, je voudrais parler avec un responsable technique. Nous avons des demandes de matériel à formuler.

Pour les hommes du GIGN, choisir le lieu d'une éventuelle intervention est un privilège qui ne se présente que rarement. Habituellement, le Groupe subit la topographie imposée par son adversaire et doit s'y adapter. L'initiative de Denis Favier, anticipant le mouvement des terroristes, donne à ses hommes le temps et les moyens d'amener l'adversaire[1] sur un terrain qu'ils ont pu préparer. C'est à quoi s'emploie Roland en inspectant *de visu* les lieux, un vaste glacis où se dresse, à quelques encablures, un hangar abritant des Canadair au repos en cette période de l'année. Ce hangar permettra de camoufler la présence d'une cinquantaine d'hommes, à l'abri des regards des terroristes. Les trois passerelles motorisées qu'il a demandées ont été amenées, dissimulées derrière le hangar, et le plein a été fait par le personnel de piste.

« Pourquoi as-tu demandé trois passerelles ? » a soufflé l'Écureuil. « Au cas où l'une d'entre elles tomberait en panne au dernier moment. Il faut tout pré-

1. Le commandant Favier parle toujours d'*adversaire*, jamais d'*ennemi*.

voir ! » a répondu Roland, en inspectant les engins. En revanche, les autocars prévus pour héberger les groupes ne sont pas équipés de glaces ni de pare-brise, ce qui en fait de véritables glacières sur roues. Le responsable de l'équipement est désolé : il n'a rien pu trouver de mieux. Encore s'est-il donné beaucoup de mal pour dénicher ces trois bus, assure-t-il.

— L'essentiel, c'est que les passerelles soient opérationnelles. Pour le confort, on verra plus tard !

En repartant vers l'aérogare, Roland jette un dernier coup d'œil au parking entouré d'une surface herbeuse balayée par le petit mistral qui s'est levé. Il ne fait pas loin de zéro degré et Roland se dit que Bouffy et ses tireurs d'élite ne vont pas être à la fête, camouflés dans cette pampa.

— Mais qu'est-ce qu'ils foutent, d'ailleurs ? L'Airbus du GIGN devrait avoir atterri depuis un bon moment déjà !

Le commandant Favier interrompt sa conversation avec un petit groupe de galonnés et d'officiels qui se pressent autour de lui.

— Roland, ils ont tué un nouvel otage. Un Français cette fois-ci. Mais il semble que les autorités algériennes se soient enfin décidées à laisser partir l'avion ! J'ai contacté Satory pour demander des renforts : la totalité du Groupe est mobilisée !

— Et notre Airbus à nous ?

— Il va arriver. On a détourné son vol pour qu'il aille survoler les côtes algériennes. Le pilote va essayer de contacter le commandant de bord pour lui faire passer le message que tout est en place pour le recevoir à Marignane. Et vous, où en êtes-vous ?

— Tout est paré, Denis ! Nous n'attendons plus que les hommes et le matériel pour installer le PC-OPS[1].

1. Poste de commandement opérationnel.

Paris. Domicile d'Édouard Balladur. 23 heures

Le Premier ministre est rentré chez lui pour réfléchir seul. Il n'aura pas le temps de profiter de sa soirée : les nouvelles qu'il reçoit d'Alger sont inquiétantes. Malgré la promesse qu'il a reçue des plus hautes autorités, l'avion n'a toujours pas décollé d'Alger. Pire, on signale des mouvements de troupes aux abords de l'aérogare : la cellule du Quai d'Orsay redoute qu'il ne s'agisse d'une préparation à un assaut des « ninjas ». Le chef d'escale d'Air France qui s'est précipité à la tour de contrôle pour informer le ministre de l'Intérieur de la décision présidentielle – et en faire part au commandant de bord – en a été expulsé.

La décision de Liamine Zeroual a provoqué un conflit au sein du gouvernement algérien. Édouard Balladur, contrarié, choisit alors de retourner à Matignon et tente en vain de joindre son chauffeur et son officier de sécurité. Ce qui n'arrange pas son humeur déjà bien altérée par la perspective d'une crise grave avec l'Algérie. Apercevant par la fenêtre la voiture de police qui stationne en permanence devant son immeuble, il descend et demande au jeune policier qui poireaute au volant de l'emmener à Matignon. Puis il s'installe dans le véhicule sous les yeux stupéfaits des deux gardiens de la paix en faction devant sa porte.

Le jeune policier, fraîchement muté de sa province, lui avoue penaud qu'il ne sait pas où est l'hôtel Matignon ! Et c'est Édouard Balladur qui est obligé de lui indiquer le chemin, au demeurant très simple, pour la rue de Varenne. C'est dans cet équipage et d'une humeur de crin, que le Premier ministre débarque à Matignon. Charles Pasqua va en faire les frais : le ministre de l'Intérieur qui téléphone de la place Beauvau est invité fermement à veiller à ce que, dorénavant, les chauffeurs des véhicules de police dans Paris connaissent le plan de la capitale [1].

Cabine de l'Airbus.
23 h 30

L'écho du coup de feu a retenti dans toute la carlingue, provoquant malaise et interrogations d'un bout à l'autre de la cabine. Peu de gens sont au courant de ce qui s'est passé et la quasi-totalité des passagers et de l'équipage s'interroge sur son origine. Les quelques rares témoins de la scène qui a précédé l'exécution de Yannick Beugnet se murent dans un silence horrifié. Ce n'est pas le cas de Zahida, traumatisée par son dernier dialogue muet avec le jeune homme : elle s'écroule en sanglots, victime d'une crise de nerfs. Gilles, le chef de cabine, a lui aussi compris. Il se précipite vers elle et tente de la calmer du mieux qu'il peut. « Ressaisissez-vous : il ne faut surtout pas attirer l'attention sur vous ! » Zahida enfourne les pans de son foulard entre ses lèvres pour ne pas hurler. Seule l'idée que son cousin pourrait être la prochaine victime lui permet de se contrôler. La tête enfouie entre les mains, les épaules secouées de spasmes, la jeune femme se recroqueville sur elle-même.

Pour ne pas attirer l'attention de Mustapha et de Salim qui avancent dans sa direction, Gilles s'éloigne de Zahida. Mais il ne peut dissimuler, en les croisant, toute sa répulsion. Les deux terroristes ont parfaitement interprété son regard haineux. Ils braquent le chef de cabine et lui font lever les bras. Puis ils se mettent à le fouiller au beau milieu de l'allée. Gilles pense aussitôt que son heure est venue : il va être le suivant ! Pourtant, les terroristes rassurés de n'avoir rien trouvé de suspect sur lui le laissent partir, tremblant et détruit. Il va se réfugier dans un fauteuil où il se pelotonne comme un fœtus.

---

1. Édouard Balladur, *op. cit.*

Christophe, le steward, a lui aussi entendu le coup de feu mais, placé à l'arrière de l'avion avec une partie de l'équipage commercial, il n'a aucune idée de ce qui s'est passé. C'est Claude qui, remontant l'allée, remarquera des traces de sang sur les journaux éparpillés sur le sol de la classe Club, et divulguera plus tard l'information au reste de l'équipage.

Dans le cockpit, le commandant Dellhemme ne se fait aucune illusion sur ce qui s'est produit. Suivant les instructions de Yahia, il branche son micro et parle sous le coup de l'émotion : « *Voilà, ils ont mis leur menace à exécution ! Je pense que vous voyez depuis la tour ! Je transmets le message : ils ont mis leur première menace à exécution et maintenant, ça va suivre avec les autres ! Alors, est-ce qu'on est décidé à faire quelque chose pour nous laisser partir ?* »[1]

Nicole B., la secrétaire de l'ambassadeur, tente d'attirer discrètement l'attention de Christophe. Elle désigne le siège vide à côté d'elle en s'inquiétant de son compagnon de voyage.

C'est Yahia qui va lui donner la réponse quelques minutes plus tard. Il se penche vers elle et lui murmure : « On a tué ton fils ! Dans cinquante-cinq minutes, c'est ton tour ! » La pauvre femme, déjà traumatisée par le sort de Yannick, tremble désormais pour sa vie à chaque minute qui passe.

Aéroport de Marignane.
Minuit

Il est juste minuit lorsque l'Airbus du GIGN en provenance de Majorque se pose sur la piste de l'aéroport. Le détour qu'il a effectué au-dessus des côtes algériennes pour tenter de contacter le commandant de bord d'Air France n'a pas été couronné de succès. Tout juste

---

1. Cf. note 1, p. 166.

a-t-il pu émettre des messages sur trois fréquences différentes, sans savoir s'ils ont été reçus. Les hommes du Groupe débarquent aussitôt l'important matériel qu'ils ont emporté. Outre l'armement et les munitions, il s'agit principalement de matériel de communication. Le poste de commandement opérationnel est installé dans un des bus. Il va servir à coordonner tous les groupes répartis sur l'aéroport et à centraliser les observations faites par les tireurs d'élite. Ceux-ci, sous la direction de Bouffy, vont reconnaître le terrain recouvert d'une herbe courte balayée par un vent glacial. Les deux autres groupes s'entassent dans les deux bus qui vont provisoirement leur servir d'abri, se serrant pour se protéger du froid qui est, dans l'immense hangar où dorment les Canadair, pratiquement aussi vif qu'à l'extérieur.

Les trois négociateurs, Bernard, André et Ladrume, rejoignent la tour de contrôle où ils installent au dernier étage, celui des aiguilleurs, le poste de négociation dirigé par Bernard. Cette cellule intégrée au GIGN est partie prenante de la gestion de crise globale que revendique le commandant Favier. Elle a été constituée en 1992, pour faire face aux prises d'otages afin que les négociations précédant un éventuel assaut soient menées par le GIGN dans sa globalité. Le négociateur en chef, Bernard, a lui-même été gardé en otage en 1988 pendant huit jours, enchaîné au fond de la grotte d'Ouvéa en Nouvelle-Calédonie épar les indépendantistes kanaks. Et ses pensées, ce soir-là, vont d'abord vers ceux qui sont enfermés dans cet avion depuis près de deux jours, sans informations de l'extérieur, soumis aux pressions physiques et psychologiques, isolés dans leur incertitude et l'angoisse d'une mort promise.

Vers 1 heure du matin, le grondement caractéristique d'un Transall qui vient de se poser à côté du hangar réveille les hommes du GIGN qui, en militaires chevronnés, profitent du moindre répit pour grappiller quelques minutes de sommeil. La plate-forme arrière de l'antique transport de troupes de l'armée française s'abaisse et une quinzaine de gendarmes de l'escadron parachutiste en descendent, venant compléter le dispositif. Ils seront chargés en cas d'assaut de réceptionner les otages, de les identifier brièvement – afin d'éviter qu'un terroriste ne se cache parmi eux – puis de les évacuer le plus rapidement possible loin de l'avion. Ils sont suivis de sept membres du GIGN qui n'ont pu rallier à temps la caserne, et qui débarquent avec leurs cantines et tout leur matériel.

Le Groupe est maintenant au complet.

Ce qui pose d'ailleurs un problème d'intégration dans le schéma d'intervention mis au point précédemment. Denis Favier réunit Roland et Philippe dans le PC-OPS pour traiter de cette difficulté. Philippe ouvre le débat.

– On ne peut pas les intégrer aux deux groupes pour des raisons matérielles. Les deux camions échelles ne peuvent pas supporter une telle charge en roulant vite. Si on ralentit, on perd l'effet de surprise.

– Il faut trouver une solution ! On ne peut se priver des renforts, réplique Denis.

– On a un troisième camion passerelle que j'ai commandé pour des raisons de sécurité. On pourrait l'utiliser et constituer un troisième groupe d'intervention.

L'idée émise par Roland récolte un signe de tête approbateur de Denis Favier.

– Bien, mais où va attaquer ce troisième groupe ? Il ne faut pas qu'il y ait de confusion ! J'imagine que la porte avant droite est la plus appropriée. Elle est à proximité du cockpit où se trouveront certainement un ou plusieurs terroristes.

Les trois hommes se penchent sur le plan déplié de l'avion. À l'évidence, c'est la meilleure solution.

– Bien, maintenant qui va diriger ce troisième groupe ?

Roland et Philippe n'ont pas d'hésitation, ils répondent en chœur :

— Puce !

Alain P., dit « Puce », avec son mètre quatre-vingt-cinq et ses cent kilos, champion de France de *full contact*, chuteur opérationnel, est le plus gradé des hommes qui ont rejoint le Groupe à Marignane [1]. Sa nomination apparaît à tous comme une évidence.

— OK. Puce conduira le troisième groupe. Voyez avec lui le schéma d'intervention et intégrez cette troisième équipe.

Roland et Philippe annoncent sa promotion à Puce et le briefent sur le nouveau plan, avant de le laisser seul, selon la coutume, pour qu'il constitue sa propre équipe.

Il est 1 h 45 lorsque le téléphone de Denis Favier sonne. Il s'écarte dans la nuit glaciale pour écouter son interlocuteur. Puis il se rapproche de ses hommes et leur déclare sobrement :

— L'Airbus vient de décoller d'Alger sans incident. Il n'a pas assez de carburant pour aller jusqu'à Paris. Il sera ici, à Marignane, vers 3 heures du matin.

Des sourires de connivence éclairent les visages de Philippe et de Roland.

Mais celui de Favier reste impassible.

Pourtant il vient de remporter la première manche : amener l'adversaire sur son propre terrain.

1. Puce revient sur les lieux du « crime » puisque, dix ans auparavant, le 1er août 1984, lors de sa première mission au GIGN, il avait désarmé seul le preneur d'otages de l'équipage d'un avion cargo à Marignane.

9.

26 décembre

Alger. Cockpit de l'Airbus.
1 h 15

La voix anonyme d'un aiguilleur de la tour de contrôle vient d'annoncer sobrement la nouvelle.

— AF 8969 de tour de contrôle. Vous êtes autorisé à décoller.

— Répétez !

— Je confirme : 8969, vous êtes autorisé à décoller. Nous allons retirer la passerelle et dégager la piste.

Le commandant Dellhemme jette un coup d'œil à Yahia qui n'a rien perdu du dialogue. Le chef du commando lève les mains vers le ciel et, le visage extatique, murmure une prière. La question du commandant de bord le ramène sur terre.

— Où allons-nous ?

— À Paris, *Inch' Allah* !

— Ce n'est pas possible d'y aller directement. Nous n'avons pas assez de carburant. Depuis deux jours, nous en avons beaucoup trop utilisé[1].

1. Pour les amateurs de calculs : le commandant Dellhemme a quitté Paris à pleine charge avec 10 tonnes de fret et 21 tonnes de kérosène. Il a consommé 11,1 tonnes à l'aller. À Alger il a fait un complément de 9,1 tonnes pour atteindre les 19 tonnes nécessaires à son retour sur Paris (compte tenu de la réserve de sécurité). À l'arrêt sur l'aéroport d'Alger,

Le commandant Dellhemme demande confirmation à son mécanicien.

— Il nous reste exactement 12,8 tonnes !

— Il faut que nous fassions une escale technique pour *refueler*. Nous pouvons aller à Tunis, à Tripoli ou à Marseille : à vous de choisir.

En proposant ces destinations, le commandant Dellhemme a simplement mentionné les trois escales Air France les plus proches : le message délivré du ciel par l'Airbus du GIGN ne lui est jamais parvenu. Tout à sa joie, Yahia n'a plus qu'une idée : annoncer sa victoire au reste du commando et quitter l'aéroport d'Alger au plus vite. Il ne discute pas les explications du commandant de bord, ce qui évite à celui-ci de se lancer dans de fastidieuses démonstrations techniques. Sa réponse fuse aussitôt :

— Marseille. On va à Marseille, c'est en France.

L'équipage se lance aussitôt dans les préparatifs de décollage, tandis que Yahia, très excité, sort en courant du cockpit.

Il aura fallu plus de trois heures au président algérien pour contraindre la frange la plus dure de son gouvernement à honorer la promesse arrachée par Édouard Balladur. Le clan des « éradiqueurs » ayant été rejoint par celui des « défenseurs de la fierté nationale », cela ne laissait que peu de place aux tenants d'une *realpolitik*, bien éloignée de toute compassion envers les otages. Le bras de fer entamé par le général Mohamed Médiène pour s'opposer au départ de l'avion en agitant ses « ninjas », échoua grâce à la pression amicale mais ferme de ses amis de la DST et d'un coup de téléphone

l'APU a fonctionné près de quarante heures, consommant (150 kg × 40) 6 tonnes de carburant. Combien lui en reste-il ? 13 tonnes. Ce qui lui permettrait, théoriquement, d'aller jusqu'à Paris en suçant les dernières gouttes de ses réservoirs. Éventualité que lui interdisent d'impérieuses raisons de sécurité. Il doit donc faire une escale, ce qu'avait anticipé le commandant Denis Favier. CQFD.

opportunément donné au plus haut niveau de cette respectable institution.

Ce n'est que vers 1 heure du matin, à l'aéroport, que le ministre de l'Intérieur, Meziane-Cherif, reçut l'ordre, confirmé par différents canaux, de laisser partir l'Airbus. Charge à lui de trouver une explication qui pourrait sauver et la volte et la face d'un État algérien humilié. Meziane-Cherif va s'acquitter de cette tâche en accusant le commandant d'Air France, Bernard Dellhemme, d'avoir fait « échouer les négociations et la libération des otages ». La formule alambiquée qu'utilise le ministre de l'Intérieur lors d'une conférence de presse peu après le départ de l'avion ne grandit pas son auteur.

« Les pressions exercées sur le commandant de bord l'ont certainement amené à infléchir sa position parce que, vous le savez bien, tous les équipages de par le monde, dans ce genre de situation, se mettent du côté de l'autorité, de leur gouvernement et de leur compagnie : jamais du côté des terroristes, des ravisseurs ou des pirates. Aujourd'hui, nous avons vécu le contraire ! »

Cette mise en cause injuste n'est qu'une médiocre petite vengeance des autorités algériennes. Elles n'ont pas digéré la lettre à l'ambassade de France, signée du commandant, qui pointe cruellement leur responsabilité dans l'irruption du commando à son bord.

Dans la cabine, la nouvelle d'un proche départ a réveillé les otages et le personnel navigant. Pendant que Claude file dans les toilettes pour refaire son maquillage, les stewards rajustent leurs nœuds de cravate et se lancent dans la « préparation cabine » réglementaire avant le décollage. Les papiers sales sont ramassés et, avec eux, les dernières traces du martyre de Yannick Beugnet dont le sacrifice a permis de débloquer la situation.

Les membres du commando vont et viennent dans les allées, bénissant le nom d'Allah en agitant dangereusement leurs armes au-dessus de leurs têtes.

Une certaine confusion règne à la droite de la cabine : les passagers s'inquiètent que leurs bagages soient restés sur le tarmac et désignent les chariots abandonnés depuis la veille. Certains râlent carrément malgré les assurances de l'équipage qu'ils seront acheminés jusqu'à Orly dans le prochain avion ! Les otages ont retrouvé leurs réflexes de passagers et la grande majorité est persuadée qu'après le décollage, tout va rentrer dans l'ordre, gommant la présence du commando, ou l'ayant intégrée dans son schéma mental.

Le commandant Dellhemme, lui, reste tout à fait lucide. Il quitte son siège, entraîne Yahia dans un coin isolé puis, le dominant de toute sa taille, plante son regard bleu dans ses yeux.

— Est-ce que je peux faire décoller cet avion sans que vous le fassiez sauter pendant le vol ? J'ai la responsabilité de tous mes passagers. Répondez-moi !

— Je te donne ma parole de musulman que je ne ferai pas sauter l'avion en vol.

Le commandant scrute un moment le visage de son interlocuteur, tâchant d'y mesurer sa sincérité. Puis, estimant qu'il peut prendre un risque raisonnable, hoche la tête.

— Bien. Alors, nous partons pour Marseille.

Au-dehors, sans que personne les remarque, des employés d'Air Algérie ont enlevé l'échelle, tandis qu'un véhicule blindé des « ninjas » venait recueillir les dépouilles des trois otages assassinés. En quelques minutes, l'avion est prêt à partir.

Tout l'équipage commercial s'installe et se sangle sur les sièges qui lui sont réservés. Mustapha et Salim, leurs armes en batterie, se sont assis à l'arrière et ont bouclé leurs ceintures. Yahia et Maklouf sont assis dans le cockpit, sur les deux sièges étroits installés le long de la cloison près de la porte, juste derrière le siège du commandant. Ils se laissent sangler sans rechigner par

Alain le mécanicien. Celui-ci leur installe sur les épaules le harnais réglementaire qui les immobilise totalement. Ce faisant, Alain évite de regarder la hache fixée à la cloison, juste au-dessus de leurs têtes, car l'idée de s'en emparer lui a effleuré l'esprit. Mais il retourne sagement à son siège, abandonnant toute aventure irréfléchie. Yahia a posé entre ses jambes la bombe confectionnée de bâtons de dynamite qu'il promène tout le temps avec lui. Une autre « bombe » est installée sur l'un des sièges de cabine Club, bien en évidence, fabriquée avec des plaques de polystyrène. C'est en fait un leurre que les pirates ont mis en place dès le début pour impressionner les otages et tromper les autorités.

Gilles, le chef de cabine, passe la tête à la porte et prononce la phrase traditionnelle :

— La cabine est prête, commandant.

— AF 8969 à tour de contrôle, nous quittons notre stationnement.

La voix qui lui répond lui est familière, c'est celle, impersonnelle et calme, de tous les aiguilleurs du ciel, qui égrène les instructions de décollage : numéro de piste, force et orientation du vent... et conclut par l'habituel « Bon vol, monsieur ! ».

Le commandant Dellhemme augmente la puissance de ses réacteurs et l'avion s'ébranle sans un à-coup sur la piste de service, se dirigeant un peu plus rapidement que d'habitude vers l'entrée de la piste d'envol. Lorsque son nez est placé exactement entre les doubles rangées de lumières qui se rejoignent à l'infini, le commandant Dellhemme, les freins bloqués, pousse ses réacteurs à pleine puissance. Au moment où il sent la machine frémissante prête à s'élancer, tous ses cadrans au vert, il quitte son point fixe pour s'échapper vers le ciel.

Aéroport de Marseille-Marignane. 1 h 45

L'annonce du décollage de l'Airbus provoque aussitôt le déploiement du dispositif GIGN. La première équipe à se mettre en place est celle des tireurs d'élite, dirigée par Bouffy. Ce sont les « yeux » du Groupe, dont l'importance est primordiale dans la phase de préparation à l'intervention comme dans celle de l'assaut. Chargés de leurs lourds équipements, les hommes vont rejoindre leurs emplacements, de part et d'autre du point de stationnement de l'avion. Revêtus de leurs tenues kaki, enveloppés de leurs épaisses couvertures camouflées, le visage peint aux couleurs de la nuit, ils tiennent à la main leurs armes de précision précieusement couchées dans des gaines matelassées. Ils s'éloignent sans bruit en file indienne vers les postes qui leur ont été assignés et disparaissent dans l'obscurité, déjà invisibles aux yeux de leurs camarades comme ils le seront plus tard à ceux des pirates. Chacun va choisir son emplacement, quitte à s'enterrer dans le sol gelé pendant de longues heures.

Derrière l'immense hangar des Canadair, les trois cars et les passerelles sont regroupés pour abriter le reste du groupe ainsi que le poste de commandement, le PC-OPS qui va devenir le cœur et le cerveau du dispositif dans les heures qui viennent.

Le commandant Denis Favier réunit l'ensemble de ses hommes dans le hangar au pied des Canadair pour un dernier briefing. Il ressent avec émotion la tension qui anime l'ensemble de ses hommes. La lumière des torches électriques sculpte les visages d'ombres inquiétantes, mais l'énergie et la puissance que dégage le groupe soudé autour de lui rendent d'autant plus intense la solennité de ce moment. Pas de sauvagerie primitive, mais une gravité immémoriale qui, depuis toujours, a précédé le départ des hommes au combat.

Et cet instant a une signification particulière pour tous les hommes du GIGN, en cette nuit de décembre 1994.

Depuis sa création, vingt ans auparavant, le Groupe s'est préparé à cette éventualité. Le plus difficile des exercices que ces hommes se soient imposés et leurs aînés avant eux : l'assaut d'un avion rempli d'otages, défendu par des terroristes bien armés et déterminés.

Ils le savent tous, cette nuit-là, ils sont appelés à combattre le cauchemar pour lequel ils ont été créés.

La voix calme et douce de Denis Favier résonne sourdement sur les parois de tôle du hangar, obligeant les hommes à se serrer encore plus pour mieux l'entendre.

— Cette fois, nous y sommes ! Premièrement, nous allons négocier un maximum. À chaque ultimatum, nous ferons de petites concessions en échange de la libération d'otages. Nous privilégierons cette voie tant qu'elle sera possible, en tâchant de ne jamais rompre le fil de la discussion. Notre gain se mesurera au nombre d'otages libérés. Deuxièmement, nous préparons une intervention classique en gardant le choix de décider le moment le plus propice à cette option. Le mode opératoire, vous le connaissez, a été établi par vos chefs de groupe. Je ne reviens pas dessus. Troisièmement, et j'insiste sur ce point, nous devons à tout moment être en mesure de basculer dans l'urgence si la négociation devait brutalement dégénérer. Cela implique pour chacun d'entre vous de vous adapter entre de longues phases calmes et des pics critiques. À chaque ultimatum, nous devons être prêts à nous mobiliser totalement pour une éventuelle intervention, à gérer la tension nerveuse et nous concentrer sur les actions à effectuer. Si l'opération n'est pas déclenchée, il nous faudra alors évacuer immédiatement tout le stress, nous relâcher pour ne pas brûler cette énergie qui nous sera indispensable lors de l'ultimatum suivant. De longues heures nous attendent, tâchez de vous reposer au maximum.

« Ce sera tout. Vous savez ce que vous avez à faire !

Alors que les hommes se dispersent pour aller rejoindre leurs bus, le grondement des réacteurs leur fait dresser l'oreille. C'est l'Airbus GIGN qui a allumé ses réacteurs pour rouler vers l'aérogare, à plus d'un kilomètre de là.

Cockpit de l'Airbus d'Air France.
2 heures du matin

Le commandant Dellhemme a atteint sa vitesse et son altitude de croisière comme pour un vol ordinaire, et l'avion guidé par le pilote automatique se dirige droit vers sa destination. L'équipage technique, vigilant, surveille les cadrans qui indiquent tous que l'avion ne rencontre aucun problème particulier. Derrière eux, Yahia et Mustapha restent muets, fascinés par les gestes professionnels qui ont accompagné le décollage. Ils regardent dans une sorte de transe les lumières de la rade d'Alger qui s'enfuient sous les ailes et laissent place au sombre velours de la Méditerranée que l'on devine dans l'obscurité, aux fugitives lueurs que la lune et les étoiles allument au flanc des vagues. Ni l'un ni l'autre n'ont jamais pris l'avion et, dans le cockpit baigné d'une phosphorescence particulière, ce vol vers l'inconnu suspend le temps et la fureur. Les preneurs d'otages sont stupéfaits, autant par la réussite de leur plan que par la découverte d'un monde insoupçonné.

Dans la cabine aussi règne un calme surréaliste, comme si le ronflement émollient des réacteurs avait chassé la peur dans l'esprit des otages au profit d'une sereine hébétude. Salim et Maklouf, installés dans leurs fauteuils à l'arrière, éberlués d'être en l'air, regardent par le hublot, sans un mot, leurs armes posées sur les genoux. Les pensées des otages ne sont pas éloignées de celles de passagers ordinaires, ils se laissent aller à imaginer les retrouvailles avec leurs familles et les êtres chers. L'espoir anime tous les visages, et ils profitent de « ce premier vrai moment d'accalmie de toute la prise d'otages[1] ».

Après plus d'une heure de vol, le commandant Dellhemme entame sa descente vers l'aéroport de Marignane et prend contact par radio avec les « opérations » de la compagnie Air France, afin de régler les affaires de logistique – pour ce qu'il croit toujours être une simple escale technique. Il demande que l'on traite d'abord le problème des toilettes qui empoisonnent l'atmosphère de la carlingue. L'équipage commercial avait pu, au sol en Algérie, maintenir les portes entrebâillées pour établir un courant d'air, mais depuis le décollage, comme les portes sont hermétiquement fermées, la puanteur n'a fait qu'empirer. Fort de son expérience avec les services de l'aéroport algérien, il transmet les exigences des pirates concernant l'approche de l'appareil. Le véhicule de vidange devra se présenter par l'avant de l'avion et s'arrêter devant le cockpit. Les employés en descendront pour être identifiés. Ils devront ôter leurs manteaux, relever leurs pulls et faire un tour sur eux-mêmes pour prouver qu'ils n'ont pas d'armes. Ensuite, ils vidangeront à l'avant et à l'arrière puis repartiront. Le commandant demande également qu'on fasse le plein d'eau potable en respectant la même procédure. Et que l'on prévoie un escabeau qui permettra de livrer des boissons, des serviettes humidifiées pour que les gens puissent se laver un peu et des provisions. Enfin, lorsque le ravitaillement aura été effectué, un camion de carburant devra se présenter pour réaliser le complément nécessaire jusqu'à Paris. Ces instructions passées, le commandant Dellhemme se prépare à l'atterrissage. À 3 h 10 les phares de l'Airbus A 300 éclairent le bout de la piste de Marignane.

1. Zahida Kakachi et Christophe Morin, *op. cit.*

Tour de contrôle de l'aéroport Marseille-Marignane.
3 h 12

— *AF 8969, bonjour, messieurs. Autorisation d'atterrissage 32 droite, le vent 320 degrés 9 à 15*[1].

— *De 8969, on atterrit !*

— *8969, suivez le flyco*[2] *qui vous attend !*

— *Bien reçu, nous suivons le flyco.*

— *AF 8969, vous maintiendrez position sur la voie 4 alpha.*

— *Bien reçu !*

— *Maintenant c'est bon, vous pouvez vous arrêter !*

— *C'est notre parking ici, c'est ça ?*

— *Pour l'instant oui !*

— *D'accord. Pour l'instant que personne n'approche de l'avion parce que, euh, nous ne savons pas sur quel pied danser ! Bon, ils sont d'accord, ils ont confiance en leur équipage et... et en vous ! Donc on coupe les moteurs ici, et puis on lancera, j'imagine par l'intermédiaire d'Air France, les opérations les unes après les autres... pour les toilettes, le complément de carburant, etc.*

Bernard, le négociateur du GIGN, est installé devant son micro au sommet de la tour, et, après avoir respiré à fond, tente de prendre contact avec l'avion. C'est sa première mission à ce poste, pour laquelle il a juste reçu, l'année précédente, une formation de base en négociation de crise. Il sent tout le poids de la responsabilité qui pèse sur ses épaules et doit malgré tout maîtriser ses émotions pour éviter qu'une parole malheureuse ou irréfléchie ne conduise les terroristes à réitérer leurs exactions. Il a été surpris par les déclarations du

1. Cf. note 1, p. 166.
2. Véhicule de guidage.

commandant de bord. Celui-ci, en prenant langue avec Air France, qui a déjà accepté ses demandes de ravitaillement, le prive de précieuses monnaies d'échange pour la négociation. Il s'arrange aussitôt pour que toutes les liaisons avec l'avion passent désormais par son intermédiaire.

— *AF 8969 de tour de contrôle. Je me présente, Bernard Honner, attaché au cabinet de M. le préfet. J'aimerais entrer en contact avec le chef du commando.*

— *D'accord! Pour le moment on est... sous surveillance. Mais on va appeler le chef du commando en cabine. On est très content d'avoir un contact aussi direct avec vous, parce que* [avec les Algériens] *ça a été beaucoup plus difficile.*

— *Vous êtes stationnés à un endroit qui est tout à fait prévu. Vous êtes ici en sécurité.*

— *OK je vous remercie... de votre information! On appelle le chef du commando!*

Les premiers contacts entre le négociateur et le commandant de bord sont basés sur un malentendu. Pour le commandant Dellhemme, Marignane n'est qu'une escale technique, qu'il gère comme telle. Son souci est de repartir au plus vite pour Orly où, pense-t-il, doit se dénouer l'affaire. Il ne peut savoir que le GIGN est déjà sur place et que le gouvernement ne veut pas laisser repartir l'avion. Comment pourrait-il deviner que tout est prêt sur l'aéroport de Marseille alors que la décision de s'y poser remonte à peine à deux heures auparavant? Le négociateur n'a pas pris en compte ces éléments et une méfiance se développe entre les deux hommes.

— *Bon,* [le chef du commando] *me dit de vous transmettre que, à part faire du carburant, nettoyer l'avion, disons tout ce qui était prévu tout à l'heure, ils ne veulent de contact avec personne jusqu'à Paris!*

Le négociateur, dont l'objectif est d'obtenir la libération d'otages selon le principe du donnant-donnant, commence à élever un mur d'objections pratiques aux demandes exprimées par le commandant. Ce qui accentue le malentendu.

— *Nous sommes en train d'étudier tous les travaux qui vont s'effectuer à bord de l'avion, donc tout ceci va demander un petit peu de temps au niveau de l'organisation.*

— *Oui, enfin je vous prie de ne pas trop traîner, je pense qu'il est relativement simple d'envoyer un camion de vidange toilettes !*

— *Il nous faut mettre au point des équipes qui vont faire ce type de travail !*

— *Ils peuvent avoir confiance, ça s'est très bien passé à Alger. Il y avait des volontaires, il n'y a pas eu de problème ! C'est plus les autorités qui les empêchaient de venir jusqu'à l'avion ! Il y avait un très mauvais dialogue et c'est pour ça qu'on était heureux de pouvoir partir. On avait assez de carburant pour venir jusqu'ici, et si on est venus sur le territoire français, c'est pas pour que ce soit pire qu'à Alger !*

Le ton est donné. L'impossibilité d'un véritable dialogue entre les deux hommes – outre l'équivoque sur les objectifs – est due aussi à la manœuvre du chef des terroristes qui utilise le commandant de bord comme « porte-voix » et refuse de parler directement avec les autorités. Du coup, le négociateur du GIGN interprète les paroles du commandant comme un refus de collaborer, en déduisant même, un peu hâtivement, que son interlocuteur est atteint d'une variante du « syndrome de Stockholm » ! Et il réitère sa demande de parler directement au chef du commando. C'est tellement net, que Bernard Dellhemme se sent obligé de mettre les points sur les i.

— *Enfin... ne croyez pas que comme c'est moi qui parle à la radio, je fasse office de chef du commando ! Bon c'est comme ça, ils ont décidé qu'ils ne voulaient pas de contact à Marseille, ben on fait comme ça !*

Bernard Honner est dans une impasse. Il n'a pas pu avancer d'un poil au cours de cette discussion « technique ». Il n'a rien à offrir puisqu'il n'y a aucune revendication des preneurs d'otages. Malgré tout, sans contrepartie, il se lance prudemment :

— *Commandant, ce que nous aimerions faire comprendre aux preneurs d'otages... c'est que la situation serait beaucoup plus sereine si le nombre d'otages était... était diminué fortement.*

— *Ah bien là, ne vous inquiétez pas, je peux vous en faire venir quelques-uns tirés au sort ! Mais ils ne veulent pas ! C'est comme ça, ils veulent rester avec nous ! Ils l'ont demandé, les passagers veulent rester avec nous !*

Le négociateur n'en croit pas ses oreilles. N'ayant quasiment pas d'informations sur l'état psychologique des passagers, sur leur désir d'aller à Paris, ni sur le refus des terroristes de laisser partir de nouveaux otages, il imagine le pire : le commandant est passé du côté des terroristes !

— *Nous comprenons bien qu'il se soit établi un climat de confiance, seulement, bon, ça permettrait ici en France d'y voir une volonté positive, par un petit geste !*

La réaction de Bernard Dellhemme est d'autant plus brutale que Yahia, en permanence à ses côtés, ne perd pas un mot de la conversation et réagit violemment, en s'agitant avec de grands gestes.

— *NON ! NON ! Vous ne vous rendez pas compte ! Mais là, vous êtes en train de faire monter la tension ! Avec ce comportement !*

— *Oui, c'est bien reçu, commandant. En fait, il s'agit...*

— *Bien ! Il faut savoir que si on avait eu le carburant à bord, on allait directement à Paris ! Donc Marseille c'est une escale technique, rien d'autre ! Il faut le prendre comme ça !... Et maintenant, ils m'interdisent de parler, donc on va s'arrêter là !*

Après une heure de discussion, le dialogue est interrompu et lorsque le négociateur tente de le renouer, il s'entend répondre :

— *Maintenant, vous nous contactez pour nous dire quel véhicule* [de service] *part, et à quel moment. C'est pas la peine de palabrer entre deux, d'accord?*

Marignane. Hangar du GIGN. 4 heures

Tapis dans le noir sur le sol gelé, sans que l'on puisse déceler leur présence, l'équipe des tireurs d'élite épie les hublots faiblement éclairés de la cabine et du cockpit. Leurs premiers comptes rendus chuchotés dans les radios remontent jusqu'au car où est installé le poste de commandement opérationnel. À côté du matériel de transmission, où officient les opérateurs radio, deux grands tableaux blancs sont dressés. Sur le premier, l'officier adjoint note scrupuleusement les étapes des négociations que lui transmet par radio André, l'adjoint du négociateur, depuis la tour de contrôle.

Sur le deuxième tableau sont regroupés tous les renseignements recueillis par Bouffy et ses tireurs sur les membres du commando. Tous ont reçu un nom de code et, en quelques minutes d'observation, leur fiche signalétique s'est enrichie d'une foule de renseignements sur leur âge approximatif, leur description physique, leur habillement et leur armement. Plus finement ensuite, les tireurs ont interprété le rôle de chacun d'eux, la position qu'ils occupent dans l'avion, et ils commencent à repérer leurs habitudes. Le chef du commando reste en permanence dans le cockpit, avec à ses côtés un homme armé d'un fusil d'assaut. Les deux autres se tiennent à l'arrière de l'avion. L'un d'eux se promène parfois dans les rangs des passagers qu'il semble haranguer avant de regagner sa place.

Dans les cars, le froid s'engouffre en courants d'air glacials par les fenêtres sans vitres. Sur les sièges, les hommes se recroquevillent pour tenter, au moins, de conserver un peu de la chaleur de leurs corps. Les paupières sont fermées mais personne ne dort. Roland s'installe à l'avant du bus, sur une petite banquette à deux places. En chien de fusil. Proche de la position fœtale. Celle sans doute de son petit Romain au même moment. Il pense à lui et à Fanfan, doutant que malgré le confort de son lit, sa femme parvienne à passer une bonne nuit. En se recroquevillant, il imagine la retrouver très bientôt, une fois la mission accomplie, pour se coller à la chaleur de son corps.

Mais il chasse vite de son esprit ces images afin de se concentrer sur ce qui l'attend et une fois de plus, dérouler dans sa tête toutes les phases de l'action. Les mots, les consignes qu'il faudra transmettre à ses équipiers avant l'intervention. N'a-t-il rien oublié ? Puis il récapitule toute la préparation tactique, passe en revue le matériel, les équipements, s'interroge sur le choix de l'armement et celui des munitions. Les chefs de groupe ont opté pour des cartouches semi-blindées, celles dont l'extrémité des balles est constituée d'une tête en plomb. Contrairement aux balles blindées, elles ne traversent pas le corps des cibles, ce qui évite, dans ce cas de prise d'otages massive, de blesser ou de tuer un passager derrière un terroriste touché. Qu'une de leurs balles puisse toucher un otage est contraire à toutes les règles d'intervention du GIGN.

Un trophée est là pour le rappeler, fièrement placé sur les étagères du mess de Satory au milieu des innombrables coupes glanées par des gendarmes du GIGN à titre individuel ou collectif. C'est la récompense d'une compétition internationale qui avait réuni, aux États-Unis, les meilleures unités d'intervention dans le monde. À l'issue des sept premières épreuves, l'équipe du GIGN occupait la première place devant les SWAT[1], l'unité spéciale d'intervention américaine et attendait avec sérénité l'ultime compétition. Un parcours chronométré dans

1. Special Weapons and Tactics. Unités spéciales d'intervention constituées dans chaque État.

un bâtiment, avec dans les différentes pièces des mannequins représentant soit des terroristes armés, soit des otages. Le but étant de neutraliser le plus rapidement possible les terroristes sans toucher les otages. Des pénalités sanctionnaient un terroriste « oublié » ou un otage touché. À la fin de l'épreuve, le GIGN était la seule équipe à avoir neutralisé tous les terroristes sans toucher un seul otage. La victoire leur était promise !

Pourtant, le décompte des points ne leur accorda que la deuxième place derrière l'équipe américaine. Et pour cause, les secondes de pénalité pour un otage touché étaient dérisoires. Les Américains avaient décelé cette faiblesse du règlement – comme l'équipe du GIGN d'ailleurs –, mais eux l'avaient exploitée. Déboulant dans les pièces à toute vitesse, les Américains avaient abattu sans discernement terroristes et otages, réalisant le meilleur temps absolu. Malgré plusieurs secondes de pénalités pour chaque otage tué, ils obtenaient le meilleur temps compensé, et remportaient l'épreuve.

En montant sur la deuxième marche du podium, l'équipe du GIGN récolta une ovation de la part des autres équipes concurrentes alors que l'équipe américaine ne recevait que des applaudissements polis. Depuis, chaque nouveau membre du GIGN se voit expliquer pourquoi ce trophée – ne récompensant qu'une deuxième place – est celui dont le Groupe est le plus fier.

Roland a l'impression que la carrosserie métallique du car accentue le froid, comme pourrait le faire un congélateur ouvert. Il sort se dégourdir les jambes et fait quelques mouvements pour se réchauffer. Il n'est pas le seul : d'autres hommes du groupe, pour lutter contre le froid, alternent exercices et inconfortable repos à l'intérieur des bus. En observant l'avion immobile sur son parking isolé, Roland a une pensée émue pour Bouffy et ses tireurs d'élite qui doivent rester sans bouger sur le sol gelé… tout en appréciant d'être à sa place plutôt qu'à la leur. Au loin, un petit camion-citerne s'approche de l'avion. Roland file au PC-OPS pour savoir de quoi il retourne.

Aéroport de Marseille-Marignane.
Tour de contrôle.
5 heures du matin.

— *Monsieur Honner, de commandant de bord.*

— *Oui, j'écoute !*

— *Les toilettes, c'est terminé ! C'est bien fait et je les remercie au nom des passagers et de tout l'équipage. Donc maintenant, on va pouvoir commencer l'eau potable, d'accord ?*

— *Vous avez pu remarquer que tout s'était bien effectué, dans le calme.*

— *Oui ! je voulais vous dire, si dans la presse, disons du matin, s'il y a des titres les concernant, peut-être qu'ils seraient contents de savoir qu'on parle d'eux. Enfin, c'est à vous de juger…*

La proposition du commandant Dellhemme est particulièrement astucieuse. Pendant les longues heures passées avec le chef des terroristes, il a pu juger de sa vanité exaltée et de sa soif de reconnaissance. Mais le négociateur préfère ignorer l'appel du pied, non sans raison. La lecture des journaux, outre qu'elle pourrait donner des renseignements utiles aux terroristes, pourrait aussi se révéler dangereuse. Pourtant, l'idée peut être exploitée.

— *Dites, commandant, nous savons vos gens intéressés par la presse, est-ce qu'ils pourraient être intéressés par d'autres types… de retombées médiatiques ?*

— *Disons que si vous pouvez faire un assortiment des journaux où l'on parle de ça, bon, je crois que c'est ça qui les intéresse !*

— *Oui, et un message à passer… quelque chose de plus visuel par exemple ?*

— *Non, apparemment non !*

Bernard, le négociateur, évoque une nouvelle fois à demi-mot une éventuelle libération d'otages. Le commandant l'interrompt aussitôt.

— *Monsieur Honner, on en est où avec notre eau potable ?*

— *Oui, je pense que tout est prêt !*

— *Essayez de faire accélérer... quand même !*

— *C'est entendu.*

— *Monsieur Honner, il y a un des hommes du commando qui voudrait vous parler. OK c'est lui qui parle, d'accord ?*

— *Voilà ! le commandant de bord il t'a demandé... de ramène à nous le camion... de l'eau potable. Dépêche-toi ! On joue pas, je te dis la vérité ! Voilà, il t'a demandé, il t'a dit dépêche-toi maintenant !... Ça rigole ! Il faut tout faire, c'est tout !*

Paris. Hôtel Matignon.
5 h 30

Le Premier ministre est réveillé. Il a passé la nuit dans la chambre contiguë à son bureau, qu'il n'utilise jamais, préférant le confort de son propre domicile. La nuit a été courte ! À 3 h 30, il a été réveillé par Nicolas Bazire, son directeur de cabinet, qui l'a informé que l'avion d'Air France venait d'atterrir sans encombre à Marseille et que la cellule de crise avait été déplacée du Quai d'Orsay à la Place Beauvau, au ministère de l'Intérieur, sous l'autorité du directeur général de la Police nationale, Claude Guéant.

Édouard Balladur en petit-déjeunant prend connaissance des derniers développements. Le commando a manifesté sa volonté d'aller jusqu'à Orly, exige qu'on ravitaille l'avion en carburant et refuse de libérer des otages. Plus inquiétant encore, le consulat de France à Oran a reçu une information, par le canal du GIA, précisant que le commando a l'intention de faire exploser l'avion au-dessus... de la tour Eiffel ! Elle vient renforcer les avertissements donnés de vive voix la veille à Alger par un dirigeant du GIA, à la DGSE. Sur le terrain, les négociateurs tentent de gagner du temps en ravitaillant les 173 otages en eau et en nourriture. Le ministère de l'Intérieur précise aussi que le groupe d'intervention de la police nationale, le RAID, qui a été mis en état d'alerte depuis la veille, pourrait être opérationnel rapidement, bien qu'il ait du mal à rassembler son personnel[1].

Quant au GIGN, il est en position autour de l'avion, prêt à intervenir et n'attend plus que l'ordre du pouvoir politique. Édouard Balladur, tout en réfléchissant, prend le temps de terminer son petit pain au lait, viennoiserie qu'il affectionne.

— Appelez-moi Charles Pasqua ! Réveillez-le au besoin !

Aéroport de Marignane. PC-OPS du GIGN. 5 h 45

Le commandant Denis Favier reçoit un appel de la tour de contrôle.

— Nous avons livré l'eau, mon commandant. Tout s'est bien passé. Maintenant, nous allons livrer la nourriture.

— Parfait, je vais faire le nécessaire. Appelez-moi quand les provisions seront prêtes. Je vous envoie deux hommes pour faire la livraison.

— Nous avons une petite inquiétude avec le commandant de bord. Le mécanicien a fait un appel

1. La veille, le patron du RAID a téléphoné au sous-officier de permanence du GIGN, à la caserne de Satory, pour lui demander « comment on pouvait ouvrir les portes de l'avion depuis l'extérieur ». Il s'est attiré cette réplique, restée fameuse chez les gendarmes : « Désolé, monsieur, c'est pas la veille de l'examen qu'on apprend sa leçon ! »

radio, il m'a dit textuellement : « *Là c'est le mécanicien. Le commandant est parti aux toilettes et je pense que vous ne pouvez pas croire à une libération d'otages à l'escale de Marseille !* » Pouvez-vous faire vérifier qu'il ne lui est rien arrivé de fâcheux.

– D'accord... Le mécanicien ? Je vais appeler Bouffy pour savoir, mais... Non, je ne pense pas qu'il y ait un problème, il me l'aurait dit... OK, je vous recontacte.

L'officier adjoint rajoute une ligne sur l'un des deux tableaux. Il note l'information reçue de la tour : « 5 h 53 : demande de libération des otages (refus, réponse formulée par le mécanicien) ». Denis Favier change le canal de sa radio et active la touche du haut-parleur. Il chuchote.

– Bouffy, de Denis.

– Ici Bouffy, parlez Denis.

– Dans le cockpit, y a-t-il eu un problème avec le commandant ?

– Négatif. Je l'aperçois depuis ma position. R.A.S. pour lui. Pourquoi cette question ?

– Juste parce que c'est le mécano qui a répondu par radio aux demandes de la tour. Jusqu'alors, c'était le commandant de bord qui s'en chargeait.

– De Bouffy, le chef du commando est en pleine discussion avec lui. Elle semble plutôt animée. Ça gesticule pas mal mais ça ne semble pas devoir dégénérer.

– De Denis, c'est bien reçu.

De nouveau, il manipule le bouton d'affichage des canaux pour appeler l'adjoint du négociateur.

– André, de Denis.

– Oui, André écoute.

– R.A.S. pour le pilote. Il parle avec le chef des terroristes. Lui, en revanche, a l'air un peu excité.

– De André, je confirme. Il vient de joindre la tour et le chef du commando a usé de menaces à l'égard des otages, je cite : « *Je te dis ça t'intéresse pas ! Envoie l'eau !*

Qu'est-ce qu'il t'a demandé le commandant ? C'est tout, ça t'intéresse pas ! Tu n'es pas dans le pétrin avec nous, nous savons qu'est-ce qu'il y a dans notre avion, tous les malades, nos gens morts nous concernent, voilà... tu as compris ? »

— Et qu'est-ce qui a motivé son intervention au micro ?

— On avait demandé s'il n'y avait pas à bord des malades qui devaient être évacués.

Denis regarde sa montre et dicte à son adjoint qui se remet à écrire sur le tableau : « 5 h 59, le chef du commando professe des menaces graves ».

La sonnerie de son téléphone retentit. Il plisse le front et, de l'index gauche, se bouche l'oreille libre, concentrant toute son attention sur la communication qui ne paraît pas être d'excellente qualité. C'est Claude Guéant, qui dirige la cellule de crise Place Beauvau.

— C'était le ministère de l'Intérieur. Le Premier ministre, Édouard Balladur, a pris sa décision : il nous donne tous les pouvoirs pour une intervention par la force à partir de 6 heures. Notez-le !

Puis il se tourne vers son chef de groupe avec un léger sourire.

— Roland, briefing. Réunissez tout le monde !

10.

26 décembre

Aéroport de Marignane. Tour de contrôle. 6 heures

Le commandant de bord appelle la tour de contrôle.

— *Donc, l'escalier est en place. Bien sûr, le personnel qui nous l'a amené reste au volant pour l'enlever en cas d'éventualité et... on attend l'hôtellerie maintenant.*

— *Oui, bien reçu !*

— *OK ! Puis on peut donc préparer une citerne à carburant qu'on nous enverra juste après, et... on prendra un peu plus de 15 tonnes, hein ! Puisqu'on pense partir à vide : il nous reste environ 4 tonnes et demie. Bien, on dit donc 19 000 litres à couler !*

— *Oui... Mais la question qu'on me pose, là, c'est que ça fait beaucoup, 20 tonnes pour monter à Paris !*

Yahia s'empare du micro aussitôt.

— *À quoi tu te mêles ? Pourquoi tu me cherches ?*

— *Nous ne cherchons absolument rien, nous cherchons simplement à arranger les choses... pour faciliter... votre voyage uniquement ! Donc l'avitaillement va suivre, ça ne pose aucun problème !*

Le commandant reprend la parole vertement.

— *OK ! Mais jusqu'à maintenant, le commandant de bord – même si sur cet avion, ce n'est plus lui qui commande depuis deux jours – c'est quand même lui qui décide du carburant !*

— Oui, c'est bien compris... Je vous informe que le véhicule pour l'avitaillement est parti avec la poubelle et tout ce que vous avez demandé ! Ils se dirigent vers vous, ils seront devant l'avion comme d'habitude, d'ici quelques instants !

— OK ! Sinon pour le ravitaillement en carburant, vous le tenez tout prêt, d'accord ?

Bernard Honner sait qu'il est arrivé au bout du dialogue. Celui-ci va buter sur une impossible livraison de carburant dont les conséquences peuvent se révéler dramatiques. Lucidement, le jeune négociateur du GIGN décide d'en référer au commandant Favier, craignant que les terroristes, irrités par ses atermoiements, ne ripostent par un ultimatum sanglant. C'est aussi visiblement la crainte du commandant de bord qui presse le négociateur de *refueler*. La situation est d'autant plus délicate que jusqu'ici, les terroristes se sont vu accorder, sans contrepartie, tout ce qu'ils ont demandé. Mais ils ne s'y trompent pas, ces concessions sont accessoires et n'ajoutent qu'au confort des otages. L'essentiel, c'est le plein de carburant. Aussi, à peine le ravitaillement « hôtelier » est-il terminé que le commandant de bord, sur les instances de Yahia, rappelle la tour.

— On peut savoir où ça en est de la citerne ? Et quel volume elle va contenir ?

— Je n'ai pas de nouvelles pour l'avitaillement en carburant. Je vous tiens au courant dès que j'en ai !

— Oui, parce qu'ils veulent plus de carburant maintenant... qu'initialement. Bon, ils veulent le maxi ! Nous, en fonction des normes d'atterrissage, on se limite à 27 tonnes ! 27 tonnes, et il nous en reste 4 et demie à bord...

— C'est entendu, commandant, je répercute vos exigences !

— Oui, enfin ce ne sont pas les miennes ! Mais on n'a pas le choix...

La tension commence à monter dans le cockpit et dans la tour de contrôle, tout le monde en est conscient. Le commandant Favier a rejoint l'état-major de crise qui s'est réuni dans une salle juste au-dessous de celle où se trouve le négociateur. Les autorités françaises suivent en direct le dialogue grâce à un haut-parleur placé dans la pièce. Le préfet de région prend la parole.

— Êtes-vous prêt à intervenir, commandant ?

— Oui. Mes hommes sont en train de peaufiner le plan. J'ai reçu carte blanche du Premier ministre pour intervenir lorsque je le jugerais opportun.

— Pourquoi attendre ? Allons-y tout de suite, puisque vous avez le feu vert !

— Monter à l'assaut maintenant n'aurait aucun sens. Nous avons besoin de recueillir un maximum d'informations auparavant. L'assaut doit être le dernier recours : d'autres possibilités d'intervention peuvent se présenter.

— On ne voit pas lesquelles.

— Avant tout, il faut bien comprendre que l'assaut délibéré est la solution la plus défavorable. Les risques sont énormes pour les otages et pour mes hommes. En outre – et c'est un aspect dont nous devons tenir compte – ces terroristes n'ont commis aucune action criminelle sur le territoire national. Nous pouvons être mis en défaut, sur le plan juridique, si nous lançons un assaut dont nous ne pouvons pas prévoir toutes les conséquences.

— Si nous vous comprenons bien, commandant, il faut qu'ils tuent quelqu'un en France pour que vous interveniez ! Je vous rappelle qu'ils ont détourné un avion, et déjà exécuté trois otages dont un Français. Cela ne vous suffit pas ?

— Je voudrais être bien compris : la décision de lancer l'assaut est une responsabilité collective. Outre ses conséquences humaines, elle aura des implications politiques et même des répercutions internationales que nous devons considérer. C'est pourquoi je vous demande de nous laisser gérer cette crise et de nous faire confiance. De toute façon, on va vers une solution, mais il se peut qu'elle soit lointaine. Peut-être la nuit prochaine, lorsque les terroristes dormiront; peut-être lorsque nous aurons les quatre hommes en même temps dans nos lunettes de tir... C'est ce que nous appelons une opération différée, il faut donc auparavant que nous testions les terroristes et leur détermination, en prenant notre temps.

— Très bien, commandant, mais si la situation dégénère ?

— C'est une des hypothèses, et je vous propose de fixer ensemble, dès maintenant, les solutions aux différentes possibilités. Si les terroristes ouvrent le feu : on entre dans l'avion. S'ils blessent quelqu'un ou tuent quelqu'un : on entre dans l'avion. Mais je le répète : un assaut d'urgence est la conduite la plus aventureuse et la plus défavorable. Nous y serons peut-être contraints et nous sommes prêts à l'assumer. Néanmoins, je privilégie d'abord une action discrète d'infiltration qui minimise les risques pour les otages. Et par conséquent, allège le prix politique de l'opération !

— Qu'entendez-vous par action discrète ?

— Elle a déjà commencé. Je ne vais pas vous la détailler, mais sachez que nos tireurs d'élite encerclent totalement l'avion et nous renseignent minute par minute sur ce qui se passe à l'intérieur. Que certains de mes hommes ont pu s'approcher de l'avion à l'occasion des différentes prestations d'« hôtellerie » et ont recueilli *de visu* des informations sur l'armement, l'habillement et le comportement des terroristes, des passagers et de l'équipage, ainsi que sur les moyens de pénétrer dans l'avion. Le *renseignement* est capital avant toute opération militaire.

— Très bien, mais avons-nous vraiment le temps ? La tension monte !

— Je comprends votre impatience d'en finir avec cette crise. Mais le temps des politiques n'est pas le temps opérationnel. C'est pourquoi je vous demande de valider les opérations à conduire, afin qu'en cas d'urgence, nous n'ayons pas à effectuer un dernier tour de table. Pour le reste, laissez-nous apprécier la situation, et donner du temps au temps.

— Bien. On fait comme cela. Il faut donc que nous reprenions les négociations. Que suggérez-vous ?

— Je pense qu'il faut changer de négociateur afin de relancer le dialogue avec une autorité « supérieure » au personnage qu'incarne M. Honner. Celui-ci continuera à analyser la situation aux côtés du nouveau négociateur.

Cabine de l'Airbus.
7 heures

Alors que les premières lueurs de l'aurore chassent peu à peu l'obscurité autour de l'avion, les otages découvrent le décor lugubre dans lequel ils ont atterri. Pas de projecteurs comme à Alger ni âme qui vive. Ils sont relégués sur un parking désert au milieu d'une pampa gelée balayée par un petit vent qui plie les rares touffes d'herbes. Au loin, le hangar abandonné d'où ne filtre aucune lumière est le seul indice qui montre qu'ils se trouvent bien sur un aéroport. Jamais le sentiment d'isolement n'a été si fort ni la déception plus grande. Ils espéraient joyeusement que leur arrivée en France serait le début de leur délivrance, ils se retrouvent seuls, au milieu de rien, avec comme seul spectacle une volée de corbeaux qui picorent des mottes de terre à côté du bitume, avant de s'envoler subitement, dérangés par on ne sait quoi. Inconscients de ce qui se joue dans les airs entre la tour et le cockpit, ils se résignent une fois de plus à l'attente, anesthésiés par la peur, la douleur et les désillusions, et s'enfoncent dans une hébétude morbide.

L'agitation à l'arrière de la cabine qui précède l'arrivée du ravitaillement dissipe en partie l'apathie générale. Yahia a délaissé le cockpit pour rejoindre ses hommes à l'arrière. Par la porte ouverte, leurs armes braquées, ils regardent avec suspicion les deux hommes qui sur le tarmac se livrent à une curieuse gymnastique. Ils ont retiré leur ciré jaune ceint de bandes fluorescentes et relèvent leur pull pour montrer leur ventre. Puis ils se retournent, déboutonnent leurs pantalons, les baissent, exposant leur anatomie. Le spectacle pourrait porter à rire, mais les deux gendarmes du GIGN qui ont revêtu l'uniforme du personnel de piste ne plaisantent pas : tenus en joue depuis l'avion, ils exécutent scrupuleusement les instructions du commando. Une fois rajustés, l'un d'eux demande s'ils peuvent livrer la marchandise. Yahia, après avoir inspecté les alentours, donne l'autorisation et les deux hommes se chargent des caisses qu'ils tirent d'une petite camionnette aux couleurs de l'aéroport de Marseille. Prenant bien garde de manifester le moindre intérêt suspect, ils se laissent fouiller en haut de la passerelle, puis commencent le transbordement.

Pourtant leurs yeux ne restent pas inactifs, ils constatent tout d'abord qu'aucun dispositif ne piège les deux portes arrière, puis ils recensent l'armement des trois terroristes, mémorisant l'origine des pistolets-mitrailleurs que Mustapha et Salim exhibent complaisamment. Leurs yeux exercés notent la capacité des chargeurs, la position des crans de sécurité, et tentent de déceler d'autres armes cachées et la présence d'explosifs. Ils « photographient » les visages des terroristes – qui n'ont pas jugé utile de mettre leurs cagoules –, détaillent les vêtements et relèvent mentalement la topographie des lieux. Leur travail terminé, ils ne s'attardent pas : leur rapport va enrichir de manière précieuse les indications du tableau blanc dressé dans le PC-OPS.

Pendant toute l'opération – qui se déroule sans encombre – les terroristes ne se doutent pas que leurs têtes sont cadrées dans le viseur des tireurs d'élite de Bouffy qui, invisibles sur le sol, protègent leurs camarades, tandis que, tapis derrière le hangar, les groupes du GIGN se tiennent prêts à intervenir en cas d'urgence.

La distribution d'eau fraîche et des plateaux-repas ranime l'atmosphère délétère de la cabine. Pendant que l'équipage distribue le petit déjeuner, les questions inutiles fusent : « Alors, quand est-ce qu'on repart ? » Le personnel de bord supporte dignement les éternelles demandes, auxquelles ils n'ont pas plus de réponse, se contentant d'expliquer : « On attend le kérosène ! », égrenant, au fil du temps, de maigres explications : « C'est trop tôt, il n'y a encore personne pour le livrer. » Ce qui a le don de déprimer Zahida qui sait parfaitement que sur un aéroport international on peut ravitailler les avions dès les premières heures matinales. Elle interpelle violemment Gilles, le chef de cabine : « Qu'est-ce qu'ils attendent ? J'ai critiqué les Algériens pour leur rigidité, mais les Français ne sont pas mieux ! Ne me dites pas à moi qu'il n'y a pas de personnel ! Ils se foutent de nous ! » Gilles, devant sa véhémence, lui souffle : « Il paraît que les essenciers refusent de venir jusqu'à l'avion. Ils ont peur ! » Ce qui lui vaut cette réplique frappée au coin du bon sens : « Voyons, les terroristes ont trop besoin de fuel pour tirer sur les essenciers. S'il y a des gens qui ne risquent rien, c'est bien eux ! »

Tour de contrôle.
7 h 30

Le préfet de police Alain Gehin, adjoint au préfet des Bouches-du-Rhône, a rejoint la salle des aiguilleurs, où se trouvent les négociateurs du GIGN. C'est lui qui a été désigné pour relayer Bernard Honner. Pendant quelques minutes, il suit, concentré, la conversation tendue entre le commandant de bord et le négociateur du GIGN. Elle tourne toujours autour des nouvelles demandes des terroristes, le plein de fuel, une quantité bien supérieure à celle nécessaire pour aller jusqu'à Orly. Le préfet Gehin est tendu lorsqu'il s'installe dans le fauteuil placé devant le micro, à côté des négociateurs du GIGN.

— *Le problème, c'est que les autorités et moi-même, nous posons beaucoup de questions sur cette quantité de carb...*

— *Oui ! figurez-vous que nous aussi, on se pose des questions ! La différence c'est que les autorités sont dans leur bureau et nous dans l'avion !*

— *Nous comprenons tout à fait ! Je vais vous passer une personne qui veut vous parler !*

En s'emparant du micro, la main du préfet Gehin tremble légèrement, mais sa voix est ferme et claire.

— *Monsieur Bernard Dellhemme, ici le préfet adjoint au préfet des Bouches-du-Rhône. J'ai été mis au courant de toutes les demandes que vous avez formulées. Nous avons satisfait toutes les demandes qui constituaient pour les passagers et l'équipage la satisfaction des besoins de confort. Il apparaît maintenant qu'une demande supplémentaire concerne le carburant, à savoir 27 tonnes qui s'ajouteraient aux 4 tonnes et demie actuellement en soute. J'aimerais avoir quelques précisions compte tenu de la quantité demandée.*

La réponse du commandant Dellhemme reprend une nouvelle fois les arguments exprimés depuis le début, et la lassitude perce sous ses propos : l'escale technique à Marignane... la volonté des terroristes d'aller jusqu'à Orly... leur promesse faite aux passagers... etc. Il conclut :

— *Après on ira peut-être ailleurs, de toute façon on n'est pas au courant et vous ne le serez pas plus ! Alors on met le carburant qu'ils demandent et après, on verra. C'est tout !*

— *Bien reçu ! Mais la question que je pose c'est : pourquoi tant de carburant pour aller jusqu'à Paris ? À vous !*

— Eh bien, je suppose qu'ils n'ont pas l'intention de faire affaire à Paris et qu'ils n'ont peut-être pas l'intention d'y rester ! Qu'est-ce que vous voulez y faire ?

Le préfet Gehin rebondit immédiatement sur cette hypothèse.

— Je comprends votre raisonnement. Mais s'il devait y avoir libération des otages à Orly, je m'interroge sur la raison pour laquelle cette libération ne pourrait pas intervenir à Marseille.

Le commandant Dellhemme est piégé entre le rôle d'intermédiaire que lui fait jouer le chef du commando, sa volonté de protéger ses passagers et son équipage, et la « mauvaise volonté » des autorités françaises à suivre un plan qu'il pensait tracé jusqu'à Orly. À cela s'ajoute l'extrême tension qu'il supporte, seul, depuis plus de quarante heures. Ses réponses reflètent son désarroi devant l'attitude des autorités françaises dont il ne comprend pas les raisons et dont il redoute – à juste titre – les conséquences.

Le préfet Gehin, conscient que cette incompréhension mutuelle est en train de déstabiliser le commandant de bord, décide de faire un break et demande un délai de réflexion. Pendant une quinzaine de minutes, les négociateurs et les autorités se concertent sur l'attitude à adopter. Puis Alain Gehin reprend le micro pour appeler le commandant de bord.

— Commandant... Pardonnez-moi, j'ai pris un petit délai... Je ne conteste pas que dans votre situation, vous trouviez qu'il est tout à fait important qu'on vous livre ces 27 tonnes de fuel ! Je comprends que vous ne puissiez, vous, prendre l'engagement éventuel d'un atterrissage à Orly et de la libération des otages soit à Marseille, soit à Orly ou ailleurs ! Est-ce que je peux entrer en contact avec le responsable du commando ?

— Je vais demander s'il veut vous parler, mais c'est pas sûr. C'était convenu depuis le départ que Marseille était une escale technique puisqu'on n'avait pas le carburant

nécessaire pour aller jusqu'à Orly. Donc on en reste là et personne ne descendra de l'avion. Moi je vais lui demander, mais c'est pas dit qu'il veuille vous reparler !

Le préfet Gehin insiste malgré les doutes du commandant. Il lui faut casser cette vaine spirale et pousser le commando à entamer de véritables négociations avec comme objectif la libération du maximum d'otages.

— *Tu m'entends, tu m'entends, monsieur le préfet ?*

— *Je vous entends, monsieur !*

—*Pardonne-moi, je ne connais pas bien le français, mais je parle un peu... Nous avons demandé de remplir de carburant, puis nous partons à Paris ! C'est là-bas qu'on va discuter toutes les choses. Inch'Allah !*

— *Autrement dit, monsieur, vous m'indiquez que vous libéreriez les otages à Paris ?*

— *C'est un problème, mais il te concerne pas !*

Le préfet Gehin, sans se démonter, reformule sa question en insistant sur le fait que son principal souci concerne la vie des otages.

— *La vie des otages, elle est très bien, très bien !*

Une discussion inaudible se déroule dans le cockpit. Le commandant intervient, parlant à la fois à Yahia et au préfet, expliquant que les autorités françaises s'inquiètent d'une aussi grande quantité de carburant.

— *Tu sais, dans tous les détournements d'avion, il faut toujours faire des réserves. On risque quelques problèmes comme quand nous étions en Algérie : nous sommes sans carburant et c'est fini ! C'est pour ça que nous ferons des réserves !*

Les échanges se poursuivent dans le cockpit sans que la tour puisse en comprendre le sens. Puis le commandant reprend la parole et tente de clarifier ce problème insoluble : il plaide pour que l'on accède aux volontés du terroriste, insistant sur sa détermination, et conclut :

— *Donc, il vient de répéter : de toute façon, il n'a qu'une parole, il a dit qu'il allait à Orly ! Il va à Orly... maintenant après, eh ben...*

— *Inch'Allah !*

À l'intérieur du cockpit, les pourparlers continuent entre Yahia et le commandant qui lui explique que les autorités françaises ne croient pas que les passagers veuillent aller jusqu'à Orly. Yahia va chercher une passagère pour qu'elle exprime le « point de vue » des otages.

— *Je vous écoute, madame !*

— *Oui, je crois qu'on vous a tout dit ! Je pense que vous êtes mal pour penser comme nous. Parce que c'est vrai qu'on a pu dialoguer avec eux et je pense qu'on n'a pas le choix que leur faire confiance. On doit partir sur Paris ! Jusqu'à maintenant on nous a rien fait : on a fait que parler. S'il vous plaît, ne nous mettez pas en danger plus que ça, parce que finalement, ils sont prêts à tout aussi ! Ne croyez pas que... Vous n'avez pas le droit de penser pour nous !*

— *Oui, madame, j'ai bien reçu votre message. Nous n'essayons pas de penser pour vous, nous savons bien que votre situation est extrêmement difficile. Ce que je voudrais dire au responsable du commando – s'il m'entend –, c'est que nous devons obtenir des garanties sur le fait que TOUS les passagers de cet avion auront la vie sauve !*

— *Tu m'entends, monsieur le préfet ?*

— *Oui, j'écoute !*

— *Alors à mon avis, toi, vous voulez que nous on va exploser tout ! On part tous d'ici !*

La tension déjà forte est montée d'un cran : Yahia menace directement son interlocuteur et, malgré les efforts du commandant pour essayer de temporiser, il n'y a plus de doute : le chef des terroristes n'envisage pas de libérer les otages, même en échange du fuel, et il persiste dans sa détermination d'aller à Paris, les soutes pleines. Pour les autorités françaises, cet indice vient confirmer leurs craintes qu'il s'agisse bien d'un commando suicide déterminé à faire sauter l'avion, de façon spectaculaire, au-dessus de la capitale. Yahia s'impatiente et, se sentant acculé, va rapidement confirmer le processus prédit par le commandant du GIGN. Après quelques échanges stériles entre la tour et le cockpit, Yahia s'empare du micro.

— Tu m'entends, monsieur le préfet ?

— Oui, je vous entends, parlez !

— Vous avez une heure et demie... pour décoller à Paris ! Il est 8 h 10, à 9 h 40, si on ne part pas... nous aurons des choses à faire !

Le chef du commando vient de poser son premier ultimatum aux autorités françaises. La menace, même imprécise, n'en est pas moins explicite et un silence pesant tombe soudainement sur la quarantaine d'« officiels » qui se sont rassemblés, sous un prétexte ou un autre[1], dans la salle vitrée au sommet de la tour de contrôle.

Aéroport de Marignane. Zone d'opérations. 8 h 30

Roland, comme les deux autres chefs de groupe, a mis l'unité en alerte maximum. Il a réuni ses hommes autour de lui et à proximité de la passerelle mobile qui doit les conduire pour l'assaut. Les hommes sont tous casqués, équipés et armés. Ils n'attendent plus que le signal de leur commandant. Celui-ci, accroché à son téléphone, discute intensément avec son interlocuteur. Roland jette un dernier coup d'œil professionnel pour vérifier si rien ne cloche dans leur équipement. Puis, levant la main, il demande le silence.

1. Tous les corps de l'administration, de la police, d'Air France et de l'État se sont peu à peu infiltrés dans la salle supérieure de la tour de contrôle, au mépris du travail et de la « sérénité » des négociateurs. Un des adjoints de Bernard Honner sera à plusieurs reprises obligé de demander le silence, pour que cessent les commentaires et le brouhaha qui perturbent les échanges avec le cockpit.

— Il y a une chose importante que je voudrais vous dire. Dans le zinc, on ne va pas être accueillis à bras ouverts. Nous savons maintenant que les terroristes sont puissamment armés et ne manquent pas de munitions. Il est vraisemblable que nous subissions des pertes. Aussi est-il essentiel que vous vous pénétriez bien de ce que je vais vous dire maintenant : *Si celui qui vous précède est touché et tombe, vous l'enjambez sans vous soucier de lui !* Vous continuez d'avancer quoi qu'il vous en coûte. C'est le prix à payer pour le succès de la mission. Me suis-je bien fait comprendre ?

Un silence brutal accueille cette déclaration. Elle va à l'encontre des sentiments fraternels qui lient les hommes du GIGN. Puis, les uns après les autres, intégrant le message, les hommes hochent la tête.

— Je veux vous entendre !

D'une seule voix, un peu rauque, les hommes prononcent leur acquiescement.

— Bien, on n'en parlera plus !

Cockpit de l'Airbus.
8 h 30

Les discussions entre la tour et les négociateurs prennent une tournure pathétique au fur et à mesure que l'heure de l'ultimatum approche. Deux volontés farouches et intransigeantes s'affrontent froidement dans cette tragédie à huis clos où la parole reste le seul rempart contre la barbarie. Ce verbe, il est incarné par le commandant Dellhemme, à la fois le premier des otages et le porte-voix de ses bourreaux. Pendant les minutes qui suivent, puis les heures d'après, il tient bon dans cette position impossible, pris en étau entre fanatisme et raison d'État.

Le *verbatim* des discussions entre la tour et le cockpit reflète exactement la violence de cette situation inextricable dans laquelle le commandant négocie pour sa vie et celle des autres otages, les mains liées, une arme dans le dos. Ses interlocuteurs, et en premier lieu le préfet Gehin, sont conscients de la pression insoutenable qu'il subit, mais aussi de l'importance de son rôle. Malgré leurs efforts pour le soulager en tentant de rentrer en contact direct avec le commando, Bernard Dellhemme reste, à l'exception de rares moments, le seul interlocuteur des terroristes. Encore faut-il que ce médiateur obligé demeure crédible auprès des preneurs d'otages. C'est sur ce fil périlleux que progresse le commandant de bord.

— *Laissez-nous une demi-heure. Il nous faut rendre compte aux autorités supérieures, il nous faut en discuter… Je vous demande de nous laisser jusqu'à 10 heures!* argumente le préfet.

— *Enfin moi, ce que je ne comprends pas, c'est depuis quand sur un aéroport il faut demander l'autorisation du préfet pour faire le plein d'un avion de ligne!*

— *Oui, mais avouez, commandant, que les conditions sont quand même très spéciales…*

— *Tu vas payer très cher, je ne sais pas avec qui! C'est nous qui décide, c'est pas vous ou le commandant de bord; c'est nous qui décide, tu vas payer très cher…*

— *Vous vous êtes coupés mutuellement, je pense que vous n'avez pas reçu la fin de son message. Mais il a dit qu'il était prêt à mourir ainsi que ses camarades du commando. Il est prêt à mourir sur le territoire si on ne satisfait pas à ses demandes. Ils n'ont aucun scrupule à ce niveau-là! Donc évidemment, s'ils sont prêts à mourir : nous avec!*

Pour les négociateurs, c'est la minute de vérité : il faut mentir! Ils demandent à parler au chef du commando. Yahia est en permanence dans le cockpit.

— *Le membre du commando est prêt, il vous écoute!*

— *Je voulais vous confirmer que nous étions en train de procéder aux opérations souhaitées, et que je vous demande un peu de patience, sachant que de notre côté, il y a aussi des problèmes qui se posent : il y a nécessité de procéder à une réquisition.*

C'est un mensonge particulièrement élaboré qui a été imaginé par les négociateurs : il consiste à faire croire aux terroristes que les autorités sont d'accord pour livrer le carburant mais que le personnel de l'aéroport refuse d'effectuer l'opération par crainte du danger. Cette fable doit être assez solide pour convaincre le commandant de bord. C'est le seul à pouvoir l'accréditer auprès des terroristes, dont les connaissances sur le fonctionnement d'un aéroport sont nulles et qui – jusqu'à présent – lui font confiance pour régler les problèmes techniques. La manipulation va être montée à deux voix par Bernard Honner et le préfet Alain Gehin.

Devant ce nouvel atermoiement, le commandant Dellhemme se montre tout d'abord sceptique et fait observer que, dans la nuit, plusieurs personnels se sont approchés de l'avion sans problèmes : les vidangeurs, les livreurs d'eau et même l'hôtellerie... Ce que confirme le négociateur, qui minimise le problème en précisant que les livreurs d'essence sont actuellement en discussion avec les livreurs d'eau sur le sujet.

Yahia intervient dans le débat :

— *Monsieur le préfet, tu m'entends ? N'oublie pas qu'il est 9 h 10. Il reste trente minutes, tu sais ! On discute, mais ne discute pas trop, hein !*

— *Je fais un petit break de cinq minutes ! Je vais voir moi-même ce problème des essenciers !*

En fait, le préfet ne bouge pas, se concentrant sur le scénario qu'il est en train de mettre sur pied. Au bout de quelques minutes, il reprend contact avec le commandant de bord.

— *J'ai un problème, un vrai, avec les essenciers !*

Il explique que les journaux du matin sont sortis, relatant les événements de la veille et que, du coup, le personnel de l'aéroport s'est réuni en assemblée générale, refusant de s'approcher de l'avion. Pendant de longues minutes, le commandant de bord argumente pour assurer qu'ils ne risquent rien. Yahia, qui suit le débat, promet qu'il laissera le personnel faire son travail. Il propose même de l'expliquer directement aux essenciers. Le préfet saute sur l'occasion.

— *Commandant, si je comprends bien, vous voulez que je fasse venir un responsable des chauffeurs de camion pour qu'éventuellement, vous puissiez dialoguer avec lui depuis l'endroit où je me trouve ?*

C'est une bonne nouvelle qui prouve que la manipulation est prise au sérieux dans le cockpit. Pour enfoncer le clou, le préfet lit au micro quelques manchettes des journaux : « ALGER : UN OTAGE FRANÇAIS EXÉCUTÉ » et ce gros titre de circonstance, qu'il invente de toutes pièces : « ALGER : TERREUR SUR LA PISTE ! »

— Malgré tout, ajoute le préfet, je vais tâcher de faire venir deux ou trois chauffeurs au micro pour que vous leur expliquiez la situation.

Celle-ci n'est pas trop mauvaise pour les négociateurs : ils sont parvenus à détourner la pression exercée sur eux par le chef du commando. La récompense leur parvient peu après : le commandant leur annonce qu'il est parvenu à faire repousser l'ultimatum. Le répit est de courte durée : Yahia propose par l'intermédiaire du commandant qu'on amène le camion de carburant à 150 mètres de l'avion. C'est Alain, le mécanicien, qui ira le chercher et qui fera le plein. Il descendra de l'avion grâce à une échelle de corde !

Il faut tout de suite tuer cette possibilité dans l'œuf. Les négociateurs cherchent désespérément la parade.

— *Euh ! Il y a des blocages, commandant ! Il faut aussi qu'on puisse sortir le camion du dépôt... compte tenu des difficultés avec les hommes !*

— *Enfin, il n'y a pas de piquets de grève, quand même !*

Dans la salle, les « spectateurs » retiennent leur souffle. Le public d'« officiels » qui assiste, comme au théâtre, à ce scénario à rebondissements. Le préfet, imperturbable, poursuit son raisonnement.

— *Je vous ai dit tout à l'heure qu'il y avait un problème de réquisition, et maintenant, on a un nouveau problème : il faut qu'on réquisitionne le camion auprès de la direction générale de Total à Paris. Donc, vous voyez la difficulté !*

La ficelle est un peu grosse ! Surtout pour le commandant qui commente, sarcastique.

— *Alors là, je crois que vous en rajoutez beaucoup : vu les quantités de carburant qu'Air France achète à Total par jour, je crois que là, il y a un petit peu abus de votre part !*

Alain Gehin développe son mensonge, en envisageant de nombreuses alternatives : tenter de « raisonner » les essenciers; réquisitionner un camion sur l'aéroport militaire d'Istres, « *mais il faut nous donner du temps pour le faire venir...* »; contacter la direction de Total, etc. Toutes ces manœuvres, prouvant la bonne volonté des autorités aux prises avec un malheureux contretemps technique, sont destinées à amener les terroristes à négocier à Marseille.

Avec ce subterfuge, les ultimatums ont pu être repoussés d'une heure, grâce aux interventions du commandant qui, inlassablement, parlemente avec la tour. Yahia est sorti du cockpit.

— *Monsieur l'adjoint du préfet, j'ai une question à vous poser.*

— *Je vous écoute !*

— *Est-ce que le fait de ne pas donner de kérosène et de laisser se perpétrer des exécutions à bord ne serait pas de la non-assistance à personne en danger ?*

— *Je ne crois pas, commandant, parce qu'il y a une autre formule qui est aussi dangereuse : c'est celle qui consisterait à laisser redécoller un avion qui n'arriverait jamais à Orly !*

— *Je viens de leur poser la question. Ils m'ont dit qu'il n'a jamais été question de ce genre de choses, surtout avec tous les ressortissants algériens qu'il y a à bord !*

— *Commandant, c'est vous qui m'avez dit tout à l'heure qu'ils étaient prêts à aller jusqu'au bout !*

La conversation s'enlise dans des arguties répétitives, jusqu'à ce que le commandant lâche une information importante pour les autorités françaises.

— *Je pense qu'ils sont décidés à aller à Orly ! En fait, ils veulent être près de Paris parce que je pense qu'ils veulent faire un genre de conférence de presse ou quelque chose comme ça. Ils n'ont pas réussi à Alger à avoir des contacts avec les médias, et je pense que pour eux, le but c'est la capitale ! Il arrive…*

Yahia, revenu dans le cockpit, prend la parole d'un ton un peu exalté mais sans menace.

— *Nous avons décidé de partir pour Orly, je veux dire nous connaissons bien Paris, c'est un pays, c'est bien ! Il vient des presses étrangères de tout le monde. Nous avons à faire des déclarations, des déclarations, à déclarer là-bas ! Nous avons décidé Paris-Orly !*

L'aubaine est trop belle pour que les négociateurs la laissent passer. Le préfet Gehin, qui ne perd pas le fil de son objectif, lui répond directement.

— *S'il y a un geste de bonne volonté de votre part avec la libération des otages et la libération de l'équipage, la même presse qui est à Paris, elle est ici en ce moment ! Elle n'est pas à Paris, elle est là ! Il y a beaucoup de monde qui suit ce qui se passe autour de cet avion et dans cet avion, à la fois ici, à Paris et dans le monde entier. On peut donc discuter là-dessus ! La seconde chose, c'est que vous me dites : « Je vais à Orly ! » Mais jusqu'à présent, les seuls gestes de bonne volonté, c'est nous qui les avons faits ! Alors moi, je ne peux pas vous croire, je veux dire : pour l'instant je ne peux pas vous croire !*

— *Nous sommes des musulmans, des musulmans de parole. Quand je te dis j'ai une parole, c'est une parole !*

— *Si vous voulez faire une conférence de presse, on peut l'organiser ici. Je répète, compte tenu du nombre de journalistes qui sont ici à Marseille, elle aura plus de retentissement qu'à Paris !*

Aéroport de Marignane. Airbus GIGN. 11 h 30

Jeff, le jeune magasinier du GIGN, s'applique à approcher la passerelle juste au ras de la porte avant droite de l'Airbus. Il commence à maîtriser la machine qui possède un petit viseur au niveau du pare-brise pour bien cadrer son engin.

Profitant d'une éclaircie dans les négociations, les trois chefs de groupe ont décidé de procéder à un ultime entraînement sur l'Airbus qui les a ramenés de Majorque et qui est garé – hors de la vue des pirates – près de la tour de contrôle. Puce, le nouveau chef du troisième groupe, tient à synchroniser l'action de ses hommes à celles des deux premiers groupes et à souder son équipe constituée au dernier moment. Il lui manquait un conducteur pour la troisième passerelle et c'est la chance de Jeff, jeune gendarme depuis quatre ans au GIGN, chargé de gérer le « magasin » du Groupe : armement, fournitures, équipements… Jeff n'est pas un opérationnel, mais sa conscience professionnelle et sa rigueur lui valent l'estime de ses camarades ops. Il accepte aussitôt la mission et se familiarise avec la conduite de l'engin. Sa mission n'est pas facile : il doit amener, comme les deux autres conducteurs, son camion-passerelle le plus vite possible à proximité de l'avion, tout en le positionnant exactement et avec précaution devant la porte, pour éviter de tamponner l'appareil et d'endommager le système d'ouverture.

Jeff constate tout de suite que sur l'avion, la porte avant de l'appareil est sensiblement plus basse que les deux portes arrière. Aussi règle-t-il soigneusement sa passerelle, à une trentaine de centimètres au-dessous de la hauteur prévue pour les deux autres engins. Puis, satisfait de son travail, il continue l'entraînement d'assaut avec les membres de son groupe.

L'ultime test, auquel participe le commandant Favier, se déroule correctement. Au cours d'un bref briefing avec les trois chefs de groupe, la décision est prise : si les terroristes refusent de négocier et de libérer les otages, l'assaut sera lancé juste à la tombée de la nuit, entre chien et loup, pour tirer profit de l'obscurité montante. C'est le moment que le commandant Favier choisit pour annoncer qu'il rejoindra le groupe de la porte avant droite, se transformant pour l'occasion en coéquipier d'intervention.

Tous les hommes rejoignent leur « cantonnement » à l'arrière du hangar des Canadair sans prêter attention aux manœuvres d'un gros camion de la Sécurité civile qui pénètre dans un autre hangar, dont on referme soigneusement la lourde porte.

Quelques personnes se rassemblent autour du chauffeur.

— On décharge maintenant ?

— Pas pour le moment. On nous préviendra. Vous en avez combien ?

— J'apporte les cinquante cercueils selon les instructions.

Le chauffeur ouvre la porte de son camion où, bien rangées les unes sur les autres, s'entassent les boîtes de bois verni. Le responsable de la Sécurité civile contemple le chargement sans broncher.

— Que personne ne pénètre dans le hangar. Faites attention aux journalistes ! On dressera la chapelle ardente ici même.

Les experts de la cellule de crise du ministère de l'Intérieur ont évalué un bilan « acceptable », après l'assaut, d'une trentaine de morts parmi les otages et d'une dizaine de tués parmi les gendarmes du GIGN.

11.

26 décembre

Cabine de l'Airbus. 11 h 30

Le commandant Dellhemme a quitté le cockpit et effectue un petit tour en cabine, considérant en souriant chaque passager qui le salue au fur et à mesure de sa progression. Malgré la tension qui ne le quitte pas, il arbore un calme et une sérénité qu'il est bien loin d'éprouver. Son apparition a le don d'apaiser l'angoisse des otages et de dissiper provisoirement leur sentiment d'avoir été abandonnés à leur sort.

Le stress commence à produire chez certains des comportements et des réactions surprenants. Un passager, jusqu'alors parfaitement calme, se lève brusquement en criant : « Maintenant ça suffit, je veux rentrer chez moi ! » Il prend ses affaires et se dirige vers la porte arrière qu'il tente d'ouvrir. Avant que Mustapha n'intervienne, Christophe le steward l'intercepte et le ramène doucement à sa place. L'homme récidive à plusieurs reprises, annonçant qu'il part « faire son jardin ». De plus en plus souvent, des otages, hommes comme femmes, partent dans un fou rire hystérique qui se propage, convulsionnant des rangées entières. Ces rires nerveux agacent le glacial Mustapha qui accompagne en personne les plus atteints pour qu'ils se passent de l'eau sur le visage.

Le personnel navigant n'est pas à l'abri de ces soudaines crises. Après un somme agité, Gilles s'adresse aux autres stewards en chuchotant mystérieusement. Il ne tente pas de monter un complot, mais s'inquiète de son état physiologique : « Les mecs, est-ce que vous bandez depuis le détournement ? » Devant l'air effaré de ses interlocuteurs, il précise : « Moi, lorsque je me réveille, je bande toujours ! Et depuis deux jours : rien ! » Les autres, ne sachant s'il plaisante ou commence à débloquer, le rassurent sur ce point : eux non plus ! [1]

Salim, le plus jeune des terroristes, qui ne parle pas un mot de français, braque soudain sa kalachnikov sur Richard, le steward stagiaire, et lui intime par un geste l'ordre de le suivre. Celui-ci fond silencieusement en larmes, pensant que son tour est arrivé. En fait, il ne s'agit que d'aller porter de l'eau aux passagers à l'avant de l'appareil. Le jeune homme s'acquitte de sa tâche en tremblant. Depuis deux heures, Richard a une singulière impression : les passagers, lui semble-t-il, le regardent différemment. Il a beau lutter contre ce malaise, l'attribuant à un accès de paranoïa, il ne peut s'empêcher de quêter les expressions pour y déchiffrer un message. En vain. Il ne rencontre que des sourires contraints et des yeux fuyants. Zahida, comme beaucoup de passagers parlant arabe, a deviné que les terroristes ont choisi Richard pour être leur prochaine victime. Elle a entendu le Maboul dire à une jeune fille en le désignant du doigt : « Je vais lui mettre la bombe autour du cou, et je verrai son crâne exploser. Il y aura du sang partout... » D'autres ont surpris quelques mots explicites lors de conciliabules entre les membres du commando.

Au fond de la cabine, un curieux manège se déroule dans le *galley* : Claude l'hôtesse et l'une de ses collègues sont en grande conversation mystique avec Maklouf.

1. Épisode raconté dans le livre de Zahida Kakachi et Christophe Morin, *op. cit.*

Celui-ci propose aux deux femmes, qui ont montré jusqu'ici le plus de « coopération » avec le commando, de se convertir à l'islam. Claude accepte aussitôt, malgré les réticences de sa collègue. « C'est très simple, explique Maklouf, il suffit de répéter avec conviction la profession de foi. » Il griffonne sur un emballage de sachets de thé Lipton la formule sacrée : *Ashhadu an lâ ilâha illâ Llâhu wa anna Muhammadan rasûlu Llâhi*[1]. Claude répète la *Chahada*, formule que l'on récite rituellement à l'oreille des nouveau-nés et à celle des mourants. Maklouf est radieux : il vient d'obtenir deux conversions qui lui seront prochainement comptées au Paradis. Il va aussitôt annoncer la bonne nouvelle à Yahia qui tient à venir féliciter en personne la nouvelle convertie en lui conférant le titre de « *Hadja Claude* ». L'hôtesse remarque :

— Tu ne peux pas m'appeler *Hadja* Claude. Je ne suis pas *Hadja,* je n'ai pas fait le pèlerinage de La Mecque !

— Non, mais c'est par respect !

— Tu me trouves si vieille que ça ? C'est vrai que je pourrais être ta mère !

Yahia ne semble pas apprécier l'allusion. Claude persévère.

— Bon, c'est d'accord pour *Hadja*, mais Claude : non. Tu dois me donner un prénom musulman.

— Alors... Khadîdja. Tu connais ce prénom ?

— Oui, j'ai lu la vie de Mohamed et un peu le Coran : c'est celui de la femme du Prophète. Une riche veuve plus âgée que lui. Ils ont vécu vingt-cinq ans ensemble, je crois.

Hadja Khadîdja est enchantée de l'effet que produit sur Yahia l'étendue de ses connaissances. Un peu éberlué, le terroriste ajoute perfidement :

— Alors, quand je te donne ma parole de musulman, tu sais ce que cela veut dire !

1. « J'atteste qu'il n'y a pas d'autre Dieu que Dieu et que Mohamed est son Prophète. »

— Oui, évidemment. Et c'est pour cela que j'ai confiance en toi[1].

Zahida continue à renseigner discrètement l'équipage sur ce qui se dit en arabe. Mais elle préfère ne pas tout traduire. D'autant que son manège a été repéré par d'autres passagers. L'un d'entre eux, qui manifeste depuis le matin une servilité suspecte auprès du commando, la dénonce carrément à Maklouf. Alors qu'elle échange quelques mots avec Christophe et Gilles, le Maboul l'interrompt vertement.

— Qu'est-ce que tu es en train de leur dire ?

— Ils me posent des questions et je traduis ce que vous dites, c'est tout...

— Maintenant tu ne traduis plus. Tu ne leur parles plus, compris ?

Zahida continue pourtant, en redoublant de prudence, triant néanmoins les informations qu'elle communique à l'équipage. Par exemple, lorsque la veille Yahia a lâché en arabe à l'adresse des otages : « Vous vous en sortirez : nous partirons à Paris, mais pas eux... Eux, ils mourront ! », en désignant l'équipage, elle a gardé pour elle cette petite phrase cruelle, estimant que de toute façon, la parole de Yahia n'a aucune valeur, et que tous sont embarqués dans le même cauchemar.

Tour de contrôle.
12 heures

La négociation se poursuit entre la tour et le cockpit. Elle concerne à ce moment l'éventualité d'une conférence de presse organisée à l'intérieur de l'avion. Cette possibilité a été envisagée grâce à la médiation du commandant de bord et d'un passager-otage, le colonel

1. Claude Bertaud, *op. cit.*

Abdelmadjid Aouchiche[1]. Le principe en a été accepté par le préfet Gehin qui s'est empressé de l'assortir d'une nouvelle demande de libération. Éventualité catégoriquement rejetée dans un premier temps par Yahia. Après d'âpres discussions entre le commandant de bord, le chef des terroristes et les négociateurs, une embellie semble se produire, annoncée depuis le cockpit.

— *Attendez, hein, ça discute !*

— *Je reste à l'écoute, commandant !*

— *Donc, dès... après cette conférence de presse, donc ce premier contact, ils libéreront quelques otages !*

Pour les négociateurs, c'est le premier pas véritablement encourageant. Pour la première fois, le commando envisage de libérer des otages à Marignane ! Le préfet tente d'exploiter cet avantage. De sa voix « posée, grave, monocorde, qui apaise considérablement la tension qui peut parfois régner dans la cabine », de l'aveu même de Bernard Honner le négociateur du GIGN, en permanence à ses côtés, « [le préfet] fait un travail remarquable », retranscrivant exactement, avant les prises de parole, la tactique mise au point entre les deux hommes.

— *Oui, bien reçu, commandant ! Je crois que vous avez établi un climat de confiance avec eux. Essayez de faire passer le message, là. Je crois qu'il faut que chacun fasse un pas. Je vous ai donné les modalités de l'organisation de la conférence de presse, mais je crois qu'il faut – même si, comme vous le dites, ils ne peuvent pas abattre toutes leurs cartes d'un seul coup – il faut que le bout du processus, ce soit bien la libération de tout le monde, y compris de l'équipage ! Cela va de soi dans mon esprit.*

— *Ouais ! Bon, on fera le maximum ! C'est sûr qu'il y a un climat de confiance entre nous, mais... peut-être que dans une heure, ce sera complètement l'opposé ! Il ne faut pas se faire trop d'illusions quand même !*

Bernard Dellhemme n'est pas dupe. Il sait que depuis deux jours, les moments d'extrême tension ont succédé

1. Ancien ministre de l'Urbanisme du gouvernement de Chadli Bendjedid entre 1980 et 1982.

à ceux de relative détente, mettant à vif les nerfs de tous les protagonistes. Il se lance néanmoins, avec le préfet Gehin, dans la laborieuse organisation de cette conférence de presse.

— *A priori, ils voudraient une équipe de télé, mais pas n'importe laquelle! Soit TF1 soit éventuellement France 2, ça, il n'y a aucun problème là-dessus. Une équipe de presse écrite... française avec quelqu'un parlant arabe!*

— *On va trouver! En revanche, la presse écrite allemande, je ne suis pas certain qu'il y en ait... qu'il y ait un correspondant de journal allemand sur place, mais on doit pouvoir essayer de trouver!*

— *Bien reçu!*

— *Bon, de toute façon, ça se discute un peu! ça évolue : maintenant, la deuxième équipe télé, c'est CNN!*

— *C'est le même problème que pour l'allemand, il faut qu'on voie si on peut trouver une équipe de CNN sur Marseille!*

— *D'après ce que vous avez dit tout à l'heure : il y a des journalistes de toutes nationalités autour de l'aéroport!!*

Le préfet Gehin assure que tout est entrepris pour réunir les équipes de journalistes, puis revient sur la libération des otages.

— (...) *Nous sommes prêts à faire ce pas, un pas en échange duquel il faut qu'il y ait un geste... absolument définitif de la part des te... du commando ! Je crois que ce geste, c'est qu'une fois que leur explication a eu lieu devant la presse si – je le redis – on arrive à trouver tout le monde! après, il faut qu'il y ait un engagement d'hommes de leur côté... et cet engagement d'hommes, ce ne peut être que la libération des otages, la libération de l'équipage et... l'attention bienveillante du... gouvernement français en ce qui concerne les membres du commando ! Je crois qu'il faut prendre un engagement solide là-dessus!*

— *Tu m'entends ? Nous avons demandé la presse... et nous avons dit au commandant, bon, que nous allons relâcher quelqu'un... quelques-uns ! Vous pouvez maintenant chercher les journalistes et après, on va discuter ce qui convient...*

À part cette vague promesse, Yahia refuse de s'engager plus avant. Ce n'est pas suffisant pour les négociateurs qui redoutent de fournir au commando, avec les journalistes, un contingent d'otages supplémentaires. Néanmoins, la pénible discussion continue, entrecoupée de périodes de « réflexion » imposées par la tour.

Elles sont mises à profit par l'état-major du GIGN qui organise – au cas où – une « fausse » équipe de télévision, selon la tactique préconisée par Denis Favier d'utiliser tous les moyens d'« infiltration » susceptibles d'éviter un assaut de front. Les gendarmes du Groupe sont ainsi entraînés à intervenir sous couverture en apprenant les gestes professionnels d'un certain nombre de métiers qui peuvent leur être utiles dans l'accomplissement de leurs missions.

Toutefois, la perspective d'une conférence de presse a changé l'ambiance dans l'avion et les relations entre le cockpit et la tour. Ce que confirme le commandant de bord.

— *On a des requêtes à formuler, mais d'une tout autre nature que ce qui est en train de se négocier. Vis-à-vis du personnel au sol, vous pouvez leur dire qu'il y aurait une bonne ambiance et qu'on... s'est détendus. Et on pense à restaurer nos passagers qui ont déjà pas mal tapé dans les provisions de bouche qu'ils comptaient ramener chez eux. Est-ce que vous pouvez passer une commande à Air France pour ça ?*

Le commandant égrène alors sa liste : sandwichs, eau, gobelets, serviettes rafraîchissantes et des fruits, « *les mandarines ont été beaucoup appréciées* », du thé et du café. Il demande également qu'on vide les sanitaires à l'arrière.

Cette nouvelle commande d'hôtellerie est une bonne occasion pour les négociateurs d'insister sur leur objectif : amorcer la libération des otages. Le préfet revient sur l'organisation de la conférence de presse.

— (...) *Je crois qu'il va falloir qu'on prenne des précautions avec les journalistes, hein, parce qu'ils sont un peu craintifs ! Je crois que nous, de notre côté, il faudrait qu'on puisse les rassurer.* (...) *Ça serait pas mal que l'on puisse envisager de libérer quelques otages avant la conférence de presse.* (...) *Je le répète, toute la presse est autour de l'aéroport : il faut qu'il y ait un geste de... de détente. Je pense que si on libérait quelques femmes, ce ne serait pas mal !*

— *Bon, on soumettra ! Puis j'en profite, comme il n'y a personne dans mon dos, pour vous dire que j'apprécie votre petit scénario ! Mais je pense que les journalistes sont tous en train de se battre pour être les premiers à monter dans l'avion ! Donc au niveau de la sécurité des journalistes, ben... je pense que c'est à eux de courir le risque ! Ils sont comme nous après tout !*

La conversation se poursuit alors sur la manière de faire venir une passerelle à l'arrière gauche de l'avion pour permettre d'apporter l'hôtellerie et de faire pénétrer les équipes de télévision dans l'avion. Mais le commandant a une nouvelle requête à formuler.

— *Nos hôtesses, qui sont toujours pleines de bonne volonté, me disent que si on leur amenait aussi des aspirateurs utilisés par les services de nettoyage, elles passeraient un coup d'aspirateur dans la cabine, parce qu'elle est vraiment dans un état lamentable ! Il y a même des passagers qui donneraient un coup de main !*

Cabine de l'Airbus.
13 heures

L'annonce d'une probable conférence de presse et de l'arrivée du ravitaillement a secoué la torpeur des otages. Toute animation étant bonne à prendre, elle permet aux passagers et à l'équipage de se distraire de leurs pensées moroses. La distribution des sandwichs où Air France a bien précisé sur les emballages : « Dinde », redonne un peu de vigueur à des organismes engourdis et reclus de crampes dues à une trop longue position assise. Les serviettes à l'eau de Cologne permettent à la plupart de se rafraîchir, après que Claude a demandé à Yahia si l'alcool qu'elles contiennent ne gêne pas ses convictions. Le chef du commando, sachant que les passagers ne risquent guère de les mâchouiller, donne sa bénédiction et distribue lui-même les petits sachets.

S'avisant alors que le personnel navigant masculin a des barbes de trois jours, les hôtesses invitent leurs collègues à se raser en utilisant les rasoirs électriques « en vente à bord ». Tout l'équipage masculin, dans l'attente de l'arrivée des journalistes, se rase, imité par les membres du commando et quelques passagers. L'enthousiasme généré par ces ablutions s'étend au nettoyage de la cabine et Claude, emballée par cette atmosphère qui rappelle – selon ses écrits – celle de *La croisière s'amuse*, décide de fixer pour la postérité ces heureux moments. Elle prend une série de clichés des passagers, avec un appareil jetable, demandant à tous de sourire. Les membres de l'équipage refusent néanmoins de se plier à cet exercice indécent; quant au chanteur Ferhat Mehenni, pris en photo contre son gré, il y montre un visage sévère[1].

Paris. Hôtel Matignon.
13 heures

Nicolas Sarkozy, porte-parole du futur candidat à la présidence de la République, a rejoint Édouard Balladur et son directeur de cabinet Nicolas Bazire pour le déjeuner dans une petite salle de l'hôtel du Premier ministre. La conversation tourne bien entendu autour du détournement et de ses conséquences sur la candidature à la présidence de Balladur. Différents scénarios sont envisagés, selon le bilan éventuel après l'intervention du GIGN. Les estimations du ministère de l'Intérieur, qui prévoient plusieurs dizaines de morts parmi les 173 otages, jettent un froid. Les trois hommes tombent d'accord pour préparer le communiqué de Matignon et une intervention solennelle du Premier ministre à la télévision.

— Le président vous a appelé ?

— Non ! Il s'est bien gardé de se manifester ! C'est Védrine qui le tient au courant à Venise. Il ne bougera pas tant que l'affaire n'aura pas abouti et m'en laissera porter toute la responsabilité. De toute façon, il soutient Chirac en sous-main. Juste retour des choses puisqu'il l'a aidé en 1981 contre Giscard !

— Chirac est toujours à La Réunion ? Qu'est-ce qu'il peut bien y fabriquer ?

— Campagne ! C'est la seule chose qu'il sait faire ! Lui aussi attendra l'issue de la crise pour se manifester ! Et donner des leçons, bien entendu !

— Tous les sondages vous sont favorables en ce moment !

---

1. Ces photos – attribuées à un passager – furent publiées dans *Paris Match*. Cet épisode est relaté dans le livre de Zahida Kakachi et Christophe Morin, *op. cit.*

— Oui, mais le RPR est tout acquis à Chirac et l'UDF me soutient mollement ! Cette affaire, si elle se termine tragiquement, risque d'être gravement préjudiciable à ma candidature ! Messieurs, je vais me retirer. Merci, Nicolas, d'être venu dans ces moments difficiles !

— Vous ne voulez pas suivre les événements à la télévision ?

— Non. Je n'ai pas envie d'écouter les commentaires inévitablement creux des journalistes et leurs analyses insipides. Bazire me tiendra au courant s'il se passe quelque chose.

Édouard Balladur se retire dans son bureau et, pour tromper l'attente, s'attelle à corriger les réponses d'une interview sur « Le rôle de l'État dans la vie culturelle ».

Aérogare de Marseille-Marignane.
14 heures

Les portes de l'aérogare internationale ont été fermées depuis la veille et le trafic aérien détourné sur les autres plates-formes de la région. Ce n'est pas pour décourager la centaine de journalistes, de photographes et d'équipes de télévision qui ont convergé vers l'aéroport dans la nuit, dès l'annonce de l'atterrissage de l'Airbus. La quasi-totalité des médias français et d'une bonne partie du monde ont envoyé des équipes pour couvrir l'événement qui, en ce lendemain de Noël, fait la une de la presse nationale. Les rares informations qui filtrent ont bien du mal à se distinguer dans le fatras de rumeurs extravagantes reprises « au conditionnel » par les envoyés spéciaux des médias, télé et radio, contraints de tenir l'antenne.

Les équipes se sont dispersées aux alentours de l'aéroport pour tenter d'avoir une vue de l'avion, mais l'éloignement ne leur permet que de retransmettre des images prises à plusieurs centaines de mètres. Les reporters les plus expérimentés, munis de scanners, parviennent néanmoins à intercepter les négociations qui se déroulent entre la tour et le cockpit, dont ils distillent, à mots couverts, les péripéties. Les deux grandes chaînes, TF1 et France 2, se livrent une concurrence féroce, d'autant que LCI[1], première chaîne française d'information continue, créée quelques mois auparavant, a bien l'intention de prouver son existence à l'occasion de cet événement. En consacrant son antenne non-stop pendant cinquante-deux heures au détournement, alternant plateau depuis Paris et direct depuis Marignane, LCI compte s'imposer à l'instar de son modèle CNN dans le monde des médias. Les circonstances vont lui en fournir les moyens.

Cockpit de l'Airbus.
15 heures

Le commandant de bord profite d'un moment où Yahia s'est absenté de la cabine pour remettre la question du carburant sur le tapis. Mais cette fois, ce n'est pas pour faire le plein.

— *Il y a une évolution… disons une amélioration en ce moment mais on pense que ça va pas trop durer. Il faut quand même penser à notre carburant : il faudra de toute façon nous en donner un peu, parce que si jamais on a un arrêt APU*[2]*, il y a des risques… Je ne sais pas si ce sera le carburant ou l'huile en premier, mais on n'en a plus pour très longtemps avec l'APU ! Sans, ce sera dur de passer la nuit. Et si on se retrouve dans le noir, sans électricité et sans conditionnement d'air, je ne sais pas comment ça va évoluer !*

Les négociateurs sont pris de court par cette demande. Après un bref blanc pendant lequel ils consultent les spécialistes de l'aéroport, le préfet reprend la parole :

---

1. Filiale de TF1.
2. Générateur auxiliaire. Voir notes p. 67 et 179.

— *Commandant, de toute manière, il y a la solution de recourir à un groupe électrogène !*

— *Bien sûr, mais le problème du groupe électrogène, c'est qu'il* [se branche] *devant l'avion et qu'il nous empêchera de partir. On en revient toujours à ça !*

— *Commandant... je crois que là... On va reprendre notre dialogue... de tout à l'heure. On va vous laisser d'abord manger... mais je crois... je le répète : on est à un moment où... on ne peut pas envisager de laisser repartir l'avion ! [...] Je crois, commandant, qu'il faut qu'on soit bien clair là-dessus ! Je répète : il faut que nous avancions l'un et l'autre, avec le concours du commando, sur le fait qu'il faut que nous visions à un dénouement ici !*

— *Enfin, nous disons... moi je dis : il faut toujours garder une autre solution sous pression ! Parce que, le dénouement ici... on est loin d'en être assurés !*

Pendant cet échange, Yahia est à l'arrière de la cabine pour surveiller les opérations de vidange des toilettes et de livraison d'eau potable. Une vieille dame se lève à son passage et tente de le suivre vers cette porte ouverte à l'arrière devant laquelle s'entassent encore les sacs poubelles qui attendent d'être évacués. Tremblante, elle fait quelques pas, puis s'écroule dans l'allée, retenue de justesse par une passagère. Elle sanglote, les larmes coulent sur son visage ridé, sans qu'elle tente même de les essuyer. Son mari, un homme âgé lui aussi, digne et austère, vient à son secours, se déplaçant avec difficulté, il l'enlace tendrement. Yahia considère la scène sans broncher. Il reconnaît ce couple, dont il avait autorisé la libération à Alger. La vieille dame, alors, n'avait pas eu la force d'enjamber les corps des deux otages exécutés qui gisaient sur la plate-forme. Incapable de les fouler aux pieds, elle avait préféré renoncer à la liberté et était retournée à sa place, ravalant ses larmes. Son mari l'avait suivie, sans accorder le moindre regard aux terroristes, stupéfaits de cette renonciation.

— Vous pouvez partir ! Tous les deux ! Suivez-moi !

Yahia s'est exprimé en arabe. Il accompagne le couple jusqu'à la porte et leur montre la piste qui s'étend, déserte, à perte de vue. Les deux vieillards, se soutenant mutuellement, descendent péniblement l'échelle et s'engagent sur le tarmac, silhouettes vacillantes portées par l'énergie de toute une vie partagée.

Le conducteur de la passerelle, un homme du GIGN, prévient aussitôt les autorités par la radio du bord.

— Ils viennent de libérer deux otages.

Le couple est pris en charge par les services de secours. Pendant que la femme reçoit des soins, l'homme dresse pour les forces de police un tableau complet sur les terroristes, leur armement et les explosifs qu'ils détiennent à bord. Ces informations vont préciser et compléter celles qui figurent déjà sur le tableau blanc dans le poste de commandement opérationnel du GIGN. Il reste dorénavant 171 otages à bord de l'Airbus d'Air France.

Marignane. Tour de contrôle.
15 h 30

La libération des deux otages, contrairement à ce que l'on pourrait penser, n'est pas le prélude à une solution à l'amiable. Bien au contraire, la situation se détériore à l'intérieur du cockpit où le commandant continue, sans dévier de sa voie, à négocier les modalités d'une conférence de presse qui devient de plus en plus illusoire.

— Oui, commandant, j'ai enfin réussi à regrouper TF1 ! Je pense que... ça va être dur parce qu'ils étaient partis ailleurs ! Je pense qu'on va être mûrs dans... dix, vingt minutes maximum !

— D'accord, sinon pour Associated Press, Reuter ou la presse allemande, est-ce qu'il y a quelqu'un qui parle arabe... dans ces trois groupes ?

— Vous m'avez dit que vous annuliez les agences internationales que je vous avais proposées, faute d'interprètes ! Donc, je vais faire chercher des interprètes pour ces deux agences. Mais ça risque de prendre un peu de temps.

Les négociateurs sont résolus à faire traîner les négociations pour tester la détermination des terroristes à obtenir une tribune, dans l'hypothèse – de plus en plus improbable – selon laquelle ce serait l'ultime but de cette prise d'otages. En outre, la décision ayant été arrêtée par Denis Favier d'intervenir à la tombée de la nuit, les négociateurs tentent de gagner du temps jusqu'à cette échéance en endormant la vigilance du commando.

Cabine de l'Airbus. 15 h 45

Yahia a convoqué une réunion du commando dans la classe Affaires de la cabine. Les quatre hommes chuchotent : Yahia et Maklouf sont les plus excités, Mustapha reste imperturbable tandis que Salim, les yeux bouffis du sommeil dont il vient d'être tiré brutalement, écoute respectueusement. Plusieurs passagers, inquiets de ce colloque qui n'annonce rien de bon, tentent en vain de saisir quelques bribes de la conversation. Yahia a recouvré son air obtus, encore accentué par les nouvelles lunettes à grosse monture qu'il a chaussées sur son nez. Il fait un tour dans la cabine suivi de ses hommes, interpellant les femmes dont la tête n'est pas couverte. Les passagers sous son regard sévère reprennent leur attitude soumise. Claude, l'hôtesse, lui demande de libérer deux autres otages, dont une femme malade. Yahia rabroue vertement *Hadja Khadîdja* : l'heure n'est plus à la libération d'otages. L'a-t-elle même été ? La libération du couple âgé, peu de temps auparavant, s'apparente plus à la réalisation superstitieuse d'une promesse non tenue deux jours auparavant. Elle est d'ailleurs accompagnée d'un message explicite aux autorités, griffonné sur une petite pancarte suspendue autour du cou de l'homme : « Retirez la passerelle maintenant. »

Son inspection terminée, Yahia retourne dans le cockpit où le commandant continue à négocier avec la tour la composition des équipes de journalistes.

— On arrête de parler ! Mets les moteurs en route !

Le commandant Dellhemme lui fait remarquer en désignant les jauges qu'il ne reste plus assez de kérosène pour décoller.

— On va aller en chercher ! Dis-leur que si à 17 heures, on n'a pas le plein, on sait ce qu'on a à faire !

Yahia n'est pas énervé. Il est sombre et déterminé, et cette attitude glaciale pousse le commandant à mettre les moteurs en marche sans tenter de discuter. Le bruit des réacteurs fige les otages et alarme les négociateurs.

— *Qu'est-ce qui se passe, commandant ?*

— *On me charge de vous dire que si à 17 heures le plein n'est pas fait... euh, ils prendront les mesures... dont vous vous doutez !*

À ce moment, sans attendre la réaction de la tour, Yahia ordonne au commandant de couper la radio.

— *Tu ne parles plus ! Maintenant, on va là-bas !*

Yahia désigne au loin les bâtiments de l'aérogare, dominés par la tour de contrôle.

Marignane. Hangar des Canadair. 16 heures

Le vacarme des réacteurs en marche a électrisé le GIGN. Les hommes équipés se rassemblent aussitôt autour des chefs de groupe. Roland vérifie d'un coup d'œil que son groupe est opérationnel et file aux nouvelles vers le PC-OPS. Le commandant Favier tente d'obtenir une explication à cette soudaine mise en marche des réacteurs. Bouffy et ses guetteurs confirment la présence du chef du commando dans le cockpit, mais ne peuvent rien ajouter si ce n'est que les deux pilotes sont à leur poste. La tour, elle, fait état de l'ultimatum pour 17 heures ct de l'ordre donné aux pompiers de garer leurs véhicules sur la piste d'envol de façon à empêcher un décollage désespéré.

Favier avise ses trois chefs de groupe réunis au pied du poste de commandement.

— Préparez-vous pour l'assaut !

Soudain, le feulement des réacteurs s'aiguise et l'Airbus s'ébranle lourdement. Il prend de la vitesse et roule en direction de l'aérogare. Bouffy et ses hommes le voient s'éloigner de leurs emplacements, qu'ils occupent sans bouger depuis maintenant plus de quinze heures.

— Quels sont les ordres ? demande Bouffy.

— Attendez d'être hors de vue, et rappliquez immédiatement !

Surgies du néant, les silhouettes des tireurs d'élite se redressent soudainement et les hommes, surmontant l'engourdissement et les crampes, se mettent à courir en direction du hangar, leurs longs fusils à la main. Leur course ne passe pas inaperçue des journalistes de télévision qui ne manquent pas de signaler « en direct » la présence de ces hommes jusqu'alors indécelable autour de l'avion[1].

Quelques minutes plus tard, l'appareil s'immobilise juste au pied de la tour, tout à côté de l'aérogare déserte.

Le commandant Dellhemme branche son micro et commente, laconique, à l'intention des autorités qui se pressent à la vitre de la tour pour apercevoir l'avion plusieurs mètres plus bas :

---

1. Cette « information » balancée sur les ondes de façon irréfléchie restera heureusement sans conséquence. Elle provoquera néanmoins par la suite des commentaires sévères du commandant Favier sur le comportement irresponsable de la presse révélant des détails cruciaux sur le dispositif, juste avant une intervention. Ce ne sera d'ailleurs pas le seul dérapage de la presse audiovisuelle.

— *Puisque vous ne donnez pas le kérosène, nous sommes venus le chercher. Et n'oubliez pas l'ultimatum !*

Puis il coupe la communication.

Cabine de l'Airbus.
16 h 30

Les otages pressent leurs visages aux hublots, tentant d'apercevoir une présence humaine à travers les vastes vitres de l'aérogare abandonnée. Après les paysages désertiques, le grand bâtiment leur paraît d'autant plus sinistre. La proximité des installations, la présence des appareils sur le parking, les véhicules garés sur le tarmac auraient pu représenter un retour à la civilisation et la fin de leur isolement. Il n'en est rien. Ces salles vides, ces véhicules et ces appareils immobiles dénués de toute activité humaine sont le signe d'une catastrophe imminente. Tétanisés sur leur siège, les otages voient leurs espoirs une nouvelle fois déçus, mais pressentent aussi qu'un compte à rebours s'est déclenché.

C'est le moment que choisit Yahia pour demander à la cantonade si un passager possède une montre-gousset.

Pétrifié, le chanteur berbère, Ferhat Mehenni, aperçoit plusieurs passagers se tâter pour voir si, par hasard, il n'y en aurait pas une miraculeusement dans leurs poches. Le pire est que deux passagers en ont une, qu'ils sortent complaisamment pour l'exhiber au chef du commando. Yahia s'en empare en leur assurant qu'il va les dédommager. Il ne fait de doute pour personne que les montres vont servir comme retardateur pour une bombe.

Yahia, qui redoute une intervention maintenant qu'il est à proximité de l'aéroport, a l'intention d'en équiper son explosif déjà pourvu d'une mise à feu à mèche et d'une autre électrique. En cas d'assaut, il pourra déclencher sa bombe tout en continuant à combattre, emmenant avec lui, lors de l'explosion différée, les otages et le maximum d'attaquants.

Il a fixé la bombe et ses mécanismes à portée de main sur le tableau de contrôle du chef de cabine, placé dans le *galley* à l'avant de l'avion.

Claude, toujours attentive, s'inquiète de la voir sur le tableau de contrôle, qui comporte des fonctions importantes :

— Dis, Yahia, tu n'as pas peur ? Il peut y avoir des étincelles : c'est un tableau électrique ! Et puis n'importe qui peut s'en emparer[1]...

Claude propose de la mettre dans « un nid douillet », sous le siège du chef de cabine à la place du gilet de sauvetage. Mais Yahia, à la grande déception de l'hôtesse, n'écoute pas ses sages conseils et l'installe, à portée de main, sous un siège d'équipage placé entre les deux portes de l'avant.

Maklouf s'est emparé du micro de cabine et entame le *Salâtu-l-Janâza*, la prière des morts que l'on ne prononce que sur la tombe des défunts. Pour tous les musulmans à bord, il ne fait plus aucun doute que cet avion va être leur tombeau. Ferhat Mehenni est parcouru de sueurs froides en entendant le terroriste « évoquer l'au-delà, le Paradis, comme s'il se penchait sur un cercueil, reniflant cette mort, qui va vous saisir à plein le corps ».

Un grand silence a envahi la cabine et même l'équipage qui ne comprend pas cette prière sent un vent glacial dans l'avion. Seul Richard, le stagiaire, anéanti par le sommeil, échappe à cette ambiance funèbre. Il ne sent pas la main de Yahia qui lui caresse la tête en passant : « Dors bien, petit ! Tout à l'heure, tu dormiras pour très longtemps. »

Mustapha a saisi la hache fixée dans le cockpit, l'a emportée dans le *galley* arrière et posée sur le comptoir de service.

Le silence règne aussi dans la cabine de pilotage où l'équipage ressent le péril imminent sans que rien ni per-

1. Claude Bertaud, *op. cit.*

sonne vienne en atténuer l'angoisse. Le commandant Dellhemme regarde sa montre, comme s'il voulait vérifier que l'heure indiquée sur ses cadrans est bien exacte, puis il prend son micro et lance, volontairement sarcastique :

— *Bon, j'ai un message. Il reste sept minutes, je pense que vous savez lire aussi bien que nous... J'espère que vous êtes tous à vos caméras...*

Aéroport de Marignane.
16 h 55

La tour reste muette. Les négociateurs sont à court. La foule d'officiels qui a suivi les débats se presse aux premières loges. Le préfet Gehin et Bernard Honner, épuisés, la tête entre les mains, essayent de récupérer après ce marathon exténuant, ressassant dans leur mémoire tous les moments de cette négociation acharnée où ils ont tenté l'impossible.

Dans l'aérogare, Bouffy et ses tireurs d'élite, qui tentent de reprendre leurs positions autour de l'avion, se heurtent aux portes bouclées de l'aérogare. Ils ne peuvent emprunter l'entrée principale où une meute de journalistes monte la garde. Devant la porte cadenassée, Bouffy se tourne vers l'un de ses hommes.

— Christophe, trouve-moi une solution !

Le gendarme sort son Manurhin, et dans la pure tradition des polars américains, fait sauter le cadenas d'une balle. Plus de temps à perdre, les hommes se déploient discrètement dans l'aérogare vide, cherchant un emplacement où ils auront la meilleure vue sur l'avion. Certains s'embusquent derrière les vitres de bureau, d'autres grimpent sur le toit, une équipe se faufile sur le tarmac. En quelques minutes, ils ont trouvé leurs postes et déployé leurs armes, leurs viseurs balayant toute la carlingue.

Jean-François Brammard, cameraman indépendant en *assignment* pour TF1, parvient à se faufiler malgré les barrages de police jusqu'aux bureaux d'un transitaire de l'aéroport de Marseille, l'entreprise Dhaer. Après d'âpres négociations avec son directeur, il installe sa caméra, munie d'un objectif spécial, à quelques dizaines de mètres de l'avion.

Jeff, le magasinier du GIGN, a pris place au volant du camion-passerelle qui doit transporter le groupe d'assaut à la porte avant de l'Airbus. La tension est à son maximum parmi les hommes du GIGN qui se préparent à l'intervention et n'attendent plus que l'ordre de leur commandant. Jeff est soudain interpellé par Carson, l'un de ses supérieurs.

— Votre passerelle n'est pas à la même hauteur que les autres. Relevez-la !

— Mais... elle a...

— Faites ce que je vous dis. Alignez-la sur les autres.

Jeff n'est pas un opérationnel... juste un magasinier. Le moment n'est pas à discuter un ordre. Il relève la passerelle, s'en remettant à son supérieur, tout en sachant qu'elle a été calibrée à la bonne hauteur lors du dernier entraînement. Carson, satisfait, rejoint les hommes qui se préparent à l'assaut.

17 heures. La porte arrière de l'Airbus s'ouvre brièvement : une rafale de kalachnikov retentit sur l'aéroport désert. Puis c'est le tour de la porte avant : des coups de feu tirés sur l'Airbus du GIGN garé à côté de celui des pirates. Les balles manquent de peu le président d'Air France et son conseiller personnel à la sécurité, attaché à la sécurité : les deux hommes se sont installés dans le cockpit pour suivre les négociations depuis le poste de pilotage. Yahia, lui, ouvre le feu depuis la fenêtre droite du cockpit en direction de la tour de contrôle. Deux balles frappent les vitres qui s'étoilent. Les « autorités » aux premières loges se jettent par terre.

Le commandant Favier sort du PC-OPS en courant. Il sait que ses tireurs d'élite sont en position, et que des coups de feu viennent d'être tirés depuis l'avion. Il saute sur la première passerelle. Et, à l'adresse des autres, il balance son bras en avant !

– TOP ACTION !

12.

26 décembre

**Aéroport de Marignane.
17 heures**

H moins 10 minutes

Roland Môntins a rejoint sa place sur la passerelle au milieu de son groupe. Bull se retourne et, dans un geste inhabituel, tend la main vers ses coéquipiers et, sans concertation, onze autres mains s'empilent sur la sienne. Cette communion spontanée est la preuve – s'il en fallait une – que les douze hommes[1] sont tous conscients de la hauteur de l'enjeu. Derrière les visières des casques, les visages se sont durcis. Encadrés par les cagoules, les regards concentrés à l'extrême sont tournés vers l'intérieur dans une ultime introspection. Les hommes sont ailleurs, déjà projetés dans l'action. Roland ressent une boule familière au ventre, celle qui l'accompagnait boxeur avant chaque combat. Il sait qu'elle disparaîtra instantanément au moment où il va mettre le pied sur le ring.

Machinalement, il fait une dernière vérification maintes fois effectuée, pose ses mains sur ses deux armes de

1. Le groupe de la porte arrière gauche dirigé par Roland compte désormais douze hommes. Le capitaine Jeff T. l'a rejoint directement à Marignane le lundi en fin de matinée, participant ainsi au dernier entraînement.

poing, un revolver Manurhin et un pistolet automatique P 228, puis les approche des munitions supplémentaires qui garnissent les chargeurs et les *speed loaders*[1] de réserve. Tous les regards sont maintenant tournés vers Denis Favier qui, perché sur la troisième passerelle, vérifie que les trois groupes sont installés sur les passerelles.

— On y va ! hurle-t-il.

Et il accompagne son cri d'un geste de la main, tranchant l'air glacé en direction de l'avion

Les trois chauffeurs, Jeff, Marcel et Jean-Jacques, font vrombir leurs moteurs. Les plates-formes surchargées se mettent à vibrer lorsque les trois camions-tracteurs, s'ébrouant comme des percherons donnant un coup de rein, s'arrachent de leurs stationnements et se mettent en branle. Les bas de caisse frottent sur le sol et lancent des étincelles qui jaillissent dans un crissement métallique à chaque cahot. Dans la nuit tombante, les trois silhouettes semblent des monstres mécaniques avançant dans des gerbes de feu. Accroupis sur leurs dos, les hommes se cramponnent aux rambardes, adaptant leurs corps aux soubresauts, leurs pensées tout occupées à maintenir leur équilibre. La boule a disparu du ventre de Roland : il se sent étonnamment calme, la tête claire. Apaisé.

Ses hommes et lui vont vers ce qu'ils savent faire.

Vers ce pourquoi ils sont faits.

Les véhicules avancent lentement : ils ne sont pas conçus pour rouler avec la passerelle déployée. Encore moins chargés comme ils le sont ! Les deux premiers emportent chacun un groupe de douze hommes plus un médecin, près d'une tonne et demie avec l'équipement. Ils doivent investir l'avion par les deux portes arrière. La troisième passerelle destinée à la porte avant droite est volontairement moins chargée : huit hommes et pas de

1. Barillets de chargement rapide pour les revolvers.

médecin. Elle roule un poil plus vite que les deux autres et prend un peu d'avance pour que les trois engins abordent synchrones. Le but de la manœuvre : pousser au moins l'un des deux terroristes de l'arrière à quitter son poste pour alerter ses complices, au moment où il verra cette passerelle passer au flanc de l'avion.

Le déplacement imprévu de l'Airbus vers l'aérogare allonge considérablement la distance à parcourir. Mais la manœuvre reste la même : placer les engins dans l'axe arrière de l'avion pour l'approcher sans être repéré. À 20 km/h, il faut 2 minutes et 24 secondes pour que les trois engins parcourent les 800 mètres de piste. Une éternité.

17 h 08. Les passerelles n'ont parcouru que 250 mètres et ne sont pas tout à fait dans l'axe. Roland qui fixe son objectif, la porte arrière gauche de l'appareil, voit celle-ci pivoter, découpant un rectangle noir sur la carlingue. De petits points rougeâtres trouent l'obscurité. Avant que le bruit des rafales ne parvienne à ses oreilles, il voit les balles ricocher sur le bitume. Une balle vient se ficher dans sa passerelle, une autre dans celle de tête. « Merde, on a été repérés ! » Mais, aussi soudainement qu'ils ont commencé, les tirs s'arrêtent et la porte se referme. Les véhicules poursuivent leur progression chaotique. Les secondes s'allongent désespérément.

Cabine de l'Airbus.
17 h 01

La chape de peur qui s'est abattue dans l'avion pétrifie tous les otages dans un silence de mort où les psalmodies de Maklouf s'égrènent comme les notes d'un compte à rebours. Zahida, assise au milieu de l'avion à côté de Gilles, souffle au chef de cabine :

— C'est très mauvais signe. Il faut faire quelque chose !

— Mais quoi ?

— Je crois qu'il faut armer la porte.

Zahida désigne l'issue de secours à ouverture manuelle, située au-dessus de l'aile, qui s'ouvre en la poussant vigoureusement.

— Il faut que vous m'aidiez : elle n'est pas assistée. Je suis épuisé : je n'aurai pas la force !

Les passagers situés à proximité ont vu le geste de Gilles qui vient d'abaisser la poignée. « Non ! Non ! chuchotent-ils avec véhémence, n'attirez pas l'attention sur nous ! Ils vont nous tuer ! » Gilles remet la poignée en place. Salim qui passe dans l'allée ne s'est aperçu de rien. Il file rejoindre Mustapha à l'arrière et les deux hommes, suivant les instructions de Yahia, ouvrent la porte arrière gauche et lâchent à l'aveuglette plusieurs rafales aux alentours. Puis ils referment la porte et Mustapha part s'emparer de la hache pour suivre les instructions de son chef : aller trancher la tête du plus jeune des stewards, Richard. Son geste est interrompu par un cri de Salim qui désigne le hublot du doigt.

— *Chouf ! Chouf* [1] *!* Les impies !

Mustapha court au hublot et aperçoit la passerelle chargée d'hommes en noir qui s'apprête à contourner l'aile en direction du nez de l'avion.

— *Yalla ! Yalla !* On va tuer les impies.

Les deux terroristes, braquant leurs armes en avant, se précipitent en criant vers le cockpit.

H moins 5 secondes

Groupe porte avant droite

La passerelle du groupe avant arrive au contact de l'appareil. Jeff freine au dernier moment, et stoppe l'engin. Une pensée l'obsède depuis le départ : « La passerelle est trop haute : ils ne pourront pas ouvrir la

1. « Regarde ! Regarde ! »

porte ! » Il s'en veut d'avoir obéi à un ordre de dernière minute et d'avoir changé son réglage. Au-dessus de sa tête, Olivier H., avec l'aide de Pascal, déverrouille la porte et la tire vers lui pour la faire coulisser sur la droite. Elle bute sur la plate-forme ! L'espace n'est pas suffisant pour que le système hydraulique la fasse basculer latéralement. Olivier s'agrippe et tente d'ouvrir en force ! « Merde ! Merde ! » Arlé tente de passer le canon de son pistolet-mitrailleur HK par la mince ouverture.

— Fais gaffe, il y a du monde derrière ! Ils bloquent la porte ! crie Thierry, l'un des hommes du groupe avant, en braquant son Manurhin.

Jeff a déjà compris ce qui se passe au-dessus de lui. Il prend l'initiative d'une manœuvre qu'il a répétée dans sa tête pendant le parcours. Il enclenche la marche arrière, recule de cinquante centimètres. Stop. Déverrouille le mécanisme. Descend la passerelle de quelques dizaines de centimètres.

Olivier sent la plate-forme se dérober sous ses pieds, il se cramponne à la poignée et se colle au métal à la force des bras. La lourde porte enfin libérée bascule sur le côté, l'entraînant avec lui. La plate-forme s'avance : Olivier se rétablit alors que le reste du groupe s'engouffre déjà dans l'ouverture. L'incident, qui n'a duré que cinq secondes, aurait pu se révéler grave de conséquences sans la présence d'esprit de Jeff.

H Zéro

Groupe porte avant droite

Arlé est le premier à franchir la porte. Il se met immédiatement en appui à gauche, face aux passagers. Il hurle : « Couchez-vous ! Couchez-vous sous les sièges ! »

Thierry bondit derrière lui. En trois foulées, il enfile le couloir qui mène au cockpit. Tous les terroristes s'y sont regroupés. Il analyse en une fraction de seconde la situation. Le preneur d'otages le plus proche : embusqué-genou à terre-veste de steward-kalachnikov. Face à lui : front dégarni-chemise blanche-pistolet-mitrailleur Uzi. À droite : chemise blanche-lunettes-pistolet automatique. Tous stupéfaits. Un coup de feu claque. Instinctif. La balle le frôle. Thierry choisit : son Manurhin pointe le « dégarni ». La balle .357 Magnum pile en plein cœur, Maklouf est déjà mort lorsqu'il s'affale sur le dossier du commandant de bord. Thierry enchaîne : rotation du tronc sur la droite, bien campé sur ses jambes. Viseur sur le terroriste qui vient de tirer. Feu. Sous l'impact, Yahia qui n'a pas eu le temps d'aller chercher sa bombe s'écroule sur le côté, blessé, ses lunettes noires scotchées sur le visage. Thierry aligne déjà dans son viseur sa troisième cible planquée derrière le siège du copilote mais, avant qu'il presse la détente, les deux terroristes restants, jusqu'alors pétrifiés par la rapidité de l'attaque, réagissent et ouvrent le feu sur la silhouette qui se détache dans l'ouverture de la porte. Thierry reçoit deux balles à l'avant-bras, ce qui dévie son tir : la balle de son Manurhim se fiche dans le pare-brise. Thierry sent la douleur, insupportable, lui paralyser tout le bras. Il ne peut plus le bouger. Planqué sous la tablette du mécanicien navigant, le quatrième terroriste tire des rafales à bout portant avec sa kalachnikov. Une troisième puis une quatrième balle viennent se loger dans le haut de son bras droit. Le reste des deux rafales déchiquette le Kevlar de son gilet pare-balles. À chaque impact, son corps tressaute comme un pantin de caoutchouc. Les balles redoublées parviennent à se frayer un chemin entre les fibres et atteignent sa chair. Il vacille, KO debout, refusant de s'écrouler. Le troisième pirate ramasse l'Uzi tombé des mains de Maklouf et ouvre le feu. Thierry reçoit la rafale en pleine poitrine, deux autres balles lui traversent l'épaule : ses jambes se dérobent. Il va s'écrouler lorsque la dernière balle vient le frapper au visage, faisant exploser la partie droite de sa visière. Sous l'impact, il est projeté en arrière et tombe lourdement sur le dos dans le couloir. Malgré la douleur, il se contorsionne pour dégager le passage et libérer l'accès au cockpit. Les balles fusent quelques centimètres au-dessus de lui. La moquette se gorge de son sang. Un liquide chaud lui voile la vue. Il se sent partir et lutte pour demeurer conscient.

Neuf secondes se sont écoulées depuis qu'il a franchi la porte.

POSITION À L'OUVERTURE DE LA PORTE AVANT DROITE (H ZÉRO)

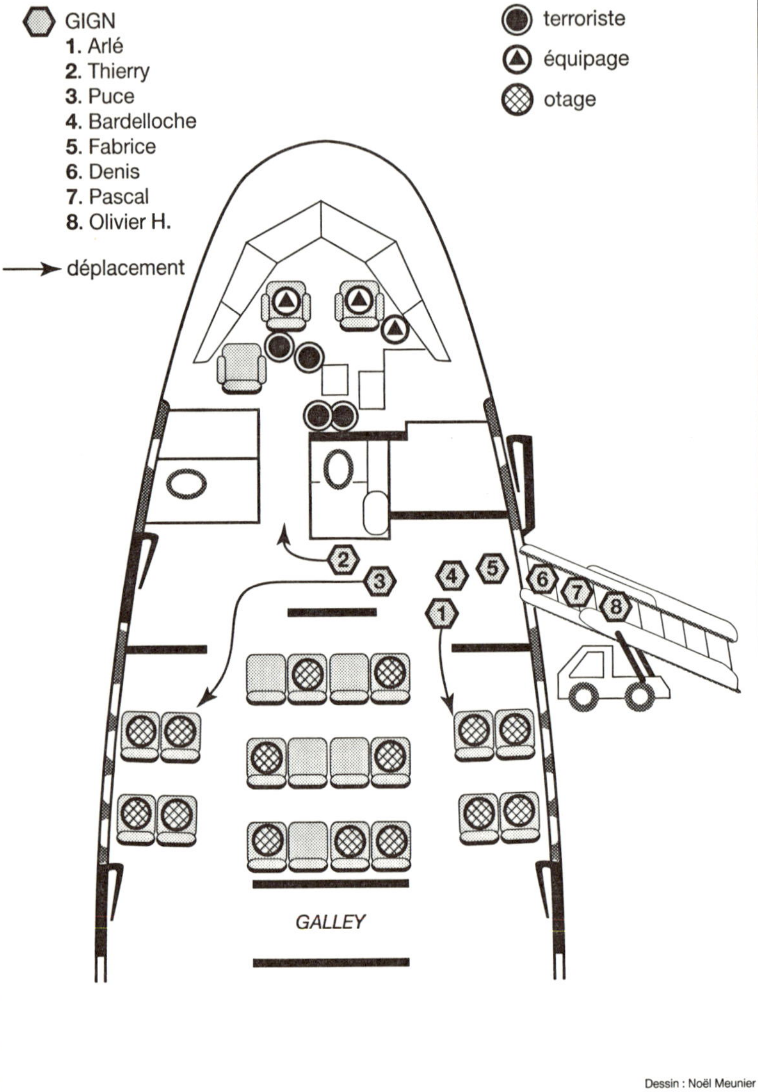

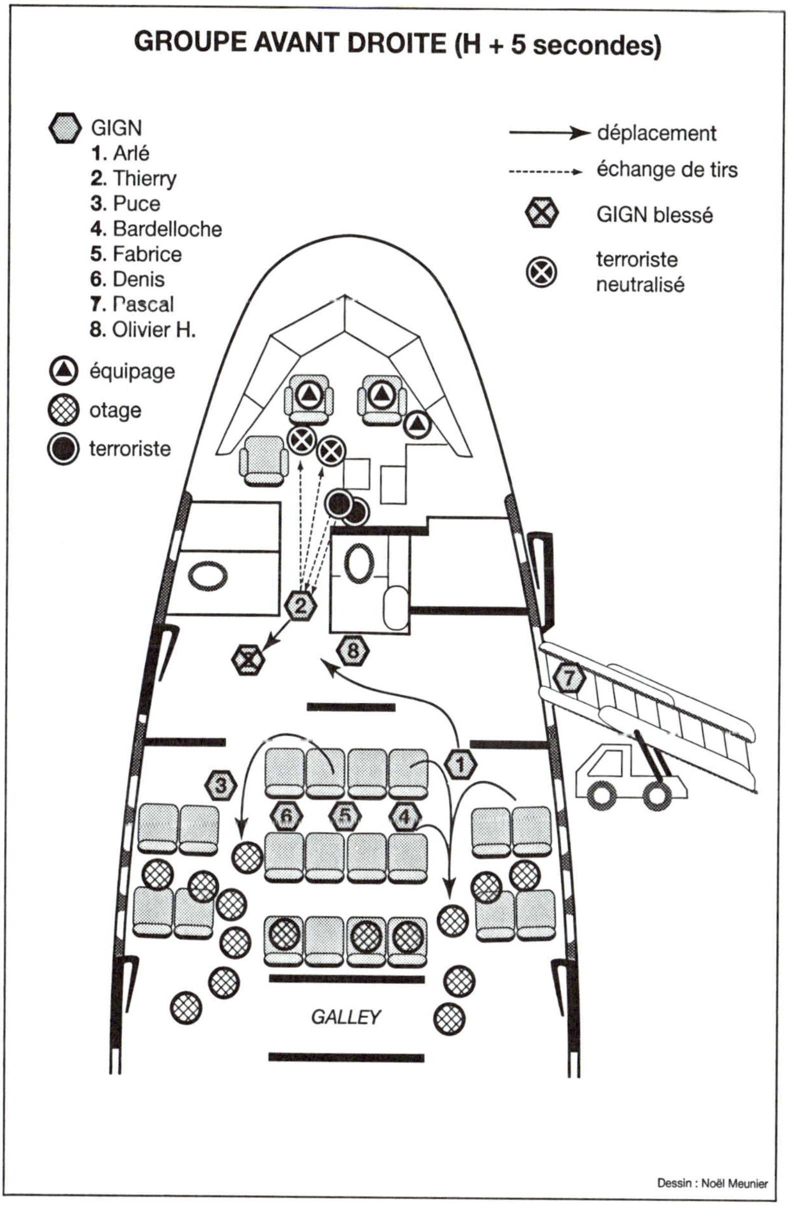
GROUPE AVANT DROITE (H + 5 secondes)
GIGN
1. Arlé
2. Thierry
3. Puce
4. Bardelloche
5. Fabrice
6. Denis
7. Pascal
8. Olivier H.
équipage
otage
terroriste
déplacement
échange de tirs
GIGN blessé
terroriste neutralisé
GALLEY
Dessin : Noël Meunier

H plus 9 secondes

Arlé et Puce ouvrent le feu sur les terroristes embusqués pour couvrir Thierry, à terre, qui continue à leur servir de cible. Les pirates de l'air lâchent alors plusieurs rafales à travers les cloisons des toilettes. Olivier tombe à genoux, atteint par une balle dans la jambe gauche. Son tibia est désintégré. Il se traîne jusqu'à la passerelle. Arlé tente alors de s'engager dans l'étroit couloir du cockpit où gît son ami. Il ne bénéficie plus de l'effet de surprise des toutes premières secondes de l'assaut. À peine se dévoile-t-il qu'il est cueilli par deux rafales qui font mouche. Blessé à l'épaule, et touché au thorax, la puissance des impacts le fait tomber sur le dos. Il parvient à s'éloigner en poussant énergiquement sur ses jambes, et à se mettre à l'abri dans le *galley.*

Puce, placé pratiquement dans l'axe du cockpit, s'offre en bouclier humain pour les passagers des premiers rangs couchés sur leurs sièges. Il ne peut ni voir les terroristes, ni tirer au jugé, à cause des trois membres de l'équipage encore dans le cockpit. Une nouvelle rafale le touche aux deux cuisses. Puce a le temps d'apercevoir le canon de l'arme : il réplique en tirant à travers la cloison, évaluant l'emplacement du tireur. Deux énormes auréoles s'agrandissent sur les jambes de son treillis. Il sent ses forces défaillir. Avant de tomber, il crie.

— Je suis touché. Cockpit pas clair, cockpit pas clair !

Puis il s'écroule volontairement sur une passagère. S'il n'avait pas fait écran de son corps, les balles l'auraient atteinte. En vingt secondes de combat, le bilan est déjà lourd : quatre gendarmes blessés dont l'un gravement. Deux terroristes ont été touchés dont l'un mortellement.

BOUCLIER HUMAIN PAR LE GIGN, ÉVACUATION DES PASSAGERS (H + 20 secondes)

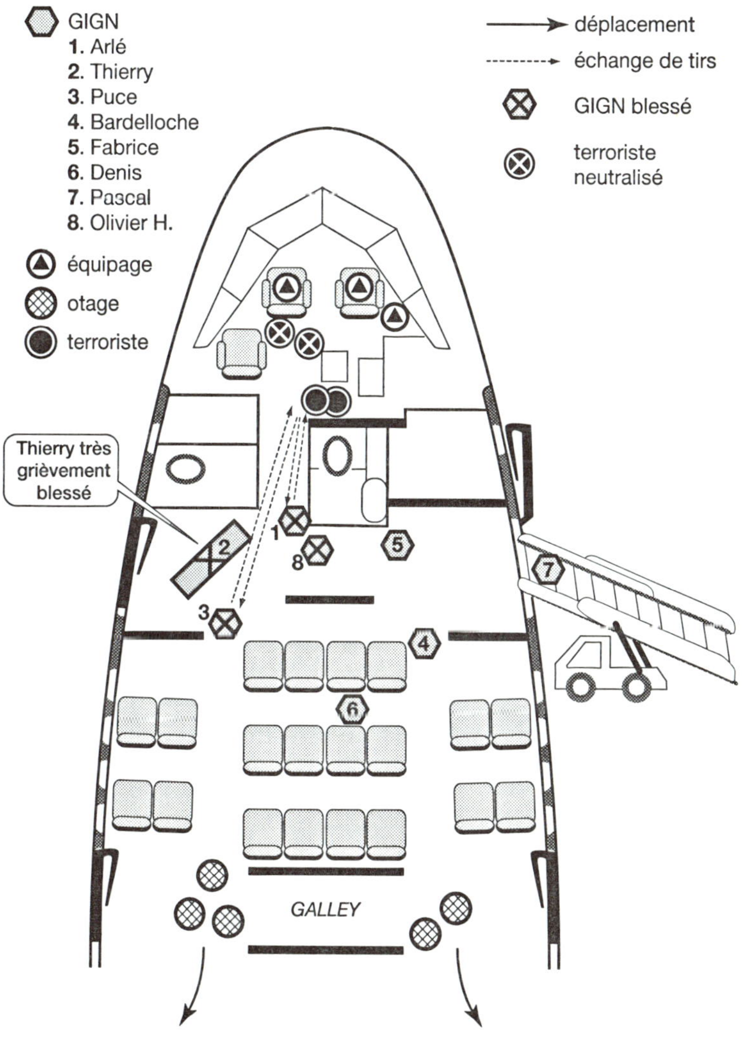

Dessin : Noël Meunier

H plus 20 secondes

Porte arrière gauche

Grâce à une manœuvre parfaite, Marcel a stoppé sa passerelle roulante juste devant la porte arrière gauche. Bull et Jeff T. déverrouillent l'habitacle et ouvrent la porte. Régis bondit, son pistolet-mitrailleur braqué dans l'axe de son regard. Karl est collé à lui. Aucune riposte à cette intrusion. Tout le groupe franchit le seuil et se déploie comme à l'exercice : Régis en appui avant pour couvrir la progression du trinôme derrière lequel se trouve Roland. Jeff T. s'est placé en appui arrière, sécurisant l'entrée du groupe d'assaut.

Porte arrière droite

Le groupe de Philippe a investi simultanément l'appareil par la porte opposée, avec un timing parfait. La progression de ses hommes est identique à celle du groupe de Roland, renvoyant comme un miroir les deux actions parallèles. Leeroy ouvre la porte et Largo, tout comme Régis, s'est mis en appui avant. Par le couloir de droite, le binôme Tonio et Éric D., les hommes de tête du groupe de Philippe, s'élancent vers l'avant, leurs pistolets mitrailleurs HK pointés devant eux.

Groupe porte arrière gauche

Par le couloir de gauche, Bull, Karl et l'Écureuil, équipés d'un armement identique, avancent d'un même pas. Les canons des pistolets-mitrailleurs HK, réglés au coup par coup, balayent soigneusement l'espace. Avec Roland, collé à eux, c'est un bloc compact qui progresse à pas mesurés, prêt à neutraliser toute menace. Les otages sont surpris par cette irruption, impressionnés par l'image terrifiante de tous ces hommes aux visages casqués et masqués, vêtus de sombre et lourdement armés. Pas de panique mais quelques mouvements de crainte.

Des cris retentissent dont celui de Claude, étonnant : « Ah, les cons[1] ! » À l'inverse, l'un des passagers se jette dans les bras de l'Écureuil comme dans ceux d'un libérateur. Le gendarme est obligé de neutraliser rapidement son « agresseur » pour pouvoir continuer à progresser.

L'insonorisation de la cabine de l'Airbus est telle que les hommes, pourtant habitués à ce bruit, n'entendent pas les détonations qui crépitent à l'avant depuis quelques secondes. Pourtant, au fur et à mesure de leur progression, ils remarquent les impacts qui font trembler les dossiers des fauteuils, tandis qu'une légère poussière blanche dégringole du plafond en fin rideau neigeux.

« Attention, ça rafale ! » crie Roland.

Les hommes de pointe accélèrent le pas et perçoivent nettement les coups de feu tirés du cockpit. Bull, surpris, découvre Puce affalé sur un siège de classe Club.

— J'ai une balle dans chaque cuisse !

D'une main, Bull le prend par le haut de sa combinaison et le tire près du *galley*. Pendant cette manœuvre, Karl passe devant pour protéger ses équipiers.

1. Elle expliquera plus tard ce cri du cœur par sa conviction qu'elle avait les moyens – sans violence et par la persuasion – d'amener le commando à libérer les otages et à se rendre !

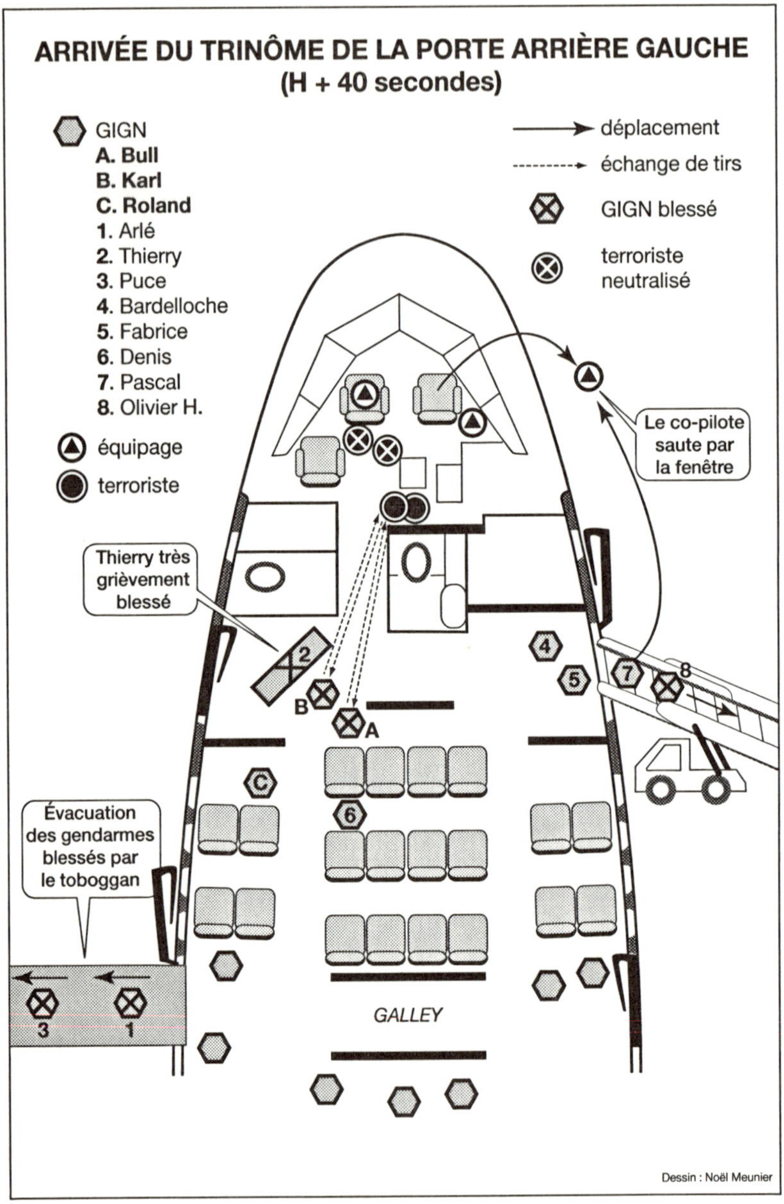
ARRIVÉE DU TRINÔME DE LA PORTE ARRIÈRE GAUCHE
(H + 40 secondes)
GIGN
A. Bull
B. Karl
C. Roland
1. Arlé
2. Thierry
3. Puce
4. Bardelloche
5. Fabrice
6. Denis
7. Pascal
8. Olivier H.
équipage
terroriste
déplacement
échange de tirs
GIGN blessé
terroriste neutralisé
Le co-pilote saute par la fenêtre
Thierry très grièvement blessé
Évacuation des gendarmes blessés par le toboggan
GALLEY
Dessin : Noël Meunier

H plus 26 secondes

En quelques bonds, le trinôme de la porte arrière gauche est parvenu à deux mètres du poste de pilotage. En plein dans l'axe du couloir. Une rafale de kalachnikov les accueille aussitôt. La rafale suivante fait exploser l'arme et la main de Karl qui, malgré la douleur, tente de saisir sa seconde arme. Il ne parvient pas à l'attraper et se résout alors à regarder cette partie ensanglantée qui ne lui obéit plus. Il lui manque des doigts. L'un d'eux pend, retenu par un mince filament de peau. Il le place dans le creux de sa paume, maintenu dans le sang par ce qui lui reste de phalanges valides. Il se met en retrait. La kalache et l'Uzi poursuivent leur funeste besogne.

Il ne s'est écoulé que quelques secondes depuis que Karl a été touché. Déjà Bull est revenu et a pris sa place. C'est un enfer de feu. Aux rafales tirées à l'aveugle par les terroristes répondent celles du GIGN, précises. Bull est touché à son tour. Une balle dans le bras et des éclats métalliques au visage le contraignent à se retirer.

Roland, après l'élimination de deux de ses hommes, est soudain en première ligne. Il se jette les deux pieds en avant pour se retrouver à plat dos, dans une position peu académique – mais qu'il a souvent travaillée lors des séances de tir et qu'il adopte instinctivement sur le moment. Ainsi allongé, il peut apercevoir – en relevant imperceptiblement sa tête casquée qu'il soutient de sa main gauche – le canon de la kalache dans l'encoignure de la porte du cockpit. Chaque rafale passe à une trentaine de centimètres au-dessus de lui. Il peut viser et tirer, son bras tendu au ras du sol. Malheureusement, le terroriste reste bien planqué, complètement à couvert. Roland calcule la position de son adversaire par rapport à l'angle du canon de la kalache : il est à genoux, caché derrière la cloison des toilettes qui jouxte la cabine du poste de pilotage. Lorsqu'il pointe son canon pour faire feu dans la direction de Roland, ce dernier tire pour tenter de l'atteindre à travers la cloison. Mais son emplacement est protégé par le blindage des appareils d'aide à la navigation.

Soudain, dans le cockpit, un homme se déplace à quatre pattes. Ses vêtements sont ceux de l'équipage – pantalon bleu marine, chemise blanche – et tachés de sang. Roland retient son tir. Le terroriste braque alors dans sa direction un automatique et fait feu. La riposte de Roland est instantanée : la balle .357 Magnum « à fort pouvoir de pénétration » de son Manurhin touche le terroriste à la poitrine, quelques centimètres au-dessous de l'épaule. Abdallah Yahia, blessé une poignée de secondes auparavant par Thierry, s'écroule, mort.

Le silence se fait.

Courte trêve de quelques secondes. Roland relève plus franchement la tête et aperçoit alors sur la gauche, face contre terre, gisant dans une flaque de sang, le corps d'un homme du GIGN. Il bouge très légèrement la tête vers lui. Il est en vie. Son visage boursouflé est compressé par son casque abîmé. Il l'identifie à son regard : c'est celui de Thierry, inconscient. « Merde ! Il a l'air salement amoché ! » Le canon de la kalache crache une nouvelle rafale qui résonne dans la cabine.

H plus 38 secondes

Groupe porte avant droite

À l'extérieur, depuis la plate-forme de la passerelle avant, Pascal B. aperçoit le torse d'un homme passer par un des hublots latéraux du cockpit. Il parvient à s'asseoir sur le bord inférieur de l'ouverture, le buste à l'extérieur, ses mains agrippées sur les montants. Tente de passer une jambe à l'extérieur de l'étroite lucarne, lâche prise et glisse le long de la carlingue. L'arrondi du fuselage le fait basculer et il s'écrase cinq mètres plus bas.

Dans le même temps, Pascal B. enjambe la rambarde, se suspend par les bras et se lâche dans le vide. En touchant le ciment, il sent douloureusement ses trente kilos d'équipement lui écraser les vertèbres lombaires. L'homme qui a fui l'enfer du cockpit, au risque de se rompre le cou au sol, se relève en grimaçant de souffrance et s'éloigne de l'avion en claudiquant. Il est immédiatement identifié : c'est le copilote. Il a utilisé la procédure d'urgence pour s'extraire du cockpit mais n'a pas pu s'emparer du câble prévu pour amortir sa descente. Il est pris en charge par Jeff tandis que Pascal B., rassuré sur son identité, remonte sur la passerelle, les reins en capilotade.

Groupes arrière

Roland est le seul à se trouver en plein dans l'axe du poste de pilotage, d'où continuent de pleuvoir les rafales de la kalache et de l'Uzi. Il a vite compris que ses balles ne pouvaient percer les cloisons renforcées par l'épais matériel métallique, mais il répond à tous les tirs pour contenir les terroristes à l'intérieur. Tonio et Éric D. sont à sa hauteur sur la droite, protégés de la vue des terroristes par des cloisons qui laissent néanmoins passer les balles blindées. Les deux gendarmes ne peuvent pas riposter en aveugle, de crainte de toucher le pilote et son mécanicien. Ils font écran pour les otages qui ne sont pas encore évacués et qu'ils poussent à se déplacer vers l'arrière de l'appareil en rampant.

Derrière, Marco, Régis, Fred et Jeff T., rejoints par Aroc, ordonnent fermement aux passagers de se coucher et commencent à diriger les premiers otages vers les passerelles utilisées pour l'assaut. Côté droit, Alain B., Largo et Leeroy tiennent les mêmes rôles.

H plus 56 secondes

Groupe arrière gauche

Jarqui se dirige rapidement vers la première porte sur sa gauche en remontant vers l'avant de l'appareil. Il l'ouvre en manipulant la grande poignée et déclenche le toboggan. Mais en se dépliant, le toboggan gonflable se détache de la carlingue et fuse sur la piste où il termine de se gonfler. Les passagers les plus proches se hâtent vers la sortie, et le grand Jarqui a beaucoup de mal à les empêcher de se jeter dans le vide. Il lui faut hausser la voix face aux passagers, prêts à tout pour fuir cinquante-cinq heures d'enfer, et qu'une hauteur de cinq mètres n'impressionne plus. Jarqui parvient à les obliger à se tasser au sol et à ramper pour rejoindre la porte arrière. Il a été décidé avant l'assaut que pour protéger les otages et éviter les mouvements de panique, seuls les hommes du GIGN resteront debout.

H plus 1 minute et 18 secondes

Groupe droite

Philippe parvient près de la porte qu'il doit manœuvrer et trouve un steward juste contre celle-ci.

— Ouvre-la et fais péter le toboggan, ordonne-t-il.

Il voit se déplier comme une énorme « langue de belle-mère » orangée, jusqu'au sol. Deux secondes plus tard, le premier otage se jette dessus dans un bond incroyable, ses forces décuplées par la peur et le bonheur de fuir l'avion.

H plus 1 minute et 35 secondes

Groupes arrière

À gauche, Pascal a effectué sa progression dans l'allée juste derrière son trinôme. Il s'écarte, va ouvrir la deuxième porte à gauche – en face du *galley* – et arme le toboggan. Mais cette issue est trop proche du cockpit où se déroulent les combats et les hommes chargés d'évacuer les otages préfèrent les orienter vers l'arrière.

Roland, toujours allongé sur le dos, continue à répondre à chaque rafale, bloquant les deux terroristes survivants dans le cockpit, mais les tireurs sont bien embusqués et ne laissent voir que le bout de leurs armes. Pire, depuis quelques secondes, ils semblent avoir repéré sa position. Leurs dernières rafales sont plus ajustées : le canon de la kalache pointe dangereusement vers le bas et les balles le frôlent. Roland sent soudain une présence à ses côtés : Denis Favier l'a rejoint par le couloir de droite en progressant accroupi entre deux rangées de fauteuils abandonnés par les passagers. Il se sent d'un coup moins seul, mais son arme n'a pas dévié d'un pouce et il concentre son tir sur le trou qu'il est en train de forer dans la cloison à hauteur du tireur à la kalache. Comme s'il voulait en finir, le terroriste lâche alors une longue rafale dans sa direction. Simultanément, son complice ouvre le feu à travers la cloison droite, plus mince. Les balles de 9 mm transpercent le frêle obstacle, obligeant Bardelloche et Fabrice qui se trouvent derrière à se réfugier sur la plate-forme. Roland réplique dans la seconde. Il entend le Manurhin de Denis qui crache à ses côtés. Le commandant du GIGN a compris l'intention de son chef de groupe et concentre ses tirs sur le trou de la cloison qui atteint maintenant quelques centimètres de diamètre. Denis éjecte les six étuis de son revolver et s'aperçoit qu'au cours de son déplacement entre les sièges, ses munitions de réserve ont dû tomber au sol.

— Roland, donne-moi des .357 !

Le chef de groupe n'a pas le temps de l'assister. Il remarque le court canon de l'Uzi qui pointe dans le couloir, il fait feu avant la rafale, comptant mentalement ses balles. Lui aussi doit réapprovisionner : profitant de la courte accalmie, il extrait le chargeur de son automatique et le remplace par un plein. Pendant cette brève manœuvre, il a gardé son arme en visée, la dernière balle dans le canon. À côté de lui, Denis recharge son revolver avec les deux *speed loaders* que l'Écureuil lui lance depuis l'allée. Le commandant du GIGN a adopté la même position que Roland, couché sur le dos, et tire en direction du tueur à la kalache.

À l'arrière de l'appareil, les hommes des deux groupes s'activent pour faire sortir les passagers. Côté gauche, seule la porte par laquelle ils sont entrés est opérationnelle. La manœuvre s'effectue avec un calme surprenant. Les passagers couchés entre les sièges sont évacués rangée par rangée. Du côté droit, un toboggan s'est éjecté sans se gonfler et pend contre la carlingue, inutilisable. L'autre s'est correctement déplié : les passagers sont dispatchés entre la passerelle et le toboggan sur lequel ils se jettent l'un après l'autre en respectant la cadence imposée par Éric D. pour éviter les accidents.

H plus 2 minutes et 5 secondes

Dans le *galley*, quatre des blessés du GIGN se sont regroupés. Puce, une balle dans chaque cuisse, est évacué avec l'aide de Fred et de Jarqui par le toboggan déplié à cet endroit ; en bas, il est réceptionné par Jeff, aidé des hommes de l'escadron parachutiste, dont la mission consiste à récupérer les passagers pour les diriger ensuite vers l'aérogare. Dominique D., le toubib, s'est installé sous l'avion où il effectue les premiers gestes d'urgence.

H plus 2 minutes et 18 secondes

Bardelloche, depuis la passerelle, lance une grenade aveuglante, visant le hublot ouvert qui a servi au copilote à s'échapper. L'angle est très fermé, la grenade rebondit sur la carlingue, tombe sur le sol, et son flash illumine le nez de l'avion. Sans se démonter, Bardelloche en dégoupille une seconde et, malgré la difficulté du tir, parvient à la placer dans la lucarne. Destinée uniquement à aveugler sans autres dommages, elle explose dans le cockpit et inonde l'habitacle d'une lueur phosphorescente spectaculaire. Les pirates de l'air, bien qu'aveuglés, répliquent par une série de tirs rageurs dans le couloir qui empêchent les hommes du GIGN d'investir le cockpit.

Vue de l'extéricur, la situation est devenue particulièrement dramatique et angoissante : les tirs, les explosions – que chacun interprète à sa manière –, les ambulances qui affluent à proximité de l'avion, les voitures de pompiers qui se mettent en batterie, les silhouettes des gendarmes mobiles qui font se coucher les passagers sur la piste, leur interdisant de bouger tant qu'ils n'ont pas été identifiés. Tout concourt à un spectacle apocalyptique dont la presse audiovisuelle commence en *live* à se faire le héraut alarmiste.

H plus 2 minutes et 35 secondes

À l'intérieur, la situation n'évolue pas. Philippe organise l'évacuation des blessés du Groupe par le toboggan. Ceux-ci, pour sortir, doivent couper le secteur de tir des terroristes. Avant chaque passage, Roland et Denis ouvrent le feu pour empêcher ceux-ci de tirer pendant que leurs camarades blessés franchissent la zone de feu. Arlé, avec son épaule fracassée, glisse à son tour sur le toboggan avant gauche pour être pris en charge par le médecin.

H plus 3 minutes et 15 secondes

Thierry ne peut plus bouger, tant il a été durement touché. Il gît là, à l'entrée du couloir, à deux mètres de

Roland qui ne peut pas lui venir en aide. Il souffre en silence. Sans appeler. Sans se plaindre. Il s'accroche pour ne pas perdre connaissance. Karl, à son tour, se laisse glisser sur le toboggan des blessés, suivi, une petite poignée de secondes plus tard, par son ami Bull.

H plus 3 minutes et 40 secondes

Les deux derniers terroristes embusqués avec leurs otages dans le cockpit posent un problème aux hommes du GIGN. Ils ne peuvent intervenir massivement – quels que soient les risques pour eux-mêmes –, de peur de blesser ou de tuer le commandant et le mécanicien. Par ailleurs, il faut qu'ils puissent secourir Thierry avant qu'il ne soit trop tard. Enfin, la menace d'une explosion de la bombe dont ils connaissent l'existence – mais pas l'emplacement – laisse planer un redoutable spectre sur l'issue du combat.

Roland, qui est le mieux placé pour juger de la situation et de la position des tireurs, fait part de son plan en deux mots à Denis Favier, toujours à ses côtés.

— Il faut qu'on parvienne à déloger celui qui se trouve dans le coin à droite ! Celui qui rafale à travers les cloisons, avec l'Uzi !

Le terroriste placé à droite du cockpit tire à l'aveugle mais ses balles, traversant la cloison, interdisent l'accès à l'avion par la porte avant droite. Bardelloche et Fabrice, embusqués sur la passerelle, ne peuvent pas rejoindre leurs camarades à l'intérieur.

— Demandez à Bouffy qu'il applique des tirs précis sur le fuselage du cockpit. Exactement sous le dernier hublot à gauche et trente centimètres en dessous. Ils sont là ! Donnez-lui aussi notre position exacte.

La kalache tire une nouvelle fois. Une seule et courte rafale. Deux balles se fichent dans le coussin du siège au pied duquel Roland est allongé.

— ~~Merde,~~ il ajuste son tir !

ZUT

Roland et Denis ripostent de concert tandis que Denis chuchote dans sa radio.

— Bouffy de Denis.

— Oui, Denis, parlez !

— Il reste deux terroristes à neutraliser. Faites effectuer des tirs pile trente centimètres sous le hublot du cockpit le plus à gauche pour vous. L'équipe d'assaut est à environ quatre à cinq mètres plus à gauche encore. Est-ce que c'est clair pour vous ?

— OK, Denis. C'est clair pour nous. On s'en occupe !

Quelques secondes s'écoulent. Le temps pour Bouffy de retransmettre la demande par radio à ses tireurs.

— À tous les tireurs en visuel sur le coin gauche du cockpit : tir trente centimètres sous le dernier hublot. Les deux terroristes sont accroupis à cet endroit. L'équipe d'assaut est à cinq mètres en arrière. Feu d'initiative limité à une balle chacun.

Au GIGN, tous les hommes reçoivent la même formation. Tous sont tireurs d'élite. Tous sont à même d'intégrer une équipe d'assaut. Tous interchangeables. Ce qui offre l'avantage de rendre les problèmes compréhensibles pour tous et permet d'y répondre avec une confiance mutuelle.

FACE-À-FACE ENTRE LES TERRORISTES ET LE GIGN (H+1 minute/H+7 minutes)

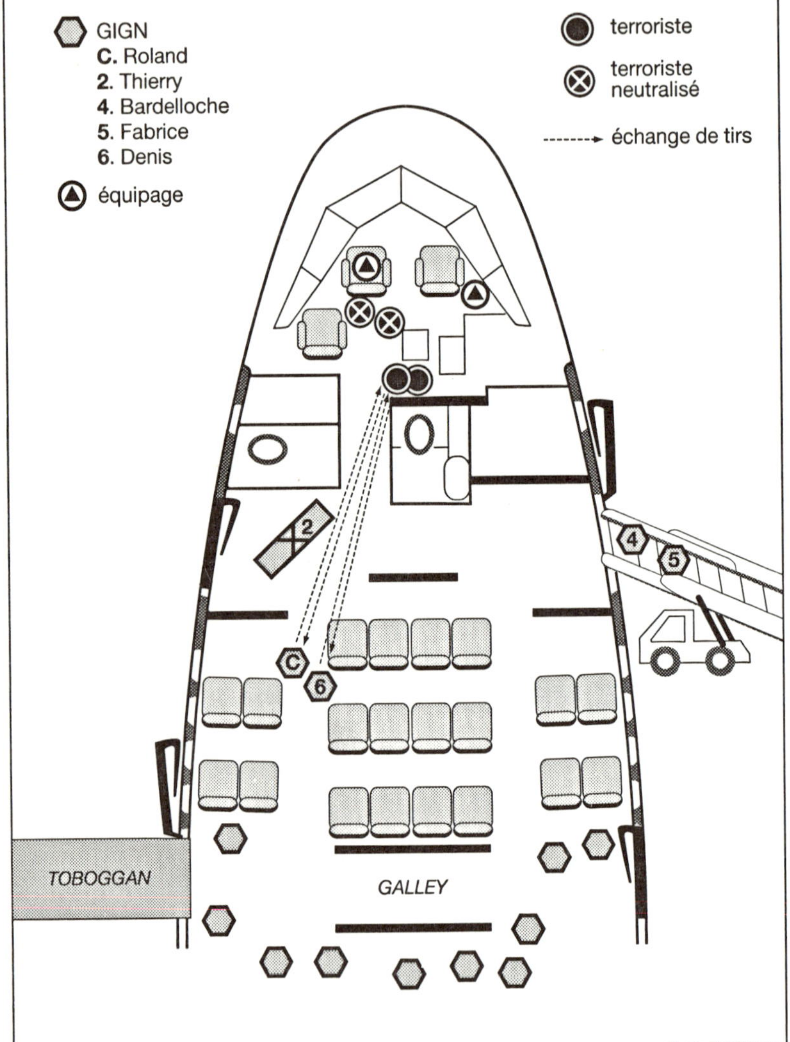

Dessin : Noël Meunier

H plus 4 minutes

Quatre coups de feu claquent et transpercent la carlingue à l'endroit voulu. Blindus, Didier, Christian et Boris, de l'équipe de Bouffy, ont concentré leurs tirs sans voir les terroristes, en respectant les consignes, avec l'assurance de ne pas toucher un otage ou l'un de leurs collègues. Vingt secondes de silence suivent. C'est le moment que choisit Philippe pour annoncer dans les radios dont sont équipés tous les membres du Groupe :

— À tous, évacuation à l'arrière terminée. Tous les passagers ont quitté l'avion. Aucun blessé. Je répète : aucun blessé !

Une rafale de kalache et une volée de balles d'Uzi semblent la réponse des terroristes à cette bonne nouvelle. Depuis la plate-forme, Bardelloche parvient à lâcher quelques coups vers le cockpit.

La libération des otages, passagers et personnel de cabine, tous sains et saufs, est un soulagement pour le Groupe qui n'a plus à se préoccuper de l'urgence de l'évacuation. Il peut maintenant se consacrer au reste de sa mission : libérer le commandant de bord et le mécanicien, toujours sous la menace directe des deux derniers terroristes.

H plus 4 minutes et 50 secondes

Les hommes chargés de l'évacuation remontent vers l'avant de l'avion pour épauler leurs camarades. Mais ce renfort ne change rien à la difficulté de l'intervention qui se limite à un échange de coups de feu. Un seul plan s'impose : forcer les deux terroristes à bouger dans la cabine de pilotage et à se dévoiler, par l'action combinée des tireurs à l'extérieur et de ceux à l'intérieur.

Les échanges de tirs se poursuivent, entrecoupés de courtes trêves. Paul et Jean-Michel, du groupe de

Philippe, profitent d'une brève accalmie pour rejoindre, par l'intérieur, la passerelle avant et vont renforcer Bardelloche et Fabrice. Depuis la plate-forme, Bardelloche lance une nouvelle grenade aveuglante. Le cockpit s'illumine. Jean-Michel et Bardelloche ouvrent le feu depuis la plate-forme pour empêcher les terroristes de les aligner.

Les fusils des tireurs d'élite claquent de nouveau depuis l'aérogare, toujours au même endroit. Du haut de la tour de contrôle, les négociateurs du GIGN assistent impuissants à l'assaut déclenché quelque six minutes plus tôt. Les « spectateurs » se pressent aux vitres de la tour de contrôle. Derrière celle du bâtiment des transitaires, Jean-François Brammard, l'œil vissé à l'œilleton de sa caméra, filme sans discontinuer, son objectif spécial à la limite de lumière. Tout aux images extraordinaires qu'il capte, il n'a pas encore conscience qu'il tient le scoop de sa vie.

H plus 6 minutes et 55 secondes

Un cri retentit, poussé simultanément par Roland et Denis.

– GRENADE !

Lancée du cockpit, une sphère quadrillée de la taille d'un poing, à la couleur brun sombre, roule en fusant dans l'allée. L'avertissement provoque aussitôt le retrait précipité des hommes sur la plate-forme. La grenade finit sa course entre Roland et Thierry. Roland ne fait qu'un bond et amorce un sprint vers l'arrière de l'appareil. Denis plonge au pied des fauteuils, le plus loin possible. Tous les hommes se planquent derrière les rangées de sièges, qui n'offrent qu'une bien maigre protection.

Un bruit assourdissant envahit la cabine. Amplifiés par l'exiguïté de l'habitacle, le souffle et l'onde de choc tordent les corps jusqu'aux tripes. Un insupportable sifflement strident transperce les oreilles, en même temps qu'une pluie d'éclats métalliques acérés déchiquette tout ce qu'elle rencontre. Thierry, déjà gravement touché, est incapable de se mouvoir. Il parvient dans un geste désespéré à se retourner sur le côté, offrant son dos à l'explosion. Une centaine de morceaux de fonte brûlants pénètrent les muscles de ses jambes et le bas de son dos. L'effroyable douleur lui arrache un long râle, puis son corps se relâche, le remettant dans la position d'un gisant.

Une fumée d'un gris épais envahit tout l'avant de l'Airbus. L'odeur âcre de l'explosif se mêle à celle de la poudre et des revêtements qui se consument. Dans ces quelques mètres carrés se sont imposés le goût, l'odeur et la fureur de la guerre. Un degré supplémentaire a été franchi par les terroristes dans le combat désespéré qui les oppose au GIGN.

Roland et Denis se retrouvent dans le *galley*. Sonnées par la puissance de la déflagration, leurs têtes résonnent et cognent sur les parois du casque au rythme des battements de leur cœur. Roland ressent un méchant picotement au niveau du mollet gauche. Une gêne plus qu'une douleur, il n'y prête pas attention.

Philippe s'approche de lui et lui parle. Il voit ses lèvres bouger et entend ses paroles dans un brouillard zébré de sifflements. Il se met à crier.

— Thierry ! Il faut aller le chercher ! La grenade a explosé à côté de lui !

— On va s'en occuper ! Toi, récupère un peu !

Régis, Fred, Pascal A. et Marco ont repris position face au cockpit et mettent la pression sur les terroristes chaque fois que le canon de la kalache ou de l'Uzi apparaît. Philippe interpelle deux de ses hommes.

— Jeff T. et Pierrot, vous allez récupérer Thierry ! Il faut le tirer de là ! Faites attention : vous êtes juste dans l'axe de tir. Et Thierry est mal en point !

Roland retourne se positionner, un peu en retrait par rapport à la place périlleuse qu'il occupait précédemment.

Les hommes du GIGN se mettent alors à appliquer avec mesure des tirs précis pour protéger Jeff T. et Pierrot qui s'avancent à découvert devant le couloir. Ils saisissent Thierry et le font glisser rapidement jusqu'à la porte pour l'évacuer par le toboggan.

Cela fait moins de huit minutes que Thierry a franchi la porte opposée, l'arme à la main.

H plus 8 minutes

De nouveaux tirs simultanés claquent dans le cockpit. Le groupe des tireurs d'élite a fait feu une nouvelle fois et un silence incongru s'installe pendant quelques secondes, rompu par la voix de Bouffy dans les postes de radio.

– À tous de Bouffy. Nous venons de neutraliser un terroriste. Il n'en reste plus qu'un.

Quelques secondes plus tôt, un homme s'est levé dans le cockpit, une silhouette fugitive de profil, avec une chemise blanche. Le mécanicien navigant ? Non ! Les tireurs, pour l'avoir observé pendant plus de quinze heures dans le froid au bout de leurs lunettes grossissantes, l'identifient sans conteste. Deux coups de feu simultanés traversent la vitre du cockpit. Mustapha s'écroule, touché à mort par les deux projectiles.

– De Bouffy. Nous n'avons jamais vu le quatrième homme depuis le début de l'assaut. Il ne s'est pas dévoilé.

– OK, reçu. Pour nous, il se tient près de l'entrée. Accroupi, peut-être allongé.

– De Bouffy, nous voyons parfaitement le pilote, installé sur son siège. Il ne semble pas être blessé. On ne sait rien du mécanicien.

H plus 8 minutes et 30 secondes

Jarqui, près de la porte avant, installe Thierry dans le toboggan le plus précautionneusement possible. Puis, s'allongeant de tout le long de son mètre quatre-vingt-dix, il accompagne la descente du blessé à bout de bras. Thierry glisse doucement vers le sol où il est réceptionné délicatement par les médecins. À l'intérieur de l'avion, toutes les armes des hommes sont pointées vers le cockpit. Prêtcs à faire feu si le dernier terroriste se dévoile. Deux vies restent encore à sauver.

H plus 9 minutes et 50 secondes

Le brouillard de poudre est retombé depuis quelques secondes. Le pistolet-mitrailleur Uzi s'est tu. Mais pas la kalachnikov à laquelle répondent les coups plus sourds des armes de poing des gendarmes. Le cri est unanime !

– GRENADE !

Du couloir viennent de jaillir une grenade et un long cylindre : c'est un bâton de dynamite.

L'explosion quasi simultanée est terrifiante. Un souffle puissant parcourt l'avion. Des éclats de fonte se plantent dans le plafond, les parois et les sièges. Une odeur étouffante de nitroglycérine mêlée à celle de l'explosif. Une épaisse fumée noire se développe, plongeant la cabine dans le noir, aveuglant les hommes abasourdis, planqués derrière les fauteuils.

On n'y voit plus à cinquante centimètres.

Sur la passerelle avant, les quatre gendarmes – Bardelloche, Pascal, Fabrice et Jean-Michel – dévalent l'escalier pour éviter les éclats de fonte. Quelques secondes s'écoulent, avant que ceux qui sont à l'intérieur récupèrent une partie de leurs sens et se replacent instinctivement en position opérationnelle. Mais ils ne voient plus rien. N'entendent plus rien si ce n'est l'écho assourdissant de la double déflagration.

Sur la passerelle, marche après marche, les armes au bout de leur bras tendu, les quatre hommes de l'équipe avant remontent prudemment vers la porte. Un opaque rideau de fumée semble l'avoir refermée. Bardelloche, en tête du petit groupe, pressent comme une présence menaçante. Il monte une marche supplémentaire, imité par les trois autres, collés derrière lui.

H plus 10 minutes et 20 secondes

Deux coups de feu retentissent, éclairant d'une lueur diffuse l'écran de fumée. Bardelloche sent un choc sur son arme, si puissant qu'il tombe à la renverse et dégringole toutes les marches de la passerelle. Dans sa chute, il entraîne Pascal et Fabrice immédiatement derrière lui. Jean-Michel fait feu à trois reprises vers la porte ouverte, dans le brouillard d'où sont partis les coups. Rub, l'un des tireurs d'élite postés sur la piste, s'élance pour porter main forte à ses camarades en difficulté. Il laisse son fusil à son coéquipier et monte à l'assaut, l'arme au poing.

Bouffy intervient aussitôt depuis le toit de l'aérogare. Ses tireurs n'ont pas vu le pirate de l'air mais ont pu localiser l'origine des coups de feu.

— À tous ! Attention, le terroriste est au niveau de la porte avant ! Il est sorti du cockpit pour tirer sur nos gars. Faites gaffe, il doit être tout près de vous !

Salim, le plus jeune des terroristes et le moins expérimenté, agit comme un redoutable combattant, à l'image de ses héros de jeux vidéo.

Après avoir envoyé sa grenade et le bâton de dynamite qu'il a pris dans un sac posé à côté de lui, il est sorti de la cabine de pilotage, profitant de l'effet de surprise et de la fumée pour aller jusqu'à la porte et tirer froidement sur l'homme de tête de la passerelle. Bardelloche ne doit la vie qu'à un hasard extraordinaire : la balle a frappé la partie métallique sous le canon du Syg P 228 qu'il brandissait à bout de bras. Sous l'impact, l'arme s'est tordue, lui endommageant simplement l'extrémité de l'index.

H plus 10 minutes et 40 secondes

Salim, toujours protégé par la fumée, retourne vers le cockpit à reculons. Mais il commet l'erreur d'arroser la cabine d'une longue rafale avant d'avoir rejoint sa cachette. La riposte est immédiate, les hommes du GIGN ont repéré les lueurs qui sortent du canon. Sans se concerter, ils ont tiré à la même fraction de seconde. Une seule détonation claque dans le brouillard. Un bruit sourd résonne dans le couloir. Celui d'un corps qui s'écroule.

Le silence s'installe à l'avant de l'avion. D'autant plus lourd qu'il succède au vacarme des armes. Les hommes du GIGN sont figés, leurs armes braquées en position de tir. Les secondes défilent lentement. Aucune parole n'est prononcée. Les regards fixent l'entrée du cockpit qu'ils devinent dans la fumée qui tarde à se dissiper. Soudain, un grésillement retentit dans les radios.

— Ils sont morts. Tous les terroristes sont morts.

— Qui parle ? Qui dit ça ? rétorque Philippe.

— C'est Bernard !

Bernard Honner le négociateur, qui appelle haletant depuis la tour de contrôle.

— Comment le sais-tu ?

— Le commandant de bord et le mécanicien sont en vie ! C'est le mécano qui vient d'appeler. Le dernier terroriste est mort. Ils sont tous morts ! Il l'a répété à plusieurs reprises.

— On y va doucement ! Attention, c'est peut-être un piège !

Les hommes du GIGN se déploient silencieusement et avancent vers le cockpit, armes braquées, tous les sens en alerte, tentant de percer du regard l'écran de fumée.

H plus 12 minutes et 20 secondes

— Les otages ! Sortez les mains sur la tête ! hurle Philippe.

Les lampes-torches éclairent l'entrée de la cabine de pilotage. À l'intérieur, des bruits diffus. Dans l'embrasure de la porte apparaît une mince silhouette. Devant les canons pointés dans sa direction, Alain Bossua, l'officier mécanicien, marque un temps d'arrêt. Sa fébrilité est perceptible. Il parvient néanmoins à esquisser une grimace tremblotante à ce mur de casques et d'armes en face de lui. Marco s'approche et lui tape gentiment sur l'épaule.

— Tu peux baisser les bras. C'est fini !

Quelques secondes plus tard, le commandant de bord déplie ses cent quatre-vingt-douze centimètres et, le bras droit ensanglanté, franchit à son tour la porte de son poste de pilotage. Capitaine courageux, quittant le dernier son navire.

Comme habité par la sérénité du devoir accompli, un léger sourire flotte sur son visage. En le voyant avancer entre deux haies de gendarmes, Roland est impressionné par sa dignité alors qu'il vient de passer les cinquante-quatre heures les plus pénibles de sa vie, dont quinze minutes de furie au cours desquelles des centaines de balles ont été tirées autour de lui, dont deux l'ont touché[1]. Bernard Dellhemme salue les hommes d'un geste de la tête, qui vaut mieux qu'un long discours. Soutenant son coude blessé, il s'engage sur la passerelle et quitte le vol AF 8969.

1. Le commandant a été touché par deux balles qui ont probablement ricoché pendant l'assaut, l'une lui a entamé le bas du dos, et l'autre s'est logée dans le coude.

— On va contrôler le cockpit !

Philippe fait signe à Roland, mais celui-ci sent la douleur dans son mollet devenir plus vive. La tension retombée, les souffrances et la fatigue accumulées depuis trois jours lui pèsent soudain sur les épaules. Il se penche pour regarder le bas de sa tenue : elle est tachée de sang qui a coulé jusque dans son *ranger*. Roland ne dit rien, préférant rester encore un peu avec les autres avant d'aller voir le toubib.

Régis et l'Écureuil sont de part et d'autre de Philippe et les trois hommes s'approchent prudemment de la cabine de pilotage, leurs pistolets toujours pointés vers l'avant. Ils enjambent le corps de Salim, tombé dans le couloir en serrant toujours contre lui sa kalachnikov AK 47 et ses chargeurs jumelés, qui ont provoqué tant de dégâts parmi les hommes du GIGN. Près de lui, un second chargeur plein. Jonchant le sol près des trois autres cadavres : le pistolet-mitrailleur Uzi ainsi que deux magasins chargés de cartouches et deux pistolets automatiques de calibre 9 mm ; posées sur une étroite tablette fixée sur la cloison qui sépare le poste de pilotage des toilettes, deux grenades soviétiques à fragmentation, dont les goupilles sont en position d'arrachage rapide. Par terre, dans un sac, des blocs de piles et de fils électriques ainsi que trois morceaux de cordeau détonant et un de mèche lente.

Les trois hommes cherchent en vain la bombe [1] et palpent les corps des quatre terroristes.

Philippe, Régis et l'Écureuil sortent du cockpit.

— Ils sont tous morts !

Tous les hommes rengainent leurs armes de poing, jetant des regards impressionnés sur les dégâts à l'avant

---

1. Elle sera retrouvée par l'équipe de déminage sous le siège de la cabine Club où l'avait cachée Yahia quelques minutes avant l'assaut. Un kilo d'explosif en bâtons de dynamite entourés de cordeau détonant ficelé avec du sparadrap et munis de trois dispositifs de mise à feu.

de l'avion. Le sol est éventré là où les grenades et la dynamite ont explosé. Le sang de Thierry s'étale sur la moquette à l'entrée du couloir. Les cloisons du cockpit sont trouées comme des passoires, laissant passer des dizaines de fins rais de lumière où danse la poussière. Les sièges des premiers rangs sont déchiquetés, laissant apparaître leur carcasse éventrée recouverte de fibres et de mousse. Roland veut en avoir le cœur net et se dirige vers le poste de pilotage. Le tableau de bord est détruit, criblé d'impacts. Des trous percent la carlingue. Il trouve l'explication qu'il recherche : le tireur à la kalache était planqué derrière des caissons métalliques d'une cinquantaine de centimètres d'épaisseur, remplis d'équipements de bord. Il était impossible d'y forer un trou avec des balles.

Il montre l'orifice qu'ils ont difficilement percé à Denis Favier.

— Il nous aurait fallu un lance-roquette !

Le commandant et le chef de groupe veulent comprendre pourquoi les deux derniers terroristes ont été si difficiles à neutraliser. L'explication est sous leurs yeux : terrés sous la tablette du mécanicien, protégés par le blindage des instruments, défendant une étroite ouverture, leur position était d'autant plus imprenable que la présence des deux otages retenait les hommes du Groupe.

Avant de quitter le cockpit, les deux hommes jettent un regard rapide sur les cadavres dont le visage méconnaissable est déformé par la mort violente.

S'y inscrit la devise du GIA :

« Pas de trêve, pas de dialogue, pas de réconciliation. »

13.

26 décembre

Marignane. Tarmac de l'aéroport. 17 h 30

Tous les ex-otages ont quitté l'avion depuis plus de dix minutes maintenant. Mais leur épreuve n'est pas totalement terminée pour autant. Les gendarmes de l'EPIGN, l'Escadron Parachutiste de la Gendarmerie Nationale chargé de les réceptionner au pied de l'avion, ont reçu des consignes très fermes et les appliquent scrupuleusement. La première est d'assurer leur sécurité en les regroupant sur le tarmac, puis de contrôler les identités avant de les évacuer. La présence éventuelle d'un cinquième terroriste, peut-être une femme, leur a été signalée et les gendarmes se mettent vigoureusement à sa recherche. Le combat qui se déroule toujours à l'avant de l'appareil contribue à accentuer cette ambiance de suspicion et de paranoïa qui s'exerce au détriment des otages libérés.

Ceux-ci n'ont qu'une idée : s'éloigner au plus vite de l'appareil maudit dont ils redoutent l'explosion. À quelques dizaines de mètres, ils aperçoivent les lumières de l'aérogare dont ils sont séparés par un cortège d'ambulances et de véhicules de pompiers, maintenus à distance. Les passagers sont contraints de rester assis par terre sur le ciment gelé, dans le froid, pendant que les gendarmes contrôlent les identités avec une rigueur et une poigne toutes militaires. Ce premier accueil est rude et suscite l'incompréhension, puis la colère. Paradoxalement, le comportement de leurs sauveurs leur paraît plus inconcevable que celui de leurs ravisseurs. C'est ce qu'expriment surtout les membres de l'équipage qui tentent vainement de se faire reconnaître. Au premier rang d'entre eux, Claude qui « étouffe de colère impuissante ». D'autres conservent un peu de dignité et prennent leur mal en patience. Zahida respire l'air frais et lui trouve le goût sucré de la liberté. Ferhat Mehenni a envie d'embrasser la terre glacée pour apaiser le feu de joie qui le brûle. Les gendarmes qui attendent l'ordre de les laisser partir distribuent des couvertures de survie, tout en tentant de justifier cette mesure de quarantaine jugée excessive.

Tous les otages sont ensuite emmenés en car jusqu'à l'aérogare où la sécurité civile a installé des brancards et du matériel médical. Les médecins prennent en charge les blessés, souffrant pour la plupart d'écorchures et de membres froissés pendant l'évacuation. Mais c'est sur le plan moral et psychologique que les ex-otages sont le plus touchés. Toute la palette des émotions humaines s'exprime, par contrecoup : depuis l'abattement proche de l'hébétude jusqu'à l'exubérance. Beaucoup pleurent silencieusement, d'autres sanglotent ou éclatent de rire nerveusement. D'autres ont du mal à s'exprimer et répondent par monosyllabes aux questions des médecins.

Parmi les otages, l'un d'entre eux ne passe pas inaperçu lorsqu'il pénètre dans la salle, les bras menottés dans le dos, la chemise en sang, emmené par l'un des gendarmes parachutistes. Christophe, le steward, interloqué, reconnaît le mécanicien navigant. Il se précipite pour le faire libérer. Alain B., les tympans crevés par l'explosion de la grenade, est devenu sourd et n'a pu s'expliquer dans la confusion générale. Il est rapidement démenotté et pris en charge par les médecins.

Couché sur un brancard, le commandant Dellhemme est placé sous perfusion. Un petit sourire ironique ne quitte pas son visage alors que plusieurs passagers qui l'ont reconnu viennent le féliciter. Les membres du personnel navigant, qui l'ont cru mort ainsi que son mécanicien, s'empressent de lui témoigner leur soulagement. Non loin de là, le copilote, Jean-Paul Borderie, qui a sauté depuis le cockpit, se fracturant le bassin et les os du poignet, est immobilisé dans une coque de transport. L'équipage dans sa totalité est sauf.

Les neuf blessés du GIGN, déjà pris en charge médicalement par leurs propres médecins, sont regroupés sur des brancards dans l'aérogare. Thierry, le plus gravement atteint, a été emmené sans délai en ambulance pour le bloc opératoire de l'hôpital de la Timone. Encore sous le coup de l'assaut, les autres membres du Groupe les entourent, trop sonnés pour se féliciter du succès de leur intervention. En silence, ils se laissent aller au simple plaisir d'être toujours vivants et de n'avoir à déplorer aucune perte irrémédiable. Quelques bouffées de cigarettes, prohibées au GIGN, sont la seule concession à l'émotion qui les étreint. Roland accroche le regard de Philippe. Les deux chefs de groupe qui ont deux jours plus tôt mis au point le scénario d'intervention n'ont pas besoin de mots pour se comprendre. Juste un petit pétillement dans l'œil, qui veut dire : « On l'a fait ! »

Abords de l'aérogare de Marignane. 17 heures

Une autre bataille est en train de faire rage sur les parkings de l'aérogare où sont réunis les cars émetteurs des grandes chaînes nationales et internationales. La guerre de l'info, moins meurtrière mais dont les dommages collatéraux vont se révéler redoutables, se poursuit. Alors que les différentes rédactions audiovisuelles à Paris pressent leurs envoyés spéciaux de fournir des précisions sur l'assaut – qu'aucun journaliste n'a pu observer, mais qui fait l'objet de toutes les supputations –, un homme se dépêche de se faufiler entre les barrages pour rejoindre les camions de TF1 et de LCI. Jean-François Brammard, fébrile, serre contre lui sa caméra et la cassette qu'il vient de réaliser. Il est le seul à avoir le film de l'assaut, tourné à moins d'une centaine de mètres de l'avion.

— J'ai tout dans la boîte ! explique-t-il aux techniciens qui se trouvent dans le car de TF1.

Il ne faut que quelques minutes pour visionner la cassette. Des minutes en or pour la chaîne privée qui décide de diffuser le reportage immédiatement sur LCI, faisant partie du même groupe que TF1. « *On avait le faisceau, alors on a tout balancé comme ça, en direct, sans montage*[1] *!* » racontera plus tard le caméraman. La vidéo est tellement impressionnante qu'elle scotche devant leur téléviseur une bonne partie des Français. Les images sont parlantes, un peu trop même puisque, « balancées » sans précaution et sans commentaires pertinents, elles percutent les téléspectateurs sans leur donner d'explications sur les événements spectaculaires qui se déroulent sous leurs yeux.

N'en voyant que les effets dramatiques, ils en imaginent les conséquences funestes.

Les plus touchées sont, bien sûr, les familles d'otages et celles des gendarmes du GIGN qui s'effondrent devant la violence de ce qu'elles découvrent sur le petit écran.

La guerre du scoop n'est pas terminée : remportée par KO par LCI et TF1 – qui interrompt ses programmes pour diffuser la cassette à son tour ; celle-ci commence à tourner en boucle sur les deux chaînes privées.

France 2 est battu à plates coutures.

---

1. Les dialogues en italique sont tirés du compte rendu du séminaire du CNRS (1999) sur « Les médias en situation de crise. Constats et questionnement sur la couverture d'actes de terrorisme », signé Patrick Lagadec, professeur à l'École polytechnique.

Son directeur de l'information décide de pirater le scoop de TF1 et repique carrément la vidéo pour la diffuser, sans l'accord de la chaîne, sur l'antenne publique[1].

Paris. Studios de France 2. 17 h 20

France 2, depuis ses studios parisiens où s'agite un présentateur, lance la vidéo piratée avec des commentaires du journaliste, qui improvise en direct sur les images.

— *On voit effectivement ici les ambulances sur la droite, d'où sont descendus il y a quelques instants les hommes du GIGN (sic). Il y a eu plusieurs explosions, on en voit encore. Il s'agit de grenades fumigènes ou aveuglantes qui sont bien entendu destinées à assourdir et à rendre tout à fait impossible pour les preneurs d'otages, à l'intérieur, la localisation de l'agression. Et donc les hommes du GIGN sont arrivés de plusieurs endroits en même temps... de l'appareil. Aussitôt les toboggans se sont ouverts de façon à ce que les otages puissent évacuer l'appareil le plus vite possible... parce qu'on craignait bien sûr que les preneurs d'otages puissent utiliser des grenades et faire sauter l'appareil... puisque selon certains témoignages d'otages libérés, ils étaient en disposition de grenades*[2]*...*

Et le journaliste termine son laborieux exercice avec un prudent : « *Et donc : tout s'est visiblement terminé sans trop de casse !* »

— *Merci ! Voilà tout ce qu'on pouvait dire, en étant le plus complet possible !* conclut sans rire le présentateur en studio... avant de se raviser et d'appeler son envoyé spécial à Marignane.

— *Nous n'avons toujours pas de bilan. Peut-être Christophe Tortora à Marignane, un dernier mot ?*

1. TF1 portera plainte contre France 2 pour ce piratage.
2. Compte rendu du séminaire du CNRS (1999) sur « Les médias en situation de crise, *op. cit.*

– Oui, une information qu'il faut évidemment vérifier. Une personne travaillant sur la piste de l'aéroport vient de me voir et de me donner le bilan très lourd : seize personnes auraient été tuées plus les cinq preneurs d'otages ! C'est une information que je vous donne au conditionnel, bien entendu, mais une personne qui travaille sur la piste me l'a donnée. Seize personnes tuées, plus les cinq terroristes, plus le commandant de bord, plus le copilote !

Et Tortora d'ajouter : « *Ce sont des informations qui ne sont pas confirmées, donc je vous les confirmerai plus tard dans la soirée !* »

Le journaliste, visiblement inquiet, appelé à faire un commentaire sur ce bilan, avance difficilement une explication embrouillée avant de préciser : « *Il y aurait donc selon ces informations – qui ne sont pas vérifiées – seize personnes tuées ! Ce qui est énorme !* »

L'animateur enchaîne :

– Merci beaucoup ! L'Airbus est maintenant aux mains du GIGN. Nous nous retrouvons donc dans à peu près 25 minutes pour donner un premier bilan de cet assaut donné par le Groupement d'Intervention de la Gendarmerie Nationale. C'était à 17 h 20 sur l'aéroport de Marignane. À tout à l'heure !

Cette information dramatique diffusée sur la chaîne publique a un effet dévastateur.

L'épouse du commandant Dellhemme apprend la nouvelle devant son téléviseur. Juste après avoir visionné la scène de guerre qui déchire le cockpit où se trouve son mari. Elle est foudroyée de chagrin[1].

Comme toutes les rumeurs, celle-ci se développe avec une vitesse impressionnante. Elle trouve d'autant plus d'écho que plusieurs journalistes, munis de scanners, ont

1. Mme Dellhemme sera très affectée par cette fausse nouvelle. Elle demandera, par lettre, que la direction de la rédaction de France 2 et le P-DG de France Télévision lui présentent tout au moins leurs regrets et leurs excuses. Elle ne recevra aucune réponse.

intercepté les dernières paroles du mécanicien, hurlant dans son micro, à l'intention de la tour : « Ils sont tous morts ! Arrêtez de tirer ! Ils sont tous morts[1] ! » Bientôt, la rumeur attribue ces victimes, tantôt parmi les otages, tantôt parmi les gendarmes. Les médias les plus responsables évitent d'avancer un chiffre aussi précis, mais les commentateurs laissent entendre que le bilan pourrait se révéler très lourd, « particulièrement au sein des forces d'intervention ». L'ensemble des familles du Groupe est vissé à son téléviseur. C'est la première fois qu'une opération du GIGN est ainsi filmée en direct. L'inquiétude des compagnes, des parents et des enfants, qui accompagne chaque départ en mission tourne cette fois-ci à l'angoisse devant la crudité des images et à l'annonce du bilan ravageur.

Les dizaines de minutes qui suivent sont pour beaucoup de Français et d'Algériens – concernés de près ou de loin par l'événement – particulièrement horribles. L'absence de réaction ou de déclaration officielle crédibilisant toutes les rumeurs.

Aéroport de Marignane. 17 h 40

Plusieurs inspecteurs de police ont été mobilisés pour entendre les ex-otages comme témoins. La machine administrative judicio-policière s'est mise en marche à son rythme, sans considération humanitaire. Consignés dans la salle d'attente, les otages n'ont pour la plupart qu'une envie : prévenir leurs familles. Tout le monde se jette sur les rares cabines téléphoniques payantes et les cartes téléphoniques manquent[2]. L'équipage bénéficie de l'aide des employés d'Air France, ce qui leur permet de rassurer leurs familles. Les passagers se débrouillent comme ils peuvent.

1. Le micro du commandant de bord a été détruit pendant l'affrontement.
2. En 1994, la téléphonie mobile est encore peu développée.

Les gendarmes du GIGN ne sont pas mieux lotis. Tout le Groupe s'est réuni dans les locaux de la gendarmerie de l'aéroport. Outre Thierry, les autres blessés, Arlé, Puce, Olivier H., Karl et Bull, ont été transférés vers l'hôpital. Roland, Bardelloche, Fabrice et Pascal B., moins grièvement touchés, refusent d'être évacués et restent avec leurs camarades. Le commandant Denis Favier constate que sur les huit hommes du groupe avant, il est le seul à ne pas avoir été touché. Roland, après avoir reçu les premiers soins, emprunte son téléphone à un colonel de gendarmerie.

– Allô, Fanfan ?

– Chéri, c'est toi ! Tu n'as rien ?

– Non. Juste un petit éclat au mollet. Mais rien de grave.

– J'ai eu très peur en voyant les infos à la télé ! L'assaut a été filmé en direct ! Et on a tout vu !

– Ah bon ?

– Oui. Et ils ont annoncé ensuite qu'il y avait plusieurs morts parmi le GIGN et l'équipage. Que le commandant de bord avait été tué. J'étais morte d'inquiétude ! Tu es sûr que tout va bien ?

– On a des blessés mais pas de mort. Et le commandant est bien vivant ! Les otages aussi s'en sont sortis. Il n'y a eu que les terroristes de tués.

– Tu ne sais pas comme j'ai eu peur !

– Écoute, je ne peux pas te parler trop longtemps. Je reviens cette nuit. Embrasse mon petit Romain... hé, Fanfan !

– Oui, Roland.

– Je t'aime... Fanfan !

– Moi aussi, chéri. Je t'aime très fort !

Paris. Hôtel Matignon. 18 h 30

Édouard Balladur, comme tous les membres du gouvernement, a assisté « sans voix » à la diffusion de la vidéo, entouré des membres de son cabinet. L'intensité des images laisse place à toutes les supputations. Charles Pasqua depuis la Place Beauvau est le premier à lui communiquer la nouvelle inespérée : aucune victime parmi les otages, les quatre terroristes ont été tués et, bien que dix membres du GIGN aient été blessés, aucun n'a succombé à ses blessures. Le soulagement sincère du Premier ministre est de courte durée. La politique reprend ses droits et les deux hommes s'accordent pour profiter pleinement du retentissement médiatique provoqué par cette heureuse issue. Ils tombent d'accord pour une conférence de presse commune, en fin d'après-midi, avant le journal de 20 heures[1]. De son côté, François Mitterrand, averti par Hubert Védrine, réagit promptement en faisant annoncer qu'il recevra le GIGN le lendemain à l'Élysée. Le chef de l'État, avec son flair politique habituel, a très bien senti qui sont les véritables héros du jour ! En outre, François Mitterrand a une réelle sympathie pour le GIGN depuis sa création. N'est-ce pas à son fondateur, Christian Prouteau, qu'il a confié sa propre sécurité, avec la création du Groupe de Sécurité du Président de la République (le GSPR), émanation directe du Groupe ?

Hall de l'aéroport de Marignane. 23 heures

Les ex-otages commencent à comprendre que leur cauchemar est terminé. François Léotard, le ministre de la Défense, tout juste de retour de Sarajevo, est le premier membre du gouvernement à se rendre au-devant des rescapés. Il tient à venir féliciter lui-même les membres du GIGN et leur commandant, soulignant qu'à sa

1. Sur TF1, le JT de 20 heures fait exploser l'audimat avec plus de 21 millions de téléspectateurs.

connaissance, c'est la première fois dans l'histoire de la piraterie aérienne qu'il n'y a à déplorer aucune perte humaine tant chez les otages que parmi les forces de l'ordre, pendant un assaut. Il en attribue tout le mérite aux hommes du Groupe[1].

Air France a mis un avion à la disposition des ex-otages et des membres du GIGN pour les rapatrier à Orly. Parmi les passagers détournés, le plus grand nombre préfère passer la nuit à l'hôtel plutôt que de remonter tout de suite dans un avion. En revanche, tout l'équipage, à l'exception du copilote resté à la Timone à Marseille, embarque dans l'avion où François Léotard a pris place au milieu des rescapés du Groupe. Le commandant Dellhemme, qui a reçu les premiers soins à l'hôpital, a pu rejoindre Marignane à temps et se repose dans un brancard.

Roland, dont le mollet enfle douloureusement, est installé en première avec une perfusion. La fatigue et la tension des trois derniers jours s'abattent sur lui, et l'entraînent dans une douce torpeur. Soudain, un jeune homme qu'il ne connaît pas se penche vers lui, attrape sa main et la serre convulsivement.

— Je voudrais vous embrasser, monsieur !

— Hé ! hé ! Doucement : pas sur la bouche, hein ! Comment tu t'appelles ?

— Richard, j'étais steward sur le vol.

Le jeune homme ne peut ajouter un mot et s'effondre en larmes.

— Ne t'inquiète pas ! Tu n'as plus rien à craindre.

— Vous… vous m'avez sauvé la vie ! Les terroristes m'avaient désigné pour être le prochain… à être exécuté. C'était prévu pour 17 h 30 ! Ils… ils voulaient me couper la tête. En intervenant, vous m'avez sauvé ! J'ai

1. François Léotard fera classer cette journée comme « fait de guerre » pour le GIGN.

déjà remercié vos collègues, mais vous, vous êtes blessé et... et...

— Moi, ce n'est pas trop grave... mais il y en a d'autres plus atteints. Tu dis que tu devais être exécuté ?

— Oui. Depuis une heure ou deux, j'avais remarqué qu'ils me regardaient différemment... et certains passagers aussi ! Mais personne ne m'a rien dit sur le coup. Pourtant, quelques minutes avant l'assaut, le grand, celui qui avait tué les autres otages, m'a regardé fixement avec un air féroce. J'étais à l'avant, en Club. J'ai pris mon imperméable et me suis dirigé vers l'arrière où la porte était entrebâillée. J'avais décidé de sauter. Et puis, j'ai vu dans l'autre allée les deux terroristes courir en sens inverse, en criant quelque chose. Quelques secondes plus tard, vous avez pénétré dans l'avion ! Je me suis jeté sur une rangée de fauteuils en plein sur des passagers ! Plus tard, dans le hall de l'aéroport, plusieurs personne m'ont confirmé que je l'avais échappé belle : ils voulaient me couper la tête ! C'est grâce à vous que je suis toujours vivant ! Merci, merci... merci !

Roland, en écoutant ce témoignage poignant, sent sa gorge se nouer. La fatigue, l'émotion le submergent. C'est le plus bel hommage à son engagement et la justification de ses longues années dans le Groupe. Il est au bord des larmes.

— Ben... Tu sais, on a fait notre travail... je... je suis content que nous soyons intervenus à temps...

— Donnez-moi vos coordonnées, je viendrai remercier vos collègues blessés à l'hôpital. J'y tiens vraiment !

Aéroport d'Orly. Pavillon d'honneur. Minuit

L'ambiance est survoltée dans le hall d'honneur où sont réunies les familles des ex-otages, autour des officiels et d'un buffet. Le gouvernement est représenté par Nicolas Sarkozy, son porte-parole, et par Bernard Bosson, le ministre des Transports. Sont également présents le président d'Air France, Christian Blanc, ainsi qu'une brochette de militaires où se distinguent en majorité les uniformes bleus des officiers de l'état-major de la gendarmerie. Champagne et petits fours attendent les rescapés du vol 8969. Ils débarquent sous les flashes et les projecteurs, sales, clignotant des yeux, ivres de fatigue mais le sourire aux lèvres. Une salve d'applaudissements les accueille, les familles se précipitent pour embrasser les leurs. Mais l'ovation réservée aux gendarmes dépasse tout ! Les applaudissements, les cris, les bravos et les mercis redoublent dans un concert assourdissant dominé par les you-you stridents lancés par les femmes arabes. Les mains se tendent pour les toucher, les serrer, les congratuler. Les plus abasourdis devant cet accueil de rock-star sont les gendarmes, habitués à rentrer de mission de nuit, en silence et dans l'anonymat. Et pour ces hommes, rugueux et secrets, l'émotion se manifeste par des sourires confus et un immense étonnement au fond des yeux.

Camp de Satory.
27 décembre, 2 h 10 du matin

Le convoi de CX break du GIGN dépose les hommes au pied des immeubles où beaucoup de fenêtres sont encore allumées. Roland a refusé de se rendre à l'hôpital et, pour une fois, prend l'ascenseur pour monter à son appartement qu'il a quitté soixante-deux heures plus tôt. Fanfan est déjà derrière la porte et se jette dans ses bras à peine en a-t-il franchi le seuil. Ils s'embrassent longuement, tandis qu'elle le palpe comme pour s'assurer qu'il est là, bien vivant. Puis elle s'écarte un peu pour le contempler, les yeux rougis d'avoir trop pleuré, de peur puis de joie. Le bas de la combinaison de son mari, tachée de sang séché, la fait froncer les sourcils.

— T'inquiète pas : tous les morceaux sont là !

Palais de l'Élysée.
27 décembre, 9 heures

Le salon Murat a été réservé pour la réception du président. Et tous les membres de l'assaut sont présents, même les éclopés, en tenue d'intervention, combinaison bleu nuit, armes à la ceinture, sous les ors de la République, se poussant du coude comme des collégiens en découvrant le luxueux mobilier, les tableaux épiques et les lustres gigantesques. Leurs *rangers* soigneusement cirés foulent les épais tapis tandis qu'ils s'alignent pour les besoins du protocole.

— Monsieur le président de la République française !

L'huissier a aboyé, le silence se fait et les hommes du GIGN se redressent, tournant leurs regards vers l'homme au teint pâle et au visage creusé qui s'approche du micro. Sans notes, le président, les yeux pétillants, entame son discours en précisant que c'est lui qui a insisté pour recevoir le Groupe sans délai afin de lui témoigner la gratitude de la nation.

« Vous imaginez comme vous étiez porteurs d'espoir, combien dépendaient de vous les conclusions qu'en aurait tirées la France. Il vous a fallu beaucoup de courage. Cela ne m'a pas étonné : je vous connais depuis longtemps et j'ai fait appel au GIGN à tous moments. Les conditions particulièrement périlleuses, l'extraordinaire difficulté de la tâche, par l'obligation où vous vous trouviez d'agir rapidement – en ayant juste le temps d'examiner les conditions de votre action –, ont montré une détermination qui devait être soulignée comme je le fais ce matin. »

Après avoir rendu hommage aux blessés et demandé qu'on leur fasse part de la reconnaissance de la nation,

François Mitterrand poursuit sur un mode plus politique :

« Nous avons eu là l'exemple type de ce que peut une troupe d'élite, dès lors qu'elle est formée à cet effet, qu'elle se soumet d'elle-même à une stricte discipline, qu'elle s'oblige à un entraînement de tous les instants. Vous êtes à la disposition du pays au risque de vos propres vies. Et j'éprouve un sentiment particulier d'émotion et de reconnaissance à l'égard d'un groupe qui se trouve presque toujours au cœur de l'action, et qui à cause de cela se trouve parfois contesté, discuté, alors que la preuve est faite que les méthodes et l'esprit qui l'animent sont au plus haut niveau de la nation. »

Puis le président revient à une note plus personnelle, qui touche avec justesse les hommes alignés devant lui.

« Je remercierai naturellement les chefs mais je remercierai de la même façon chaque homme, chacun d'entre vous, chacun de ceux qui prennent part à cette action difficile et dangereuse. Non seulement hier, mais encore les jours obscurs, les jours où il ne se passe rien, où l'on doit s'entretenir l'âme et l'énergie, dans l'espoir d'être utile le jour venu. C'est pour tous ces jours d'attente, de préparation et de patience que je tiens à vous remercier. »

Puis le chef de l'État, après avoir dit toute sa joie que les « passagers-otages » aient pu être délivrés avec le minimum de pertes, exprime sa compassion envers les familles de ceux qui ont été assassinés. Il conclut par un hommage solennel.

« Ici, au palais de l'Élysée, palais de la République, là où se trouve le symbole de l'État, je vous dis merci messieurs ! Vous venez de justifier, s'il le fallait, vingt ans d'un corps d'élite dans lequel la France se reconnaît. Tout cela vous est dû. Je vous en remercie. »

Hôtel Matignon.
27 décembre, 10 heures

Édouard Balladur a toutes les raisons d'être satisfait de la manière dont il a mené cette affaire jusqu'à l'issue providentielle que lui a offerte le GIGN. Encore faut-il qu'il en retire tous les bénéfices politiques. La réaction immédiate de François Mitterrand recevant, sur-le-champ et ostensiblement, les gendarmes pour les féliciter, a pris son équipe de vitesse. Le Premier ministre en conçoit une certaine amertume alors qu'il estime que c'est lui qui a endossé tous les risques, le président s'étant bien gardé de se manifester pendant toute la crise. Mais ce qui préoccupe le futur candidat Balladur et son équipe – et particulièrement son futur porte-parole –, ce sont les retombées médiatiques à propos de ses capacités à gérer la crise. « Tout le monde » ne s'accorde pas, à son grand regret, pour lui en attribuer le mérite politique. Le jour même, un article du *Monde* qu'il soupçonne d'être « inspiré par le Quai d'Orsay » pointe ses « tergiversations » jusque dans l'après-midi de Noël et son retour à Paris, vingt-quatre heures après le début du détournement. Balladur à la lecture de l'article appelle Juppé, fort mécontent, pour lui demander des explications. Le ministre des Affaires étrangères proteste qu'il est étranger à ces « fuites » et ne verra le Premier ministre qu'à la rentrée. Pasqua, lui, ne perd pas de temps et s'installe sur le devant de la scène médiatique. Avant de partir pour Marseille où il fera la tournée des hôpitaux accompagné d'une cour de journalistes, il donne une conférence de presse où il révèle intentionnellement le but présumé du commando : faire exploser l'avion au-dessus de la tour Eiffel. L'information va faire mouche, reléguant les petites manœuvres et autres insinuations politiciennes au second plan devant l'énormité de la catastrophe qu'il a contribué à éviter. Les allégations du ministre de l'Intérieur vont être reprises par toutes les télévisions internationales et largement diffusées tant la symbolique est forte et l'image percutante.

Tizi-Ouzou. Grande Kabylie.
27 décembre, 12 heures

Les trois Pères blancs français de Tizi-Ouzou, Alain Dieulangard, Christian Chessel et Jean Chevillard, viennent d'accueillir dans leur presbytère leur collègue belge Charles Deckers, curé de Notre-Dame d'Afrique. Il a fait le trajet pour la fête de son ami le père Jean, et les quatre hommes s'apprêtent à passer à table. Soudain, ils entendent deux voitures s'arrêter devant leur petite maison de briques rouges, située à proximité du centre-ville. Trois hommes armés habillés en civil et exhibant des talkies-walkies en descendent. Leur chef a une petite marque noire sur la pommette. Il intime aux Pères de les suivre.

— Contrôle de sécurité : vous êtes convoqués au commissariat !

Les Pères sont depuis trop longtemps dans les montagnes de Kabylie pour être dupes de ce genre de convocation. Ils tentent de s'enfuir en passant par la petite cour à l'arrière du presbytère. Ils sont abattus d'une rafale de pistolet-mitrailleur dans le dos alors qu'ils tentent de trouver du secours à l'extérieur. Les trois hommes remontent dans leurs véhicules et s'enfuient. La scène n'a duré que quelques secondes. La réponse du GIA à la mort de Yahia et de ses complices a été rapide.

Hôpital Bégin. Paris.
Vendredi 30 décembre

Tous les blessés du GIGN ont été regroupés dans une seule dépendance de l'hôpital parisien. Leurs blessures sont plus ou moins graves, mais le plus touché, Thierry, souffre un véritable martyre[1]. Son bras est déchiqueté, menacé de gangrène, son dos et ses cuisses criblés d'éclats de grenade. Pour pouvoir supporter la douleur, il est bourré de morphine, mais malgré tout ne parvient pas à dormir. Roland, dont on a localisé l'éclat dans le mollet, peut se déplacer avec des béquilles. Il va de chambre en chambre pour remonter le moral de ses camarades. Le GIA par son canal habituel a proféré des menaces à l'encontre des gendarmes du GIGN, jugées suffisamment inquiétantes pour que des gardes mobiles soient postés dans les couloirs et aux abords du bâtiment. Ils filtrent les nombreuses visites que reçoivent les blessés. Il y a tout d'abord les familles des gendarmes, mais aussi d'ex-otages venus témoigner leur reconnaissance. Richard, le steward, a tenu sa promesse et compte parmi les plus assidus à visiter les blessés. Beaucoup d'officiels de la gendarmerie dont tout l'état-major défilent au chevet de ses héros. Thierry est bien entendu l'objet de toutes les sollicitudes, y compris les plus incongrues. Un haut fonctionnaire s'inquiétant qu'il ne puisse dormir malgré les sédatifs à haute dose lui conseillera – sans rire – une recette de sa grand-mère : un grand bol de camomille le soir avant de se coucher. « Vous verrez, vous dormirez comme un bébé ! »

Mais le plus extraordinaire pour les blessés est de voir affluer tous les jours des centaines de lettres qui leur

1. Thierry devra subir plusieurs opérations et de nombreux mois de convalescence avant de pouvoir sortir de l'hôpital. Il sera décoré de la Légion d'honneur et sera maintenu au GIGN comme instructeur. Son casque fracassé par les balles est déposé au musée du GIGN à Satory.

sont destinées, émanant de la France entière et même de l'étranger. Ce n'est qu'une partie des sacs qui sont livrés chaque jour à la caserne Pasquier. Certaines sont simplement libellées : « GIGN. France » et toutes sont des déclarations d'amour aux hommes du Groupe, exprimant la fierté des Français, de toutes origines et de tout niveau social, pour ces hommes. Un officier de gendarmerie est particulièrement touché par ce capital de sympathie envers l'unité qu'il a créée vingt ans plus tôt : Christian Prouteau. Il n'est pas le dernier à rendre visite à ces hommes dont plusieurs ont servi sous ses ordres et pour qui il restera toujours « le commandant ». Il amènera avec lui plusieurs personnalités, mais la visite qui marquera les hommes du GIGN, c'est celle d'Alain Delon – soi-même –, grand admirateur du Groupe, qui viendra en toute simplicité partager un repas de gala qu'il a fait préparer pour eux.

14.

Khartoum. Somalie.
30 décembre 1994

La villa cossue entourée de hauts murs où veillent des gardes est située non loin de la mosquée d'al-Thawra, dans la banlieue riche de Khartoum. Son propriétaire est installé dans un salon à l'orientale, sur une des banquettes disposées tout autour de la pièce. Par terre, sur un épais tapis afghan, des photographies prises en Afrique, d'un grand bâtiment blanc. L'homme regarde avec attention sur un large écran de télévision le reportage sur le détournement de l'Airbus diffusé sur CNN. Des images de l'assaut suivies des commentaires d'un journaliste de la chaîne qui explique que le ministre de l'Intérieur français, Charles Pasqua, vient d'affirmer au cours d'une conférence de presse que le commando voulait faire exploser l'appareil au-dessus de la tour Eiffel.

L'homme habillé d'une gandoura brodée semble fasciné par les images de Paris, vu d'avion, où se dresse toujours la tour Eiffel intacte. Assis à côté de lui, Abdelsaoud Ali Mohamed suit le reportage avec la même intensité. Les deux hommes ont interrompu leur discussion pour fixer le téléviseur où défilent les images spectaculaires.

Cet Égyptien au visage carré et à la carrure athlétique dégage une impression de brutalité qu'il doit à un étonnant parcours : ancien officier de l'armée égyptienne, il en a été exclu en 1984 à cause de ses convictions islamistes. Recruté par al-Zawahiri, le chef du *djihad* islamique égyptien, il fut chargé d'étudier les systèmes de sécurité de l'aéroport du Caire pour en déceler les failles et planifier un détournement d'avion. Frappé par ses suggestions et ses talents d'organisateur, al-Zawahiri l'avait désigné pour tenter d'infiltrer les services secrets américains.

Abdelsaoud Ali, qui parlait parfaitement l'anglais, partit pour les États-Unis où il proposa ses services à la CIA. L'agence lui obtint la nationalité américaine et l'autorisa à intégrer la prestigieuse JFK Special Warfare School de Fort Bragg, où sont entraînés les bérets verts. Abdelsaoud Ali en profita pour copier et traduire en arabe les manuels d'entraînement et de lutte antiterroriste, ainsi que nombre de documents sensibles. En outre, il utilisait ses permissions pour recruter et entraîner de jeunes Arabo-Américains issus du milieu fondamentaliste de Brooklyn (NY), jetant ainsi les bases d'un réseau islamiste.

En 1989, Ali Mohamed quittait les États-Unis pour l'Afghanistan où il rejoignit Ben Laden dans un maquis d'al-Qaida, en guerre contre l'occupation soviétique. Il participa aux derniers combats, jusqu'au départ des troupes russes. Au début des années 1990, il retournait en Californie où, en parfait agent double, il proposa ses services au FBI tout en continuant à recruter des militants aux États-Unis. En 1993, pendant l'attentat au camion piégé contre le World Trade Center, Abdelsaoud Ali était à Nairobi, en train d'installer une antenne d'al-Qaida sous couvert d'une association humanitaire, et procédait aux premiers repérages autour de l'ambassade américaine de la capitale kenyane.

En février 1994, à Khartoum, Oussama Ben Laden

échappa à une fusillade entre islamistes[1], dans la propriété où il venait de s'installer avec ses quatre épouses, ses enfants et plusieurs dizaines d'anciens combattants d'Afghanistan. Ben Laden, déchu de sa nationalité saoudienne pour avoir vertement critiqué la famille régnante, avait trouvé au Soudan un havre où il pouvait investir les millions de dollars hérités de son père. Inquiet pour sa sécurité, il fit appeler Ali Mohamed auprès de lui afin que l'ancien béret vert réorganisât son service secret, tout en planifiant les futures missions d'al-Qaida.

Parmi elles, un projet grandiose d'attentats simultanés au camion piégé contre des ambassades américaines d'Afrique de l'Est. Ben Laden lui-même avait désigné du doigt, sur les photos qu'Ali avait rapportées du Kenya, l'endroit exact où devait exploser le camion.

L'émission de CNN terminée, Oussama Ben Laden se tourne vers Ali Mohamed[2] tout en caressant machinalement sa barbe d'un air pensif.

— Viens dans le jardin, nous avons à parler. Si nous voulons toucher les Américains, c'est au cœur qu'il faut frapper. Pas uniquement leurs ambassades ou un immeuble de bureaux à Manhattan.

— Cheik, tu penses à d'autres attentats aux États-Unis ?

1. Un commando de quatre hommes était chargé d'exécuter Abu Zeid, le chef d'une faction islamiste modérée, à la mosquée al-Thawra. La fusillade dégénéra en massacre : onze personnes et deux assaillants furent tués. Al-Khulifi, le chef du commando, tenta de trouver refuge dans la villa de Ben Laden située juste à côté de la mosquée. Celui-ci, ulcéré par la tuerie, ordonna à ses gardes de l'arrêter. Avant de s'enfuir, al-Khulifi ouvrit le feu et tua trois d'entre eux. Pendant la fusillade, Ben Laden réussit à se réfugier dans une cachette aménagée dans sa cave.

2. Abdelsaoud Ali est arrêté en 1998, accusé d'avoir planifié et organisé plusieurs attentats d'al-Qaida, dont ceux perpétrés contre les ambassades américaines de Nairobi et Dar es-Salaam. Il collabore avec les procureurs fédéraux et accepte de livrer des informations partielles sur al-Qaida. Les membres de son réseau américain ne seront pas inquiétés. Les hommes qu'il a entraînés ont participé à l'attentat de février 1993 contre le World Trade Center et assureront la logistique des attentats du 11 septembre 2001. Depuis cette date, Ali Mohamed est détenu dans une prison secrète aux États-Unis et n'a jamais été jugé.

– Oui. Il faut frapper le serpent à la tête. Et l'exemple de ces jeunes martyrs algériens doit nous inspirer. Faire exploser un avion de ligne au-dessus d'une capitale ! Personne ne l'avait imaginé ! Il faudrait peut-être plusieurs avions qui explosent simultanément…

À la demande des Américains, Oussama Ben Laden est expulsé du Soudan le 18 mai 1996, et quitte Khartoum avec sa nombreuse famille et ses gardes dans un Boeing 727 de la compagnie Ariana Airlines.

Destination l'Afghanistan.

Mais ceci est une autre histoire…

Les Thibaudières. Février 2010.

Épilogue

Le détournement de l'Airbus A 300 d'Air France a eu sur les êtres qui en ont été victimes des conséquences inattendues qui ont marqué leur devenir.

Contrairement à ses attentes, Édouard Balladur n'en a retiré aucun bénéfice politique et est battu à la présidentielle de mars 1995 par Jacques Chirac qui choisit Alain Juppé comme Premier ministre.

Le commandant Bernard Dellhemme fut décoré de la Légion d'honneur et a continué à piloter des vols sur Air France jusqu'à sa retraite. Tout comme son copilote Jean-Paul Borderie et son officier mécanicien, Alain Bossua.

Pour l'équipage commercial, les conséquences furent plus dramatiques. Aucun d'entre eux n'a eu la force de reprendre les vols à l'exception de Gilles, le chef de cabine.

Christophe Morin, comme beaucoup d'autres membres du personnel navigant commercial, garde de graves séquelles psychologiques qui l'ont empêché de reprendre son métier.

Les trois stagiaires, dont Richard Cleret, ont abandonné toute envie de devenir steward et hôtesse et se sont reconvertis dans d'autres activités.

Claude Bertaud a perdu sa licence de vol et a été mise à la retraite d'office. Elle s'est autoproclamée porte-parole de l'équipage et a donné de multiples interviews où elle revendique sa conduite pendant le détournement, qui lui aurait permis de « sauver 173 otages » grâce à ses bonnes relations avec le commando, comme elle le dit dans son livre.

Zahida Kakachi n'a jamais pu reprendre son poste de chef de cabine à Air Algérie et ne s'est jamais remise de l'assassinat de Yannick Beugnet. Elle n'a pas pu se réinstaller en Algérie et vit en France, se consacrant à des œuvres humanitaires. Elle a écrit, dix ans après les faits, un livre avec Christophe Morin.

Roland Môntins a terminé son temps comme chef de groupe au GIGN puis a été nommé en Nouvelle-Calédonie où il a entraîné un groupe d'intervention à l'image du GIGN, avant de prendre sa retraite au côté de Fanfan. Inlassable et talentueux promoteur de l'action du GIGN, il a écrit un premier livre, *L'Assaut*[1], qui va être prochainement porté à l'écran.

Le commandant Denis Favier a quitté le GIGN en 1997. Il a passé un an au Collège interarmées de défense avant de prendre le commandement du groupement départemental de gendarmerie de Haute-Savoie où il a assuré notamment la sécurité du G8 à Évian en 2003. Il a retrouvé le GIGN en 2007, chargé de préparer la délicate fusion entre le GSIGN[2], l'EPIGN et des gendarmes du GSPR. Il fut nommé en juin 2008 général de brigade et commande aujourd'hui les quatre cents hommes et femmes du nouveau GIGN.

Le vol Paris-Alger AF 8969 a été supprimé définitivement des listes d'Air France[3].

---

1. Éditions des Riaux, 2007.
2. Groupement de Sécurité et d'Intervention de la Gendarmerie Nationale.
3. Air France supprimera tous ses vols pour l'Algérie pendant neuf ans et ne rétablira sa liaison Paris-Alger que le 23 juin 2003.

Cet ouvrage a été composé et imprimé
en mai 2010 par

CPI
FIRMIN-DIDOT

27650 Mesnil-sur-l'Estrée
N° d'édition : 396/01
N° d'impression : 99813
Dépôt légal : mai 2010

Imprimé en France